Reinhard Zuba
Fit für die Globalisierung?

Dissertationen der Universität Wien
Band 50

Herausgegeben von der Universität Wien

Reinhard Zuba

FIT FÜR DIE GLOBALISIERUNG?

Die Rolle der Schule bei der Förderung

von Schlüsselqualifikationen

WUV-UNIVERSITÄTSVERLAG

Gekürzte Fassung der Dissertation, die unter dem gleichlautenden Titel 1998 am Institut für Soziologie der Universität Wien (Erstbegutachter: ao. Univ.-Prof. Dr. Anselm Eder) angenommen wurde.

Die Deutsche Bibliothek – CIP-Einheitsaufnahme

Zuba, Reinhard:
Fit für die Globalisierung? : die Rolle der Schule bei der Förderung von Schlüsselqualifikationen / Reinhard Zuba. - Wien : WUV-Univ.-Verl., 1998
(Dissertationen der Universität Wien ; Bd. 50)
Zugl.: Wien, Univ., Diss., 1998
ISBN 3-85114-446-5

Copyright © 1998 WUV-Universitätsverlag, Berggasse 5, A-1090 Wien
Alle Rechte, insbesondere das Recht der Vervielfältigung und der Verbreitung sowie der Übersetzung, sind vorbehalten
Umschlaggestaltung: Graf+Zyx
Druck: WUV-Universitätsverlag
Printed in Austria
ISBN 3-85114-446-5

VORWORT

Die Dissertation beschäftigt sich damit, ob die Schulen den heute an sie gerichteten Anforderungen gerecht werden können. Dabei wird der Frage nachgegangen, nach welchem Persönlichkeitstypus die moderne Arbeitswelt verlangt und ob die geforderten Schlüsselqualifikationen von den Schulen vermittelt werden können. Im Verlauf der Forschungsarbeit stellte sich dabei heraus, daß es zwischen den Schulen zu signifikanten Unterschieden bei der Förderung von Schlüsselqualifikationen kommt.

In einem ersten Forschungsschritt wurden 1.142 Schüler an 16 Wiener AHS-Schulen mit Hilfe eines standardisierten Fragebogens befragt. Schüler, deren Schlüsselqualifikationen besser gefördert wurden, haben ein höheres Lerninteresse, fühlen sich gezielter auf das spätere Berufsleben vorbereitet und haben dementsprechend auch schon konkretere Karrierepläne. Höhere schulische Leistungsfähigkeit geht Hand in Hand mit höherem Wohlbefinden, besserer Integration von Außenseitern und weniger psychosomatischen Erkrankungen.

Die Ergebnisse veranlaßten mich zu einem zweiten, qualitativen Forschungsschritt. Die 17 Klassenvorstände der befragten 7. und 8. Klassen der 2 besten, bzw. der 2 schlechtesten Schulen wurden zu verschiedenen innerschulischen Aspekten interviewt. Dabei stellte sich heraus, daß befriedigende Arbeitsbedingungen für Lehrer, eine Schulleitung mit positiver Vorbildfunktion, die demokratische Entscheidungsprozesse fördert, die Klassengemeinschaft sowie die Gestaltung des Lebensraumes Schule zu Erfolg bzw. Mißerfolg entscheidend beitragen.

Nach einer Definition des Begriffs „Schlüsselqualifikationen" werden in einer Zeitdiagnose die gesellschaftlichen Rahmenbedingungen und die damit verbundenen Anforderungen an junge Erwachsene analysiert. Danach stelle ich die Positionen unterschiedlicher Interessensgruppen vor und versuche herauszuarbeiten, ob sie den geänderten gesellschaftlichen Verhältnissen auch in ihren Forderungskatalogen Rechnung tragen. Schule ist eingebettet in Gesellschaft und wird von deren Entwicklung beeinflußt. In diesem Kontext wird die Entwicklung der Schulstrukturen im dritten Schritt analysiert. Danach wird die Rolle der Schule bei der Vermittlung von Schlüsselqualifikationen genauer betrachtet.

An passenden Stellen werden im theoretischen Teil weiters Auszüge von Interviews mit zwölf AHS-DirektorInnen veröffentlicht. Sie wurden vor allem zum elterlichen Erziehungsverhalten, der Bedeutung von sozialem Lernen, den Anforderungen der Wirtschaft sowie deren Zusammenarbeit mit der Schule, zum Lehrerbild im gesellschaftlichen Sinne und schlußendlich über ihre Änderungswünsche befragt.

An die theoretische Abhandlung schließt die Beschreibung der Feldforschung mit den interessantesten Untersuchungsergebnissen an. Die signifikantesten Unterscheidungsmerkmale guter und schlechter Schulen aus dem empirischen Forschungsteil werden ebenso präsentiert wie ein Vergleich teils differierender Lehrermeinungen der Qualitativerhebung. Abschließend wird das Erfolgsgeheimnis guter Schulen und wie sie zur Entwicklung von Schlüsselqualifikationen beitragen zusammengefaßt. Meine Idealvorstellung eines modernen Schulmodells mit einer Reihe von Konsequenzen für verantwortliche Institutionen schließt die Dissertation ab.

Da sich der Begriff **Schlüsselqualifikationen** als roter Faden durch die gesamte Arbeit zieht, wird er gleich zu Beginn erläutert: Schlüsselqualifikationen werden, so Freundlinger (1992, S 61), als berufsübergreifende Qualifikationen verstanden, die insgesamt eine höhere (berufliche) Handlungsfähigkeit konstituieren. Damit ist eine Entwicklung der gesamten Persönlichkeit verbunden. Die Fähigkeit zum theoretischen Denken soll es dem Berufstätigen ermöglichen, die komplexer werdenden Arbeitsabläufe und -techniken zu verstehen und zu meistern. Gemeinsam mit einer erhöhten Lernfähigkeit, Problemlösefähigkeit, etc. ist damit der kognitive Bereich angesprochen. Freundlinger spricht in diesem Zusammenhang von der sogenannten **Sachkompetenz**.

Denken in moralischen Kategorien als Ausdruck sozialer Urteilskompetenz verbunden mit Kommunikations- und Kooperationsfähigkeit etc. gehört zu den Fähigkeiten des sozialen Bereichs, welche die für die zunehmende Bedeutung von Teamarbeit und Kommunikation im Berufsleben erforderliche **Sozialkompetenz** konstituieren.

Ein gefestigtes und gut ausbalanciertes Identitätskonzept und alle weiteren auf sich selbst gerichteten Fähigkeiten, wie die Fähigkeit, Verantwortung zu übernehmen, Selbständigkeit, Konzentrationsfähigkeit, Frustrationstoleranz, Kreativität, etc. gehören für Freundlinger dagegen zum personalen Bereich und bilden die **Selbstkompetenz**. Diese drei Kompetenzebenen ziehen sich auch als roter Faden durch die gesamte Dissertation.

Ich wünsche mir, daß die betroffenen Eltern, Direktoren, Lehrer und Schüler von den Ergebnissen dieser Studie profitieren und daraus Anregungen für ihre tägliche Arbeit gewinnen.

1 THEORETISCHE GRUNDLAGEN

1.1 NEUERE ERGEBNISSE DER ZEITDIAGNOSE

Die Beschreibung der gesellschaftlichen Entwicklung beginnt auf der Makroebene, dem globalen Gesellschaftssystem. Schritt für Schritt werden die Auswirkungen der globalen Veränderungen auf die Gesamtgesellschaft, bis hin zur Auflösung von Familienstrukturen und der Rolle des Jugendlichen heute analysiert. Damit sollte ein anschauliches Bild entstehen, wie internationale Entscheidungsprozesse das Leben eines jeden Einzelnen von uns nachhaltig beeinflussen.

1.1.1 Die Globalisierung von Wirtschaft und Politik

Der folgende Abschnitt setzt sich mit einem Phänomen auseinander, das unsichtbar die zwischenmenschlichen Beziehungen unserer Gesellschaft bestimmt. Die Globalisierung der Wirtschaft gilt für viele als eine abstrakt geführte Diskussion, die nur schwer nachzuvollziehen ist. Das ist verständlich; spielen sich doch die für unsere Wirtschaft entscheidenden Vorgänge nicht mehr auf lokaler Ebene sondern in weiter Ferne ab. Damit wird es für verantwortliche Politiker immer schwerer, den Wählerwillen bezüglich der Gestaltung im eigenen Land zu erfüllen, da ihr Einfluß auf internationale Entwicklungen begrenzt ist. Während Wirtschaft und Kapital weltweit über alle Grenzschranken hinweg agieren, sind gemeinsame Beschäftigungsinitiativen aller EU-Nationalregierungen schwer durchsetzbar. Auf dem Arbeitsmarkt kommt es zu Veränderung der Arbeitsverhältnisse von einer unbefristeten, gutbezahlten Erwerbsarbeit zu Teilzeitarbeit, zu befristeten und bedarfsorientierten Anstellungen sowie zu Niedriglohnjobs.

Die wachsende Verflechtung der Weltwirtschaft führt zunehmend zu Diskussionen über die Vor- und Nachteile der Globalisierung. Begonnen hat die Politik der schrankenlosen Öffnung der Märkte Ende der siebziger Jahre. Jahrzehntelang hatte eine Wirtschaftspolitik dominiert, die vom britischen Ökonomen John Maynard Keynes entwickelt wurde. Der Staat griff über die öffentlichen Haushalte korrigierend in die Volkswirtschaft ein, wenn Unterbeschäftigung und Deflation drohten. Staatliche Investitionen sollten bei nachlassender Konjunktur zusätzliche Nachfrage erzeugen und somit Wachstumskrisen vermeiden. Die entstandene Verschuldung sollte zu Zeiten der Hochkonjunktur mittels gestiegener Steuereinnahmen wieder ausgeglichen werden, um Boom und Inflation vorzubeugen. Durch die Ölpreisschocks 1973 und 1979 geriet das Staatsdefizit zunehmend außer Kontrolle und die nationalen Regierungen in Bedrängnis.

Der Sieg der Konservativen 1979 in Großbritannien und 1980 in den USA leitete eine Wende ein, die sich zunehmend auf ganz Europa auswirkte. Dem Neoliberalismus von Reagan-Mentor Milton Friedman und Thatcher-Berater Friedrich August von Hayek wurde Tür und Tor geöffnet. Privaten Unternehmungen sollten möglichst alle staatliche Kontrollhürden beseitigt werden. Auf Freiheit und Liberalismus basierende Unternehmenspolitik würde auch vermehrtes Wirtschaftswachstum und Wohlstand für alle bedeuten, so die beiden Ökonomen. Der Staat sollte sich auf eine reine Ordnungsfunktion zurückziehen.

1.1.1.1 Die drei Dimensionen der Dynamisierung

Der gesellschaftliche Umbruch der modernen Industriegesellschaften kündigte sich für aufmerksame Beobachter der wirtschaftlichen Entwicklung schon vor dieser konservativen Revolution an. Weber (1978, S 46-50) konstatierte schon 1978 eine Dynamisierung der gesamten Lebensverhältnisse durch fortschreitende Technisierung und Industrialisierung. Er unterscheidet drei Hauptdimensionen der Dynamisierung:

o die naturwissenschaftlich-technische und ökonomische Dimension
o die Dimension des Wert- und Normenbewußtseins
o die gesellschaftliche Dimension

In der naturwissenschaftlich-technischen und ökonomischen Dimension folgen gegenwärtig immer schneller Entdeckungen und Erfindungen aufeinander, die ständig rascher und weitreichender industriell umgesetzt sowie ökonomisch ausgewertet werden. Mit welcher Dynamik derartige Neuerungen in der Wirtschaft umgesetzt werden, dokumentiert Weber an einem eindrucksvollen Beispiel:

Während zwischen der Erfindung und der technisch-industriellen Auswertung bei der Dampfmaschine noch etwa 80 Jahre, beim Telefon ca. 20 Jahre, bei der Kernspaltung ungefähr 4 Jahre lagen, waren es beim Laserstrahl nur noch 2 Monate. Das Tempo und der Umfang der Neuerungen bewirkt, daß immer rascher immer mehr vorher unbekannte Waren hergestellt und bereitgestellt werden. So beruhte z.B. bei der Firma Bayer (Leverkusen) die Fabrikation 1960 bereits zu 90% auf Produkten, die 1955 noch gar nicht existent waren. (Weber 1978, S 46-47)

Im Gefolge der Industrialisierung haben sich zusammen mit den sozioökonomischen Lebensverhältnissen auch Werte und Normen weithin gewandelt. Werte entsprechen gewissen Wunschvorstellungen, die Menschen über ihr Handeln inmitten einer Gemeinschaft haben. Normen sind Vorschriften für menschliches Handeln, die sich direkt oder indirekt an jenen Wertvorstellungen orientieren. Sie tragen dazu bei, menschlichem Handeln eine gewisse Regelmäßigkeit zu geben. Damit wird es für andere Menschen erwartbar und kalkulierbar und ermöglicht, soziale Beziehungen anzuknüpfen. Die damit geschaffenen Erwartbarkeiten werden durch Sanktionen abgesichert.

In allen Einrichtungen, in denen Menschen mehr oder weniger zwangsweise einen Teil ihres Lebens gemeinsam verbringen, dienen die Normen der Aufrechterhaltung einer Ordnungsstruktur. In der Schule ist das nicht anders. Frühzeitig lernen die Schüler, daß sie sich einer bestimmten Zeitstruktur anpassen müssen. Pünktlichkeit ist oberstes Gebot. Schüler, die öfters zu spät kommen, müssen mit Sanktionen wie Strafen, Klassenbucheintragungen und/oder Verständigung der Eltern rechnen. Auch das gemeinsame Aufstehen der Klasse, wenn der Lehrer den Raum betritt, ist eine derartige Norm.

Weber weist darauf hin, daß infolge der stark veränderten faktischen Lebensbedingungen manches, was früher erstrebt und geordnet wurde, nicht mehr attraktiv erscheint. Dagegen ist vieles, was in der Vergangenheit als unmöglich galt, inzwischen zur Wirklichkeit geworden, wodurch neuartige Vorstellungen von dem, was wünschenswert und geboten ist, ausgelöst wurden (Weber 1978, S 47). Gerade am Beispiel der Sexualmoral läßt sich der Wandel des Werte- und Normenbewußtseins deutlich darstellen. Forschungsergebnisse führten zur Verbreitung neuer, sicherer Methoden der Empfängnisverhütung. Es kam zu einer Beschleunigung der biologisch-sexuellen Reifungsprozesse. Die Verlängerung der Ausbildungszeiten führte zu einer zeitlichen Verzögerung der Eheschließung. Schließlich kam es, nicht zuletzt durch den wachsenden Einfluß des Hedonismus, dem Streben nach Sinneslust und Lust, zu einer Enttabuisierung und Liberalisierung der Sexualität.

Eine Welt, die raschen und vielfältigen Wandlungen unterliegt, bewirkt eine Veränderung unseres Wert- und Normenbewußtseins. Früher hielt man die Stabilität der Lebensverhältnisse für das Normale, und Veränderungen wurden meist nur als Störungen des Stabilen oder als Übergangsform zu neuer Stabilität empfunden. Heute gilt für viele dagegen die Dynamik der

Lebensverhältnisse als das einzig Bleibende, so daß ständiger Wandel erwartet wird.

Unter der Dynamisierung in der gesellschaftlichen Dimension der Lebensverhältnisse versteht Weber (1978, S 49) die Bewegung von Personen und Gruppen innerhalb eines sozioökonomischen Systems. Darunter wird einerseits der berufliche Positionswechsel in horizontaler (z.b. durch Ortswechsel) als auch in vertikaler Ebene (Auf- bzw. Abstieg) verstanden. Hier findet ein Wechsel von einer geregelten Vollzeitbeschäftigung zu unterschiedlich gestalteten Arbeitsverhältnissen statt.

Die gesellschaftliche Dynamisierung hat sich jedoch für Weber nicht nur als soziale Mobilität eingestellt, sondern auch einen Wandel der Strukturen und Funktionen gesellschaftlicher und erzieherischer Institutionen (Weber 1978, S 50), wie z.B. der Familie sowie der Einrichtungen der vorschulischen Erziehung, des Schulwesens, der Jugendarbeit und der Erwachsenenbildung, mit sich gebracht.

1.1.1.2   Merkmale der Globalisierung

Weber hat mit seinem Modell der Dynamisierung eine Entwicklung charakterisiert, die seit dem Ende des zweiten Weltkrieges voll zur Geltung kommt: die Globalisierung der Wirtschaft. Die Expansion der kapitalistischen Ökonomie hätte ohne die Vorreiterrolle von Naturwissenschaft und Technik nicht in diesem Ausmaß stattfinden können. Sie wäre schnell an ihre (nationalstaatlichen) Grenzen gestoßen. Erst mit Hilfe der modernen Wissenschaft und entsprechender Kommunikations- und Verkehrstechniken konnte die Globalisierung so massiv vorangetrieben werden.

Ein wesentliches Merkmal der Globalisierung liegt darin, daß gesellschaftliche Vorgänge nicht mehr auf lokaler, regionaler oder nationaler Ebene bestimmt werden. Die Mobilität des Kapitals führt dazu, daß multinationale Konzerne mit Niederlassungen in mehreren Ländern ihre Produktionseinheiten immer in jene Regionen mit dem geringsten Steueraufkommen verschieben können. Betriebs- und Arbeitssituation wird durch die globale Konkurrenz bestimmt. Die ökonomische Situation, Arbeitsmarkt und Lebenschancen werden nicht mehr national bestimmt. Was sich irgendwo in „fernen" Ländern abspielt, kann direkte Auswirkungen auf die „eigene" Wirtschaft, den „eigenen" regionalen Arbeitsmarkt und die Lebenschancen in irgendeinem kleinen Ort in der „Provinz" haben.

Für Wolf-Dieter Narr bestimmt zunehmend nicht die lokale Nähe, sondern die globale Ferne, was sozial der Fall ist. Nicht nur multinationale Konzerne, sondern auch mittlere und kleine Unternehmen müssen sich am Weltmarkt ausrichten.

Die globale Konkurrenz der technologisch führenden Unternehmen und Branchen, der intensivierte globale Warenaustausch und das jeweils aktuelle Resultat der Konkurrenz geben den Takt an, nach dem alle Unternehmen tanzen müssen, unbeschadet ihres eigenen Tanzstils. Dementsprechend müssen die großen und die kleinen Unternehmen die produktiv gewordenen Innovationen übernehmen; nicht zuletzt in Richtung der eigenen Betriebs- und Arbeitsorganisation (Narr 1996, S 19).

Dieser Entwicklung können sich auch die Gesellschaft und deren politische Vertreter nicht entziehen. Schließlich beeinflußt der gesellschaftliche Wandel auch die zwischenstaatlichen Beziehungen. Der zunehmende Ausbau des Welthandels, des Verkehrs- und Nachrichtenwesens sowie der Kommunikationsmöglichkeiten führt zu einer immer engeren Verflechtung der nationalen Politik mit der Weltpolitik. Die Politik „hinkt" hier den wirtschaftlichen Entwicklungen hinterher. Der Beitritt Österreichs zur Europäischen Union vollzieht politisch nur nach, was wirtschaftlich bereits stattgefunden hat. Großkonzerne planen ihre Geschäftsstrategien längst weltweit; Politiker versuchen hier nur mehr die entsprechenden gesetzlichen und sozialen Rahmenbedingungen an den wirtschaftlichen „status quo" anzupassen.

Die Intensivierung der übernationalen Zusammenarbeit ist auch unbedingt notwendig. Im Unterschied zur kleinräumigen sozialen Welt des vorindustriellen Zeitalters, die für die meisten Menschen einigermaßen überschaubar war, ist es uns heute unmöglich, die weiträumigen gesellschaftlichen Zusammenhänge sowie die wirtschaftlichen und politischen Abhängigkeiten unmittelbar zu erkennen. Gerade die Entwicklung innerhalb der Europäischen Union macht deutlich, wie immer mehr nationalstaatliche Entscheidungen an überstaatliche Regierungsformen in Brüssel übergeben werden. Vorschläge der Zentralbehörde, der EU-Kommission, werden unter Ausschluß der Öffentlichkeit als „Richtlinie" oder „Verordnung" beschlossen und gelten dann bindend für alle 15 europäischen Mitgliedsstaaten. Mindestens ein Drittel der bundesdeutschen Gesetze des vergangenen Jahrzehnts wurde nach diesem Prinzip geformt (Martin/Schumann 1996, S 302).

Der Nachteil dieser Entwicklung liegt in der zunehmenden Handlungsunfähigkeit der Politiker. Narr zitiert Eric Hobsbawn, der die Spannung zwischen dem beschleunigten Prozeß der Globalisierung und der Unfähigkeit der öffentlichen Institutionen und anderen Formen kollektiven Handelns, damit zurechtzukommen, als auffälligstes Merkmal dieser Entwicklung bezeichnet (Narr 1996, S 16). Politik wird zunehmend ohne die Hauptbetroffenen gemacht. Schon die Wahlen zum sogenannten Parlament in Straßburg sind für Martin/Schumann eine wiederkehrende massive Mißachtung des Wählers als Souverän.

Egal für welche Parteien die Wähler votieren, keiner der Mächtigen auf dem Brüsseler Parkett muß hernach seinen Sessel räumen. Ganze gesellschaftliche Interessensgruppen bleiben systematisch von der Entscheidungsfindung auf EU-Ebene ausgeschlossen. Gegen die international organisierte Industrie mit ihren rund 5000 bezahlten Lobbyisten können Gewerkschaften, Umwelt- und Verbraucherschützer in Brüssel nicht einmal auf die Hilfe der Öffentlichkeit hoffen. Eine schlechte Presse ist für die Eurokraten allenfalls so unangenehm wie schlechtes Wetter (Martin/Schumann 1996, S 302).

Schließlich können mangels demokratischer Legitimation in wichtigen Fragen keine Mehrheitsentscheidungen getroffen werden. Eine europaweite Beschäftigungspolitik wurde bisher massiv u.a. von der BRD verhindert, Großbritannien weigert sich schon seit Jahren, der Sozialcharta beizutreten, etc. Der Zwang nach Einstimmigkeit aller 15 Länder verhindert weitreichende Entscheidungen bei Umwelt-, Sozial- und Steuerpolitik. Die wirtschaftliche Verflechtung innerhalb der EU hat bisher nur zu einem weitgehenden Abbau von staatlichen Kontroll- und Regulierunsmaßnahmen geführt. Der destabilisierenden Kraft der Märkte kann mit dieser Politik nicht wirksam entgegengetreten werden.

Den „global players", wie multinationale Konzerne und die Vertreter des Finanzkapitals genannt werden, stehen in der global vernetzten Welt eine Fülle von Institutionen gegenüber. Einrichtungen der UNO, Weltbank, Internationaler Währungsfonds, EU-Kommission u.ä. haben laut Narr eines gemeinsam: ihnen fehlt die demokratische Legitimation. Sie besitzen keinen Unterbau eines verläßlichen Willensbildungs- und Entscheidungsprozesses. International, gar transnational besteht so etwas wie eine organisierte Unverantwortlichkeit. (Narr 1996, S 26/27)

1.1.1.3 Auswirkungen der Globalisierung am Arbeitsmarkt

Die ökonomische Dynamisierung als Konsequenz der Globalisierung veränderte das individuelle Wertebewußtsein und prägte die gesellschaftliche Entwicklung nachhaltig. Daraus resultierten ab den achtziger Jahren Stimmengewinne für die Vertreter einer konservativen, neoliberalen Wirtschaftspolitik, zunächst in Amerika und Großbritannien, später in ganz Europa. Das Gesetz von Angebot und Nachfrage wurde als das beste aller möglichen Ordnungsprinzipien bezeichnet. Deregulierung statt staatlicher Kontrolle, Liberalisierung von Handel und Kapitalverkehr sowie Privatisierung der staatlichen Unternehmungen standen auf der Tagesordnung der Regierungen. Der Aufstieg dieser wirtschaftspolitischen Heilslehre trug zur Beschleunigung der globalen Integration bei.

Unternehmen aller Größen wurden durch den Abbau von Handelsschranken und Zöllen zunehmend mit Konkurrenz aus Billiglohnländern konfrontiert. In der Folge wurden arbeitsintensive Produktionszweige immer mehr automatisiert oder in das billigere Ausland verlagert. Die in der arbeitsintensiven Massenfertigung verlorengegangenen Jobs sollten durch die Förderung von Hi-Tech-Produktionsstätten und die Entwicklung zur Dienstleistungsgesellschaft ausgeglichen werden. Das Wachstum hochqualifizierter Arbeitsplätze kann jedoch den Verlust, der durch Rationalisierung und Produktionsverlagerungen entsteht, bei weitem nicht kompensieren. Eine Verschlechterung der Arbeitssituation für große Beschäftigungsgruppen ist die Folge. Traditionelle Arbeitsverhältnisse mit fixen, ganztägigen Arbeitszeiten sind in den entwickelten Industriestaaten bereits in der Minderheit.

Die von Weber 1978 prognostizierte Entwicklung der Arbeitsverhältnisse wird zwölf Jahre später bereits vollinhaltlich bestätigt: In allen Industrieländern sind inzwischen 40 bis 50 Prozent der erwerbstätigen Bevölkerung in sogenannten „untypischen" Arbeitsverhältnissen beschäftigt, in widerruflichen, nicht ganztägigen, vorübergehenden, zeitlich befristeten Arbeitsverhältnissen, die mit Zeiten gänzlicher Arbeitslosigkeit abwechseln. Die „normale" Beschäftigung, also eine dauerhafte Vollzeitbeschäftigung, ist weder in der BRD, noch in Frankreich oder Großbritannien die Norm (Gorz & Keane, 1990 S 62).

Damit kommt es zu einem Auseinanderdriften der Arbeitnehmer. Ein immer geringerer Teil der Bevölkerung ist fest in einem insgesamt schrumpfenden Arbeitsmarkt integriert, während ein zunehmend größer werdender Teil mit flexibleren Arbeitsverhältnissen sein Auslangen finden muß, mit der ständig drohenden Gefahr der Arbeitslosigkeit. Beck (1986, S 143) bezeichnet diesen Teil der Arbeitnehmer als eine wachsende Nicht-Mehr-Minderheit, die in der Grauzone von Unterbeschäftigung, Zwischenbeschäftigung und Dauerarbeitslosigkeit von den immer spärlicher fließenden öffentlichen Mitteln lebt.

In den folgenden Jahren hat sich dieser Trend noch verstärkt. So weist eine Statistik des US-Arbeitsministeriums darauf hin, daß zwischen 1979 und 1995 43 Millionen Menschen ihren Arbeitsplatz verloren haben. Die allermeisten fanden zwar schnell einen neuen, mußten sich aber in zwei Drittel aller Fälle mit weit niedrigeren Gehältern und schlechteren Arbeitsbedingungen abfinden (International Herald Tribune, 6.3.1996).

Die Veränderung der Arbeitsverhältnisse wird auch im Weißbuch der Europäischen Kommission zur allgemeinen und beruflichen Bildung (1995, S 6) bekräftigt. Es wird darauf hingewiesen, daß sich der langfristige Trend zu einer dauerhaften Erwerbstätigkeit, d.h. zur unbefristeten Vollzeitbeschäftigung, umkehrt. Die Unternehmen setzen in ihrer Arbeitsweise auf mehr Flexibilität und Dezentralisierung; Produktionsverhältnisse und Beschäftigungsbedingungen verändern sich.

An die Stelle von ganztägigen Arbeitsverhältnissen, die auf soliden Dienstverträgen beruhen, treten immer mehr Teilzeitstellen, Zeitarbeit auf Abruf und Niedriglohnjobs. Flexibilität und Durchsetzungsfähigkeit des Individuums sind immer mehr gefragt. In den USA werden zunehmend Angestellte in Selbständige verwandelt. Martin/Schumann weisen darauf hin, daß bereits Millionen von ehemaligen Angestellten heute als Computerexperten, Marktforscher oder Kundenbetreuer die gleiche Arbeit wie früher verrichten. Bezahlt werden sie allerdings nur noch pro Fall oder Vertrag, das Marktrisiko liegt allein bei ihnen (Martin/Schumann 1996, S 167). Eine Entwicklung zum selbstverantwortlichen Individuum, die sich auch in Europa vermehrt bemerkbar macht.

Das Individuum wird für sein eigenes Schicksal persönlich verantwortlich gemacht. Nach dem Motto: wer sich nicht ausreichend weiterbildet und daher keine Arbeit mehr findet, ist selber schuld! Für Beck wird die Massenarbeitslosigkeit unter den Bedingungen der Individualisierung den Menschen als persönliches Schicksal aufgebürdet (1986, S 144). Das Kollektivschicksal der Arbeitslosigkeit wird in individualisierten Lebenslagen nur noch als Einzelschicksal wahrgenommen.

Auch die Qualifizierungsstrategien der EU betonen die Verantwortlichkeit des Individuums, das durch entsprechende Ausbildung alle Möglichkeiten habe, sich auf dem Arbeitsmarkt zu behaupten: Es geht insbesondere darum, die an unterschiedlichen Stellen erworbenen Grundkenntnisse durch selbstdefinierte Qualifikationen zu ergänzen ... die Stellung des Einzelnen wird zunehmend von seiner Fähigkeit zum Lernen und der Beherrschung von Grundkenntnissen bestimmt ... unabhängig von der gesellschaftlichen Herkunft und von der Grundbildung muß jeder jegliche Gelegenheit wahrnehmen, seinen Platz in der Gesellschaft zu verbessern und die eigene Entfaltung zu fördern ... jeder Einzelne muß eine größere Verantwortung für den Aufbau seiner Qualifikation übernehmen ... (Weißbuch 1995, S 1, 15).

Das Weißbuch betont die Rolle des einzelnen als Hauptakteur der Gesellschaft, der dank Selbständigkeit und Wissensdurst seine Zukunft zu meistern versteht. Die aus den Thesen abgeleiteten Qualifizierungsstrategien forcieren vor allem den Zugang zu Bildungseinrichtungen, die flexibler auf die Bedürfnisse der Individuen (in der Realität: die Anforderungen des Arbeitsmarktes) reagieren sollen. Fazit: wer so viele Möglichkeiten zur Weiterbildung hat und damit noch immer keinen Arbeitsplatz erhält, ist selber schuld!

1.1.2 Individualisierung durch gesellschaftlichen Wandel

Die veränderte Situation wirkt sich nicht nur auf dem Arbeitsmarkt aus, sondern beeinflußt auch die biographische Persönlichkeitsentwicklung. Von den Arbeitnehmern wird vermehrte Flexibilität, Anpassung an neue Beschäftigungsmodelle, sowie ständige Weiterbildung gefordert. Das Abschieben von Verantwortung auf den einzelnen, sich selbst „arbeitsfit" zu halten, führt zu einer Privatisierung des Kollektivschicksals „Arbeitslosigkeit". Ein ich-zentriertes Weltbild tritt an die Stelle der Gemeinschaftsorientierung. Anstelle neuer Freiheiten für das Individuum tritt eine zunehmende Abhängigkeit von gesellschaftlichen Institutionen.

Die Globalisierung der Weltwirtschaft und der damit verbundene Wandel der gesellschaftlichen Verhältnisse führt zu einer Individualisierung bei den Menschen. Individualisierung steht für die soziale Abgrenzung des einzelnen von allen anderen. Für das persönliche Schicksal ist jeder für sich selbst verantwortlich. Lebenslanges Lernen soll eine möglichst hohe Flexibilität und Anpassungsbereitschaft an betriebliche Anforderungen gewährleisten. Die Bedingungen auf dem Arbeitsmarkt haben sich gewandelt.

1.1.2.1 Die soziale und geographische Mobilität der Bevölkerung

Beck (1986, S 125 ff) bezeichnet die gestiegene soziale und geographische Mobilität der Bevölkerung als eine Dimension der Individualisierung. Ökonomische Modernisierung und wohlfahrtsstaatliche Expansion führen zu weitreichenden Wandlungen in der Berufsstruktur. Es kommt zu einer Expansion des Dienstleistungssektors, zur Umstrukturierung sozialräumlicher Lebensverhältnisse, sowie zu einer wachsenden Partizipation der Frauen am Arbeitsmarkt.

Die Bedingungen des Arbeitsmarktes haben laut Meueler (1993, S 56) dazu geführt, daß die „Lohnarbeiterexistenz mit ihren enttraditionalisierenden und individualisierenden Merkmalen von Mobilität und Konkurrenz" zur Normalform nicht nur des männlichen Erwachsenen geworden ist. Immer mehr Menschen wohnen anstatt in dörflichen und kleinstädtischen Siedlungen mit Formen familienübergreifender, nachbarschaftlicher Gemeinschaftlichkeit in großstädtischen Siedlungsformen mit deutlich abgesunkenem sozial-moralischen Zusammengehörigkeitsgefühl. Und der Zustrom zu den Städten nimmt weltweit zu.

Die Individualisierungstendenzen werden durch technologische Entwicklungen noch zusätzlich verstärkt. Computerriesen wie IBM bieten bereits für manche Jobs eine teilweise Heimarbeit am Computer an. Die zunehmende Vernetzung von Computerzentren führt weiters auch zu einer Auslagerung von Arbeit in Billiglohnländer. Die Buchhaltung von Swissair, British Airways und Lufthansa wird bereits Großteils von Computerspezialisten in Indien abgewickelt. Die dortigen Mitarbeiter sind an englischsprachigen Universitäten hervorragend ausgebildet und kosten dennoch nur einen Bruchteil ihrer Kollegen im Norden.

Wie Meueler und Beck weist auch Heitmeyer darauf hin, daß die zunehmende Mobilität der Bevölkerung auch zu einer wachsenden Frauenerwerbstätigkeit geführt hat. Dadurch werden gesellschaftliche Modernisierungsschübe auch in den Familien wirksam. Hierarchische Formen geschlechtsspezifischer Arbeitsteilung weichen nun neuen Chancen auf gleichberechtigte Beziehungsmuster. Anstehende Lösungen müssen innerhalb der Familie ohne Rückgriff auf traditionelle Vorbilder stets aufs Neue ausgehandelt werden. (Heitmeyer 1995, S 45)

1.1.2.2 Die individualisierenden Effekte der Bildungsexpansion

Die geänderten Bedingungen auf dem Arbeitsmarkt setzen höhere Qualifikationsanforderungen voraus, die durch entsprechende Weiterbildungsmaßnahmen erfüllt werden sollen. Die daraus resultierende Bildungsexpansion hat für Beck (1986, S 127 ff) individualisierenden Effekte. Der „Massenkonsum" höherer Bildung und die längere Verweildauer im Bildungssystem begünstigen Selbstfindungs- und Reflexionsprozesse, die allemal auf eine Infragestellung traditionaler Orientierungen und Lebensstile hinauslaufen. Auch individuelle Leistungsmotivation und Aufstiegsorientierung, die im Bildungssystem gefördert werden, sind dazu geeignet, den eigenen Lebensweg nicht als Ausdruck klassen- und milieuspezifischer Zugehörigkeiten, sondern als Resultat eigener Leistungsbeiträge zu interpretieren.

Die Ausbildungsphase ist auch nicht mehr mit dem Berufseintritt abgeschlossen. Der Arbeitnehmer muß sich in einem durch den raschen technischen und sozialen Wandel aufgezwungenen Dauerlauf selbst auf Trab halten. Das lebenslängliche Lernen als Weiterlernen, die eigene Arbeitskraft fit zu halten, ist zur ständigen Pflicht geworden. Die Zeiträume zwischen der bewußten Teilqualifikation und deren Entwertung durch rasche Veränderungen des Arbeitszusammenhanges werden immer kürzer. Nicht nur Häuser, Wohnzimmer, Küchen und Badezimmer müssen ständig modernisiert werden, sondern vor allem das eigene Arbeitsvermögen.

1.1.2.3 Freisetzung der Menschen aus Klassenbedingungen

Der Individualisierungsschub führt, so Beck (1986, S 115 ff.), zur Freisetzung der Menschen aus den Sozialformen der industriellen Gesellschaft. Auf dem Hintergrund eines vergleichsweise hohen materiellen Lebensstandards und sozialen Sicherheiten wurden die Menschen aus Klassenbedingungen herausgelöst. Beck verweist auf die enorme Steigerung des materiellen Lebensstandards im Zusammenhang mit der Nachkriegsprosperität in der BRD.

Die enormen Zuwächse im durchschnittlichen Reallohn der Industriearbeiter haben dazu geführt, daß die Arbeiterschaft das Joch ihrer „proletarischen Enge" abschütteln und über den Zugang zum Massenkonsum neuartige Bewegungsspielräume realisieren konnte. Unterstützt wird diese Entwicklung durch den Anstieg erwerbsarbeitsreier Lebenszeit im Zuge von wachsender Lebenserwartung und sinkenden Arbeitszeiten. Daraus zieht Heitmeyer (1995, S 45) die Schlußfolgerung, daß wachsende Lebenserwartung und sinkende Arbeitszeiten den materiellen und zeitlichen Spielraum der Individuen erhöhen.

Je mehr materiellen und zeitlichen Freiheitsspielraum die Individuen vorfinden, um ihren individuellen Vorlieben und Bedürfnissen im Bereich von Freizeit, Konsum, persönlicher Lebensführung und Wohnverhältnissen Ausdruck zu verleihen, desto stärker werden sie aus klassenkulturellen Milieus befreit, aber auch herausgelöst. (Heitmeyer 1995, S 45)

In den 90iger Jahren steht bei den Verteilungskämpfen zwischen Arbeitgebern und Gewerkschaftern aber nur noch die Aufrechterhaltung des status quo im Mittelpunkt. Die Lohnfortzahlung im Krankheitsfall wird von den Unternehmern immer mehr in Frage gestellt. Zusätzlich wird von Arbeitgeberseite eine höhere Flexibilität der Arbeitnehmer ohne entsprechende Abgeltung der Überstunden verlangt. Der sich verschärfende, internationale Wettbewerbsdruck wird voll auf die Beschäftigten abgewälzt. Seit 1990 sind allein in Österreichs Textilunternehmen ein Drittel der Jobs abhanden gekommen. Produktionsverlagerungen nach Osteuropa provozieren eine beachtliche Lohndrift nach unten. In den heimischen Betrieben wurden die meisten freiwilligen Sozialleistungen, Essensgelder oder Pendlerbeihilfen längst gestrichen. (Profil Nr.28/96, S 25)

Wie schon bei der Arbeitsmarktsituation erwähnt, wird durch die Individualisierung in allen Lebensbereichen das Kollektivschicksal privatisiert. Statistisch nachweisbare Massenarbeitslosigkeit wird vom Betroffenen nicht mehr wahrgenommen. Die persönliche Verantwortung, das eigene Schicksal steht im Vordergrund. Wie das Kollektivschicksal vom einzelnen wahrgenommen wird, stellt Beck anhand eines Vergleichs anschaulich dar: Der Hohlspiegel des Klassenbewußtseins zersplittert, ohne zu zerfallen, und jeder Splitter gibt seine eigene Totalperspektive wider, ohne daß die von Ritzen und Sprüngen feinmaschig zergliederte, in ihre Bestandteile zerfallene Spiegeloberfläche noch ein gemeinsames Bild erzeugen könnte. (Beck 1986, S 216)

An die Stelle des gemeinschaftsorientierten tritt ein ich-zentriertes Weltbild. Es nehmen die Bereiche ab, in denen gemeinsam verfaßtes Handeln das eigene Leben prägen. Dagegen nehmen die Zwänge zu, den eigenen Lebenslauf selbst zu gestalten, seine eigene Lebensbiographie zu entwickeln. Für Beck (1986, S 217) muß der einzelne lernen, sich selbst als Handlungszentrum, als Planungsbüro in bezug auf seinen eigenen Lebenslauf, seine Fähigkeiten, Orientierungen, Partnerschaften usw. zu begreifen.

1.1.2.4 Zunehmende Abhängigkeit von Institutionen

Diese Individualisierungseffekte führen dazu, daß der Einzelne mehr und mehr aus traditionalen Bindungen herausgelöst wird. Für Beck (1986, S 155) ist aber dieser Prozeß nicht mit mehr Freiheit für den Menschen verbunden. Er ist im Gegenteil mit Zwängen gesellschaftlicher Institutionen konfrontiert, die er selbst nur wenig beeinflussen kann. Es sind nun vor allem der Arbeitsmarkt, aber auch das Bildungssystem, sozialpolitische Versorgungssysteme, etc., die den individuellen Lebenslauf institutionell kanalisieren. An die Stelle sozialmoralischer Milieus und traditional eingelebter Formen der Lebensführung treten nun formal organisierte Institutionen und gesellschaftliche Subsysteme, die die „neue Unmittelbarkeit zwischen Individuum und Gesellschaft" (Beck 1986, S 158) steuern.

Die freigesetzten Individuen sind arbeitsmarktabhängig und damit auch abhängig von Bildungsinstitutionen. Gerade diese Institutionen werden vom Weißbuch der Europäischen Komission als Schlüssel zum Erfolg gesehen. Flexible Bildungseinrichtungen, die dem einzelnen eine lebenslange Weiterbildung zu einem hoch qualifizierten Arbeitnehmer mit bestmöglichen Arbeitsplatzchancen ermöglichen. Die Flexibilisierung von Arbeitsbeziehungen durch Einführung neuer Technologien und der damit verbundenen Globalisierung der Weltwirtschaft führt zu ständig ändernden Anforderungen an das

Leitbild eines Beschäftigten. Bedingt durch die individualisierte Lebensbiographie liegt es nun in der Verantwortung des einzelnen, von den Bildungsangeboten auch entsprechend Gebrauch zu machen, um damit seine Arbeitsmarktchancen zu sichern.

Dabei entsprechen die Bildungseinrichtungen nicht einmal der gesellschaftlichen Realität. Sie sind, so Beck (1986, S 214/215), an Normalbiographien ausgerichtet, denen die Wirklichkeit immer weniger entspricht. Arbeitnehmer mit geregelten Arbeitsverhältnissen, mit 40-Stunden-Woche und entsprechendem Dienstvertrag geraten zunehmend in eine gesellschaftliche Minderheitsposition. Das gilt auch für das Sozialversicherungssystem, das von der Beteiligung des überwiegenden Anteils der Bevölkerung an der Erwerbsarbeit ausgeht.

Die gesellschaftlichen Institutionen werden zu Konservatoren einer sozialen Wirklichkeit, die es immer weniger gibt. Sie übernehmen immer mehr eine Art Statthalterfunktion der ausklingenden Industrieepoche. Damit verschärfen sich die Gegensätze zwischen institutionell entworfener und gesellschaftlich geltender Normalität (Beck 1986, S 215). Die Institutionen treten für Lebensbiographien ein, die nur noch für einen kleinen Teil der Bevölkerung gelten.

1.1.3 Auflösung traditioneller Familienstrukturen

Die höhere Anforderung an das Individuum, seine persönliche Biographie flexibel zu gestalten, beeinflußt auch das Familienleben. Durch die Trennung von Arbeits- und Wohnwelt wurden zunächst traditionelle Männer- bzw. Frauenrollen geschaffen. Die Entwicklung des Sozialstaates führte allerdings vor allem nach dem zweiten Weltkrieg dazu, daß immer mehr Frauen in das Erwerbsleben eintraten. Heute planen sie ihre eigene, individuelle Lebensbiographie. Für die Gestaltung des Familienalltags werden hohe Anforderungen an die Inszenierungskünste der Ehepartner gerichtet, da viele individuelle Bedürfnisse zu berücksichtigen sind. Dazu kommt die Abhängigkeit von gesellschaftlichen Institutionen, die bis in die familiale Privatsphäre hineinwirken.

Bedingt durch die verlängerten Ausbildungszeiten kommt es zu einer längeren Verweildauer der Jugendlichen im Elternhaus. Durch die Reduktion der Familie von einer Arbeits- und Wirtschaftsgemeinschaft auf eine Erziehungs- und Sozialisationsfunktion, die Änderung der Familienstruktur, sowie den längeren Aufenthalt bei der Herkunftsfamilie kommt es zu einer Emotionalisierung des Eltern-Kind

Verhältnisses. Mit der Intensivierung sind für die Persönlichkeit Chancen aber auch Gefahren verbunden.

Der Anpassungsdruck an geänderte Arbeitsmarktbedingungen verändert nicht nur die Lebensbiographie des Individuums; die Individualisierung schlägt auch in geänderten Familienstrukturen nieder. Höhere Bildungs- und Mobilitätserfordernisse erschweren ein partnerschaftliches Zusammenleben. Unterschiedliche Interessen wie Berufserfordernisse, Bildungszwänge, Kinderverpflichtungen und Hausarbeit müssen unter einen Hut gebracht werden. Mehr Frauen denn je erhalten eine qualifizierte Berufsausbildung; an den Universitäten wurden die Männer bei den absoluten Studentenzahlen bereits überflügelt. Damit drängen auch mehr Frauen in den Arbeitsmarkt, der immer weniger qualifizierte Stellen anbietet.

Flexiblere Arbeitsbedingungen führen zu erhöhten Mobilitätsanforderungen. Davon sind in einer Partnerschaft beide Teile betroffen. Jeder muß selbständig, frei für die Erfordernisse des Marktes sein, um seine ökonomische Existenz zu sichern. Diese Mobilitätsanforderung erweist sich für Beck (1986, S 127) als Gift für familiäres Zusammenleben. Entweder sind beide das, was der Arbeitsmarkt fordert, nämlich vollmobil, dann droht das Schicksal der „Spagatfamilie" (mit Kinderabteil im Reiseexpreß). Oder ein Elternteil, in der Regel immer noch die Frau, ist in ihrer Mobilität eingeschränkt, mit den damit verbundenen Benachteiligungen und Belastungen.

Partnerschaftliches Leben zu zweit oder mit Kindern erschwert die Durchsetzungschancen auf dem Arbeitsmarkt. In dem zu Ende gedachten Marktmodell der Moderne wird für Beck (1986, S 191) ohnehin die familien- und ehelose Gesellschaft unterstellt. Jeder muß selbständig, frei für die Erfordernisse des Marktes sein, um seine ökonomische Existenz zu sichern. Ein Individuum, das durch Partnerschaft, Ehe, oder Familie „mobilitätsbehindert" ist, entspricht nicht dem Ideal der durchgesetzten Marktgesellschaft.

Dieser Widerspruch zwischen den Erfordernissen der Partnerschaft und den Erfordernissen des Arbeitsmarktes bricht auf, seit die Frauen bessere Qualifikationen und damit bessere Durchsetzungschancen auf dem Arbeitsmarkt erreicht haben. Solange die Ehe für die Frau Berufsverzicht und Zuständigkeit für Familie und Kindererziehung bedeutete, konnte dieses Spannungsverhältnis verborgen bleiben. Das anachronistische Familienmodell mit traditionellen Rollenbildern für Mann und Frau entspricht nicht mehr der gesellschaftlichen Realität. Höhere Verantwortung für das Individuum bei der Gestaltung der eigenen Lebensbiographie und die Infragestellung traditioneller Rollenbilder erhöhen das Konfliktpotential für ein mögliches Zusammenleben zu zweit.

1.1.3.1 Bedeutungswandel der Familie

Die Bedeutung der Familie hat sich im Zuge der industriellen Entwicklung der Gesellschaft gewandelt. Mitterauer (1991, S 100 ff.) spricht von einem Funktionsverlust der Familie, von einer fortschreitenden Beschränkung auf einige wenige Restfunktionen. Die bäuerliche Hausgemeinschaft, die sowohl eine Schutz- als auch eine Produktionsfunktion für ihre Mitglieder darstellte, galt als idealtypische Grundform einer „klassischen Familie".

Die vorindustrielle Familie war vor allem eine Arbeits- und Wirtschaftsgemeinschaft, in der Frauen, Männer, Junge und Alte einen Aufgabenbereich übernahmen. Die Tätigkeiten waren aufeinander abgestimmt und einen gemeinsamen Ziel untergeordnet, z.B. der Aufrechterhaltung des Hofes oder des Handwerkbetriebes. Beck-Gernsheim (1994, S 120) weist darauf hin, daß von daher die Familienmitglieder zumeist ähnlichen Erfahrungen und Belastungen ausgesetzt waren. Der Rhythmus der Jahreszeiten, Ernte, Unwetter usw. schmiedete die Familie zu einer Gemeinschaft zusammen. Darin blieb allerdings wenig Raum für persönliche Neigungen, Gefühle und Motive. Nicht die Einzelperson zählte, sondern die gemeinsamen Zwecke und Ziele. Der „Zwang zur Solidarität" hielt die Familie zusammen.

Mit der zunehmenden Entwicklung von städtischen Zentren wurde die Produktion aus dem Familienverband mehr und mehr ausgegliedert. An die Stelle des gewerblichen Familienbetriebes trat immer mehr der industrielle Großbetrieb. Als bedeutendste Auswirkung der Lohnarbeit auf die Familie bezeichnet Mitterauer (1991, S 111) die Trennung von Arbeitsstätte und Wohnung. Mit Ausnahme des bäuerlichen Lebensbereichs erfaßt die Herauslösung der Berufssphäre aus der Familiengemeinschaft seit dem 19. Jahrhundert praktisch die ganze Gesellschaft.

Diese für das Ausmaß familialer Funktionen besonders einschneidenden Veränderungen hinterließen einen in seiner wirtschaftlichen Bedeutung stark reduzierten Haushalt. An produktiver Tätigkeit verblieb die Hausarbeit im modernen Sinn des Wortes ... Der Rückgang der häuslichen Produktivformen läßt in wirtschaftlicher Hinsicht den Konsumcharakter des Haushaltes immer mehr in den Vordergrund treten. (Mitterauer 1991, S 112)

Durch die Trennung in Arbeits- und Wohnwelt wurden zunächst einmal die Männer in außerhäusliche Erwerbsarbeit einbezogen. Sie begannen, sich an einer Leistungsgesellschaft zu orientieren, für die nicht mehr die Gemeinschaft, sondern der einzelne zählte. Die Rolle der Frau beschränkte sich auf Hausarbeit und Kindererziehung. Dadurch entfaltete sich, so Beck-Gernsheim (1994, S 121) eine neue Form der wechselseitigen Abhängigkeit: die Frau wurde abhängig vom Verdienst des Mannes; er wiederum brauchte, um funktionsfähig und einsatzbereit zu sein, ihre alltägliche Arbeit und Versorgung. Der Zwang zur Solidarität setzte sich in modifizierter Form fort.

Die Entwicklung des Sozialstaates gegen Ende des 19. Jahrhunderts und vor allem ab dem zweiten Weltkrieg führt zu einer Reihe von Leistungen zur Durchsetzung von mehr sozialer Gerechtigkeit und Abfederung sozialer Härten. Unfall- und Krankenversicherungen, Altersrenten, Sozialhilfe, Ausbildungsbeihilfe u.v.m. verringern die Abhängigkeit des einzelnen von der Familie.

Wo kollektive Unterstützungsleistungen beginnen, wird ein Existenzminimum jenseits der Familie sichergestellt. Die einzelnen Familienmitglieder sind nicht mehr bedingungslos auf Ein- und Unterordnung verwiesen, sie können im Konfliktfall auch ausweichen. Insgesamt wird die Logik individueller Lebensentwürfe gefördert, die Bindung an die Familie gelockert (Beck-Gernsheim 1994, S 122).

Die Entwicklung zu Selbständigkeit und Eigenversorgung führte auch dazu, daß sich Frauen zunehmend als Einzelpersonen verstanden, die ihre eigene Existenzsicherung planen, mit oder ohne Mann. Sie sind nicht mehr vom Mann als Alleinerhalter abhängig und entwickeln eigene Interessen und Zukunftspläne. Traditionelle Rollenbilder werden in Frage gestellt. Frauen planen ihre eigene individuelle Lebensbiographie, in der Männer als Partner vorkommen können aber nicht mehr müssen.

1.1.3.2 Die Funktion der Familie in der globalen Welt der Gegenwart

Die zentrale Aufgabe der Familie der Gegenwart liegt in der Sozialisation des Nachwuchses. Die Erziehungsfunktion der Familie setzt allerdings ein partnerschaftliches Zusammenleben von Vater und Mutter voraus. Die gestiegene Eigenverantwortung des Individuums bei der Gestaltung der persönlichen Lebensbiographie erschwert dies allerdings. Für Beck (1986, S 192/193) bricht durch die Vielzahl an Entscheidungen, die von der Familie abverlangt werden, dieselbe als traditionelle Einheit auseinander. Von außen kommende Einflüsse (Arbeitsmarkt, Beschäftigungssystem, etc.) fordern eine Abstimmung von Interessen, die viele überfordern.

Ein Großteil der Frauen wird heute nicht mehr „sitzengelassen", sondern entscheidet sich selbst zur Scheidung, um Konflikte mit den Ehepartner auf diese Weise zu beenden. Es wächst die Zahl von „Einelternfamilien", zumeist Frauen, die sich dazu entschieden haben, ihr Kind alleine zu erziehen. Vor allem in großstädtischen Ballungsräumen hat die Zahl an Singlehaushalten stark zugenommen. Neben Ein-Eltern-Familien leben unverheiratete

Paare mit oder ohne Kinder zusammen. Die mit dieser Entwicklung verbundene Pluralisierung von Lebensstilen zeigt sich in den unterschiedlichsten Formen familialen Zusammenlebens. Für Schröder (1995, S 28) wachsen diese „neuen" Familienformen allmählich zu einer statistisch relevanten und nicht mehr zu vernachlässigbaren Größe heran.

1.1.3.2.1 Inszenierung des Familienalltags

Die Individualisierungsdynamik kennzeichnet für Beck-Gernsheim (1994, S 123) auch das Verhältnis der Familienmitglieder zueinander. Um die auseinanderstrebenden Einzelbiographien zusammenzuhalten, wird immer mehr Abstimmung nötig. Eine „Inszenierung des Alltags" setzt ein. Während man früher auf eingespielte Regeln und Muster zurückgreifen konnte, werden jetzt mehr und mehr Entscheidungen fällig. Der Familienalltag findet nicht mehr an einem gemeinsamen Ort statt, sondern ist auf unterschiedliche geographische Punkte verteilt.

Die meisten Männer sind außerhäuslich berufstätig, immer mehr Frauen sind es auch. Die Kinder gehen zur Schule, verbringen immer mehr Freizeit im Rahmen organisierter, wiederum außerhäuslicher Aktivitäten (z.B. Sportverein, Malkurs, Musikunterricht) ... erst recht gibt es nicht mehr einen gemeinsamen zeitlichen Rhythmus, statt dessen die Vorgaben der verschiedenen gesellschaftlichen Institutionen, die strukturierend in den Familienalltag eingreifen - also die Zeitregelungen von Kindergarten, Schule und Jugendorganisationen, die beruflichen Arbeitszeiten von Mann und Frau, die Öffnungszeiten der Geschäfte, die Fahrpläne der öffentlichen Verkehrsmittel usw. (Beck-Gernsheim 1994, S 124).

Die Gestaltung des Familienalltags wird sogar schon nach Fernsehprogrammen ausgerichtet. Die alltägliche Nachrichtensendung „Zeit im Bild" um halb acht Uhr abends ist für viele Familien ein fixer Bestandteil des Tagesablaufs. Eine Familie in meinen Bekanntenkreis richtet bestimmte Tätigkeiten danach aus. So wird den Kindern vor der Sendung noch das Abendessen gemacht; nach dem Ende des Programmteils steht das Zähneputzen und das Schlafengehen für die Kinder auf dem Programm. Auch der Tagesablauf der Eltern ist anschließend geteilt: während sich die Mutter in das Schlafzimmer zurückzieht, um ihr Lieblingsprogramm zu sehen, bleibt der Vater im Wohnzimmer, um sich seine Lieblingssendung anzusehen oder um Bastelarbeiten zu erledigen.

Die Privatsphäre ist somit nicht mehr von der Umwelt abgegrenzt. Der familiale Tagesablauf wird an Fernsehprogrammen, Beruf und den Anforderungen anderer Institutionen ausgerichtet. Schicken die Eltern der erwähnten

Familie ihr Kind in eine katholische Privatschule, so wird erwartet, daß die Eltern an bestimmten Elterntagen die Schule besuchen, um sich über die schulischen Leistungen der Kinder zu informieren. Zusätzlich gibt es aber auch noch Veranstaltungsabende über gesellschaftliche und religiöse Themen, an denen die Mütter zum „Wohle ihrer Kinder und der Familie" auch teilnehmen sollten. Eine nicht berufstätige Mutter ist außerdem nach Meinung der Schulleitung ohnehin nicht ausgelastet und kann für weitere Aufgaben, wie z.B. Wandertage der Klassen, eingeteilt werden. Für Beck (1986, S 214) kommt es zu einer Überlappung und Vernetzung der entstehenden individualisierten Privatheit mit den scheinbar institutionell abgegrenzten Bereichen und Produktionssektoren von Bildung, Konsum, Verkehr, Produktion, Arbeitsmarkt usw.

Die gesellschaftlichen Institutionen wirken aber nicht nur in die Gestaltung der familialen Privatsphäre hinein, sie sind auch eher auf Individuen zugeschnitten. Für Beck (1994, S 14) wirken sie eher gegen als für familiales Zusammenleben und Zusammenhalt. Er begründet dies mit den Anforderungen des Arbeitsmarktes. Erwerbsbeteiligung setzt Bildungsbeteiligung voraus, beides erfordert Mobilität und Mobilitätsbereitschaft. Alle diese Anforderungen verlangen eine individuell gestaltete Lebensbiographie. Wer das nicht schafft, ist ein „Versager" und selbst schuld an seiner Situation. Die Individualisierung schafft also nur scheinbar neue Freiheiten, in Wahrheit steigt die Abhängigkeit von Institutionen.

Die von der Wirtschaft so vehement geforderte Flexibilisierung der Arbeitszeiten greift zusätzlich erschwerend in den Familienalltag ein. Für Handelsangestellte in Österreich ist der ständige lange Einkaufssamstag seit 1997 Realität. Zwar können dafür andere Tage „freigenommen" werden, ein gemeinsames Familienleben reduziert sich aber auf den einzigen noch freien Tag, den Sonntag. In Großbritannien ist auch diese letzte „Zuflucht" bereits gefallen. In der Hochburg des Liberalismus haben die Geschäfte des Einzelhandels auch bereits einen Großteil des Sonntags geöffnet. 1997 wurden schließlich auch in Österreich gesetzliche Erleichterungen zur Einführung der Sonntagsarbeit beschlossen.

Die Lebensbereiche der einzelnen Familienmitglieder sind immer schwerer untereinander abstimmbar. Unstimmigkeiten und zusätzliche Konflikte sind die Folge. Für Beck-Gernsheim (1994, S 125) setzt die Leistung einen „Familienkoordinator" voraus. Es sind in der Regel die Frauen, die unter erheblichem Einsatz, unter Mithilfe von Oma, Au-pair-Mädchen und Tagesmüttern, versuchen, diese Aufgabe zu bewältigen.

1.1.3.2.2 Verschärfte ökonomische Situation führt auch zu solidarisierenden Effekten

Die Globalisierung der Wirtschaft und die damit verbundene Verschärfung der Situation am Arbeitsmarkt führt aber nicht notwendigerweise nur zu Freisetzungsprozessen aus traditionellen Strukturen. Die Erfahrung von Arbeitslosigkeit, von der zunehmend nicht nur die Eltern, sondern auch ihre Kinder betroffen sind, hat für Schütze (1988, S 239 ff.) einen solidarisierenden Effekt. Es kommt zu einem vermehrten, solidarischen Familienzusammenhalt zwischen Eltern und Kindern einerseits und zu einer ablehnenden und zugleich fordernden Haltung gegenüber dem Staat andererseits.

Weitere Indizien für einen engeren Familienzusammenhalt liegen für Schütze in der längeren Verweildauer der Kinder im elterlichen Haushalt, die durch die verlängerte Ausbildungszeit bedingt ist. Neben finanziellen Überlegungen spielt dabei auch die Befürchtung eine Rolle, daß der Generationenvertrag in den nächsten Jahrzehnten nicht mehr gesichert ist. Die Eltern konnten früher sicher sein, daß für ihr Alter durch sichere Renten gesorgt ist, und die Kinder hatten die Gewißheit, sich im Alter nicht mehr um Vater und Mutter kümmern zu müssen. Seit aber in unserer Gesellschaft immer mehr Alte einer vergleichsweise geringen Zahl von beitragszahlenden Erwerbstätigen gegenüberstehen und die Kosten für die Unterbringung in Altersheimen explosionsartig in die Höhe schnellen, hat sich die Situation verändert. Kinder benötigen die Eltern um über ihre längere Verweildauer im Ausbildungsprozeß einen häuslichen Rückhalt zu haben, und die Altern wiederum erhoffen sich dadurch, vielleicht in Zukunft nicht in ein Heim abgeliefert zu werden. Durch diese Zukunftsaussichten werden für Schütze objektiv neue Abhängigkeiten geschaffen.

Ein weiterer Grund für die längere Verweildauer liegt für Schütze (1988, S 244) neben ökonomischen Argumenten auch darin, daß die Jugendlichen heute ihre Wünsche nach Autonomie und Selbständigkeit schon im Elternhaus realisieren können. Schließlich zitiert die Autorin eine Reihe von Untersuchungen (Schütze 1988, S 234-238) die darauf hinweisen, daß der Generationenkonflikt zwischen Eltern und Kinder eher herbeigeredet ist, als daß er der Wirklichkeit entspricht. Die Mehrzahl der Jugendlichen bezeichnet die Beziehung zu ihren Eltern als positiv. Der Konflikt zwischen den Generationen spielt sich weniger auf der familialen als auf der gesellschaftlichen Ebene ab. Kritik an den Erwachsenen wird ungleich schärfer artikuliert als an den eigenen Eltern.

1.1.3.2.3 Emotionalisierung des Eltern-Kind Verhältnisses

Die Reduktion der Familienfunktion auf die Erziehung und Sozialisation, geänderte Familienstrukturen, die Abkehr von der Großfamilie, sowie die längere Verweildauer der Jugendlichen in der Familie führt zu einer Emotionalisierung der Eltern-Kind-Beziehung. Das Zusammenleben von Eltern und Kindern in der gemeinsamen Wohnung dauert oft mehr als zwanzig bis fünfundzwanzig Jahre und gewinnt an Intensität. Während die Familie an Schutz- und Produktionsfunktionen im Laufe der gesellschaftlichen Entwicklung verloren hat, gewinnt die intensive Gefühlsbindung an Bedeutung. Damit sind aber für Sieder (1991, S 145) auch Nachteile verbunden:

Diese Intensivierung der Gefühlsbindungen bedeutet zugleich auch eine Gefahr für den Jugendlichen und die Entwicklung seiner Persönlichkeit. Die fortschreitende Ausdehnung der Schulphase einerseits und die Emotionalisierung der Eltern-Kind-Bindungen andererseits führen in zunehmendem Maße zu „Überorganisation" und „overprotection". Familienbindungen des Jugendlichen werden in einer Stärke aufrechterhalten, die der Entwicklung einer autonomen Persönlichkeit im Wege stehen (Sieder, 1991, S 145).

Noch intensiver wirkt diese Beziehung in Ein-Eltern-Familien. Das Kind wird für Beck (1986, S 193) zur letzten verbliebenen, unaufkündbaren, unaustauschbaren Primärbeziehung. Partner kommen und gehen. Das Kind aber bleibt. Alles, was in die Partnerschaft hineingesehnt, aber unlebbar wurde, richtet sich auf diese Beziehung.

Das Kind gewinnt mit dem Brüchigwerden der Beziehungen zwischen den Geschlechtern Monopolcharakter auf lebbare Zweisamkeit, auf ein Ausleben der Gefühle ... in ihm wird eine anachronistische Sozialerfahrung kultiviert und zelebriert, die mit dem Individualisierungsprozeß gerade unwahrscheinlich und herbeigesehnt wird. Die Verzärtelung der Kinder ist ein Anzeichen dafür ... das Kind wird zur letzten Gemeinsamkeit, die die Menschen gegen die ihnen entgleitenden Liebesmöglichkeiten errichten können. (Beck 1986, S 194)

Damit stehen zu rigide Kontrollmechanismen, die seitens der Kleinfamilie, in deren ökonomischer Abhängigkeit sich der Jugendliche befindet, ausgeübt werden, im krassen Gegensatz zu den wirtschaftlichen und gesellschaftlichen Anforderungen an den jungen Erwachsenen. Wird die elterliche Aufmerksamkeit bezüglich der Entwicklung ihrer Sprößlinge vernachlässigt, so fehlt dem Jugendlichen wiederum ein Normen- und Wertesystem, an dem er sich orientieren kann. Es fällt ihm schwerer, eine positive Selbstachtung zu erlangen.

1.1.3.2.4 Erziehung beeinflußt Sozialverhalten und Selbstachtung der Kinder

Staub (1981, S 55) spricht davon, daß die Eltern einen starken Einfluß auf das soziale Verhalten ihrer Kinder ausüben. Dazu wäre aber eine wirksame Kontrolle der Eltern über die Entwicklung ihrer Sprößlinge erforderlich. Staub versteht darunter aber nicht die Einschränkung der Selbständigkeit oder gar die Bestrafung von Kindern sondern das feste Durchsetzen von Verhaltensweisen, die die Eltern von ihren Kindern erwarten.

Anhand von Untersuchungen weist Staub darauf hin, daß hohe Selbstachtung bei Jungen, die kurz vor dem Erwachsenenalter stehen, mit dem starken Interesse der Eltern an deren Wohlergehen zusammenhängt (Staub 1981, S 138). Liebevolle Eltern, die aber klare Normen für das Verhalten der Kinder im sozialen und schulischen Bereich setzen und auf deren Einhaltung achten, hätten einen positiven Einfluß auf deren prosoziale Einstellung. Ein unterstützendes Familienklima beeinflußt die Einstellung einer Person zu sich selbst und ihr Verhalten in sozialen Situationen. Heitmeyer (1995, S. 87) kommt in seiner Studie zu dem Schluß, daß eine ausgeprägte familiäre Unterstützung die „innere Sicherheit" einer Person erhöht. Diese unterstützende Funktion der Familie gewinne unter Individualisierungsbedingungen an Bedeutung.

Wie wichtig ein gutes offenes Gesprächsklima im Elternhaus für das Wohlbefinden, Selbstvertrauen und letztlich auch den Schulerfolg ist, deutet auch eine Profil/Isma-Umfrage unter 13.000 österreichischen Schülern an. Schüler mit einem guten Gesprächsklima im Elternhaus haben mehr Freunde in der Schule, fühlen sich in der Klasse besser, sind selbstbewußter und lassen sich auch nicht so leicht von Lehrern aus dem Tritt bringen. Burschen und Mädchen, die mit den Eltern dagegen kaum über ihre Schulerlebnisse sprechen, leiden häufiger unter bestimmten Lehrern, erfüllen oft nur zähneknirschend, was von ihnen verlangt wird, und sind in ihrer Freizeit eher isoliert (Profil Nr.3/94, S 76).

Frühere Generationen hatten ihre eigenen Normen- und Wertvorstellungen, die sie an ihre Nachfolger weitergaben. Das Wissen der Großeltern und Eltern wurde weitervermittelt und hatte eine stabilisierende Funktion beim Aufbau einer eigenen Persönlichkeit. Die Dynamisierung der Gesellschaft hat aber nicht nur Individualisierungsschübe bewirkt, sondern auch zu einer Entwertung von Wissen und Erfahrungen früherer Generationen beigetragen. Regeln und Normen, auf deren Grundlage in früheren Jahrzehnten noch eine problemlose Eingliederung in die Gesellschaft möglich war, gelten heute nicht mehr. Die Rasanz der technologischen Entwicklung führt dazu, daß sich Jugendliche mit modernen Arbeitsinstrumenten wie Computer und Netzwerken wesentlich besser zurecht finden als ihre Eltern. Die Frage, ob sie damit auch „mehr" wissen als frühere Generationen, wird in einem späteren Abschnitt behandelt.

1.1.4 Die Rolle des Jugendlichen in der globalisierten Welt

Mit dem Wandel der Familienfunktion verlieren verwandtschaftliche Beziehungen für die Jugendlichen zunehmend an Bedeutung. Durch den Schulbesuch werden Kontakte zwischen den Generationen weiter reduziert. Gleichaltrige Freunde gewinnen an Bedeutung. Sie haben eine wichtige ergänzende Funktion, um mit der Komplexität gesellschaftlicher Anforderungen fertigzuwerden. Der gesellschaftliche Wandel erfordert vom Jugendlichen ein erhöhtes Maß an Eigenaktivität zum Aufbau von Sozialkontakten und der Wahrung von Bildungschancen. Die komplexere Lebensbiographie erhöht aber die Entscheidungsunsicherheit.

1.1.4.1 Die Fragmentierung der Primärsozialisation

Die Primärsozialisation durch die Familie hat eine wichtige Funktion für die Entwicklung der Persönlichkeit eines Jugendlichen. In der Familie erfährt das Individuum einen „Grundbestand" an Wertvorstellungen und Wertorientierungen. Durch die Familie erwirbt das Kind jene Werte und Normen, die auch allgemein gesellschaftlich anerkannt sind. Kühn (1992, S 140) weist darauf hin, daß Erlebnisse und Erfahrungen der frühen Kindheit auf die weitere Entwicklung des Individuums einen besonders stabilen Einfluß haben. In der Familie erfährt das menschliche Individuum die Bedeutung von Rollen und Rollenunterschieden. Es erwirbt eine soziale Sensibilität für das Erlernen von Rollen bzw. für Erwartungen, die an das Rollenverhalten geknüpft sind.

Damit wird Kindern in der Primärsozialisation jene Kommunikationskompetenz vermittelt, die sie in der Schule und im späteren Arbeitsleben dringend benötigen. Schon in der Schule wird ein Grundbestand von Fähigkeiten und Fertigkeiten vorausgesetzt. Damit baut die Schule auf einer möglichst erfolgreich bewältigten Primärsozialisation und einem damit verbundenen „intakten" Sozialisationsraum Familie auf (Kühn 1992, S 143).

Das Modell einer Kleinfamilie, die über Jahrzehnte hinweg in einer Wohnung zusammenlebt, bekommt allerdings Risse. Die Individualisierungstendenzen in der modernen industriellen Gesellschaft führen weg von der traditionellen Kleinfamilienform zu zunehmend labileren Familienstrukturen. Erziehungsunsicherheiten der Eltern und intensivere emotionalee Bindung innerhalb der Kernfamilie sind nicht zuletzt auf deren gewandelte Funktion, beeinflußt durch geänderte gesellschaftliche Wert- bzw. Beziehungsmuster, zurückzuführen. Mit den Wandel der Familienfunktion verändert sich auch die Beziehung von Kindern und Jugendlichen zu Verwandten und Nachbarn.

Für Heitmeyer (1995, S 48) verlieren vor allem verwandtschaftliche Bezüge immer stärker an Bedeutung. Verwandte werden als Vorbilder oder soziale Sicherungsgruppe zunehmend irrelevant. Entsprechend verläuft auch die Entwicklung der Beziehungen zur Nachbarschaft. Mit der Auflösung traditionaler, gewachsener Wohnstrukturen verbunden, lösen aktive und gezielt eingegangene Sozialbeziehungen die über räumliche Nähe vorgegebenen Sozialbeziehungen ab.

Auch für Meueler (1993, S 57) stehen diese familialen Unterstützungssysteme nicht mehr so ohne weiteres zur Verfügung. Eine Ursache sieht er aber auch in der Geburtenentwicklung in den westlichen Industrieländern. In der BRD ist der Bundesdurchschnitt auf 1,7 Kinder pro Paar gesunken. Damit werden, so Meueler, nicht nur Geschwister, sondern auch Tanten und Onkel, Cousins und Cousinen zur Mangelware. In einer Gesellschaft mit zunehmendem Trend zum Einzelkind hat das fatale Auswirkungen auf die Verwandtschaft. Heiraten zwei Einzelkinder, deren Eltern auch Einzelkinder waren, haben die beiden nach dem Tode ihrer Eltern keinen einzigen Verwandten mehr.

1.1.4.2 Der Beginn der Sekundärsozialisation: Schule und Freundeskreis

1.1.4.2.1 Sozialisationserweiterung durch Schuleintritt

Die Bedeutung der Familie als primäre Sozialisationsinstanz und ihr dadurch bedingter Einfluß bleiben auch in der Jugendphase bestehen. Daneben erweitert sich allerdings der Spielraum des Kindes und späteren Jugendlichen. Die Sekundärsozialisation umfaßt als weiten Sozialisationsrahmen die Sozialisation des Individuums als lebenslangen Prozeß von der Primärsozialisation bis zum Tod. In dieser Phase erweitert sich der Sozialisationsraum. Für Kühn (1992, S 141) beginnt diese Erweiterung mit dem Eintritt in das Schulleben. Dagegen vertrete ich die Auffassung, daß schon mit dem Besuch des Kindergartens, der allerdings freiwillig ist, eine Erweiterung des Erfahrungsschatzes von Kindern stattfindet, der über die Primärsozialisation der Kleinfamilie hinausgeht. Mit dem neu gewonnenen Sozialisationsraum steigen jedenfalls die Anforderungen an das Individuum.

Durch die Ausweitung auf den Schulbesuch findet auch eine Trennung der Jugend von den anderen Altersgruppen und damit von der sonstigen Gesellschaft statt. Der Kontakt zwischen der jungen Generation und den älteren Familienangehörigen nimmt ab. Die Schule verstärkt diesen Effekt durch die organisatorische Aufteilung von Kinder und Jugendlichen in Schulen und Klassen, die Schranken zwischen den verschiedenen Altersstufen aufrichtet. Der Kontakt zu Gleichaltrigen wird intensiviert, zu anderen Altersgruppen stark reduziert. Dadurch kommt es für Schröder (1995, S 115) zu einem Bedeutungszuwachs der Peergroup in der schulischen Sozialisation von Jugendlichen.

1.1.4.2.2 Die Peergroup als Orientierungsinstanz

Der Bedeutungsgewinn der Peergroup für den Jugendlichen wird unterschiedlich interpretiert. Während Mitterauer diese Entwicklung mit einen Bedeutungsverlust für das Elternhaus gleichsetzt, ist das für Schröder nicht der Fall.

Für Mitterauer (1991, S 142 ff.) setzt die Ablösung vom Elternhaus besonders dort ein, wo die Anziehungskraft spezifisch jugendlicher Freizeitinhalte den elterlichen Einfluß zunehmend reduziert. Orientierungskontakte entwickeln sich einerseits im Freundeskreis, andererseits durch die Medien, die eine bestimmte Vorstellungswelt vermitteln, die spezifisch „jugendliches" Verhalten und Bewußtsein sehr stark beeinflußt.

Der Rückzug des Jugendlichen aus der altersheterogenen Herkunftsfamilie und die verstärkte Orientierung an den Angehörigen der eigenen Altersgruppe löst den Jugendlichen aus der Kontrollfunktion des Elternhauses Schritt für Schritt heraus. Zunehmend überlagern die Außenbeziehungen des Jugendlichen in Freundeskreis und Schule jene durch Eltern und Familie. Das sei, so Mitterauer (1991, S 144), auch deshalb eine positive Entwicklung, da die heutige Familie nicht mehr in der Lage sei, allein jene Verhaltens- und Denkweisen bei den Heranwachsenden auszubilden, die für deren berufliches Fortkommen erforderlich seien. Die Emanzipation der Jugendlichen aus innerhäuslicher Abhängigkeit und Fremdbestimmung begünstige das Entstehen von sozialen Beziehungen. Im Unterschied zu früheren traditionellen Familienverhältnissen sind diese durch mehr Gleichheit und Kooperation geprägt.

Schröder (1995, S 133-135) kommt wiederum aufgrund von Untersuchungen zu dem Ergebnis, daß Familie, Schule und Gleichaltrigengruppe nicht gegenüber- sondern nebeneinanderstehen. Der Bedeutungsgewinn der Peergroup führt keinesfalls zu einem Bedeutungsverlust der Eltern. Aufgrund der stärkeren sozialen Vernetzung wählen die Jugendlichen viel eher den „richtigen" Gesprächspartner für die entsprechende Situation. Die zunehmende Doppelorientierung an Eltern und Gleichaltrigen erklärt Schröder mit der gestiegenen gesellschaftlichen Funktion der Peers einerseits, sowie mit dem Wandel der familialen Verhältnisse andererseits.

Das ist eine Ansicht, mit der auch ich mich am ehesten anfreunden kann. Ergebnisse der Studie weisen darauf hin, daß die Beziehung zu den Eltern als überwiegend positiv gesehen wird. Die Peergroup hat eine wichtige ergänzende Funktion, um mit der Komplexität gesellschaftlicher Anforderungen fertigzuwerden.

Die Peergroup bietet für Heranwachsende die Möglichkeit, sich einen eigenen Status zu erwerben (Schröder 1995, S 111). Dieser Erwerb erfolgt auf andere Weise als in Familie und Schule, da unter Gleichaltrigen die Möglichkeit besteht, sich eine eigene Rolle zu entwickeln. In Familie und Schule sind diese Rollenbilder schon vorbereitet. Die Funktion der Peergroup faßt Schröder folgendermaßen zusammen:

Sie kann zur Orientierung und Stabilisierung beitragen und emotionale Geborgenheit gewähren. Sie bietet sozialen Freiraum für die Erprobung neuer Möglichkeiten im Sozialverhalten ... sie hat eine wichtige Funktion in der Ablösung von den Eltern ... sie kann zur Identitätsfindung beitragen, indem sie Identifikationsmöglichkeiten, Lebensstile und Bestätigung für Selbstdarstellung bietet ... der Peer-Integration kommt auch noch ein wichtiger Aspekt politischer Sozialisation zu, da sich hier der Erwerb öffentlicher Kompetenzen und Rollen politischen Handelns vollzieht (Schröder 1995, S 112).

Die Freundesgruppe wird mit der Ausweitung des Sozialisationsraumes zunehmend zur zweiten wichtigen Bezugsgruppe für Jugendliche. Sie kann als Ersatz, Weiterführung oder Kompensation von Familienbeziehungen dienen. Die Gleichaltrigen orientieren sich an den Bedürfnissen des Jugendlichen. Heitmeyer (1995, S 85) definiert die Funktion des Freundeskreises dahingehend, daß er ein Experimentierfeld bietet, in dem soziale Spielregeln eingeübt und Gefühls- und Handlungsstrukturen ausgebildet werden können. Die Beziehung zu einer Peergroup dient als Erfahrungsfeld für sozialen Austausch und Kommunikation.

Schröder (1995, S 114/115) bezeichnet die Erfahrungen, die in einer Peergroup gemacht werden als eine wichtige Persönlichkeitsentwicklung für den Aufbau von Intimität zur Herstellung von Freundschaftsbeziehungen.

Während die Beziehungen zu den Eltern eher emotional belastet, die zu den Lehrern eher instrumentalisiert sind, bietet das Lernfeld der Peer-Beziehungen die Möglichkeit, durch Kollegialität, Intimität und Offenheit Sozialkompetenz zu erwerben. Kollegiales Verhalten im Beruf, aber auch in späteren Partnerbeziehungen werden vorwiegend im Zusammenleben mit den Gleichaltrigen vermittelt.

Für Jugendliche, die ihre Meinungen und Einstellungen nicht mehr an Autoritätspersonen orientieren, bieten eigene Erfahrungen die Basis für die Bildung eigener Einstellungen, Werte und Normen. In der Freundesgruppe können Jugendliche als gleichberechtigte, eigenverantwortliche Personen agieren, also so, wie es zunehmend auch seitens der Gesellschaft von ihnen erwartet wird.

1.1.5 Wesentliche Schlüsselelemente der Zeitdiagnose und wie die Schule darauf reagieren soll

Aus der Zeitdiagnose läßt sich ableiten, wie wichtig aufgrund der gesellschaftlichen Entwicklung der Erwerb von Schlüsselqualifikationen für Jugendliche geworden ist. Soziale Kompetenz im Umgang mit Freunden und Schul- bzw. Arbeitskollegen; eine Selbsteinschätzung, die auf eigene Fähigkeiten und Bedürfnissen Rücksicht nimmt; sowie entwickelte kognitive Fähigkeiten sind unabdingbar, um sich in der modernen Gesellschaft einen Platz zu schaffen. Hier sollen nun erste Überlegungen angestellt werden, wie die Schule darauf reagieren soll.

1.1.5.1 Dynamisierung: Kompetente Nutzung von Informationen

Die Entwicklung neuer Technologien greift entscheidend in die Lebensverhältnisse ein. Die zunehmende Fülle an Informationen kann ohne entsprechende Hilfsmittel gar nicht mehr bewältigt werden. Der Datenhighway mit seinen unendlichen Möglichkeiten wird zunehmend als Allheilmittel gepriesen. In Österreich wurde eine Web-Offensive gestartet, mit der allen Schulen ein Internet-Zugang ermöglicht werden soll. Im Dezember 1997 wurde vom Unterrichtsministerium stolz verkündet, daß bereits 1.200 Schulen im gesamten Bundesgebiet ans Internet angeschlossen sind und täglich drei weitere hinzu kämen. (KURIER, 15.12.97)

Richtig ist, daß künftig jeder Berufstätige die Fähigkeit benötigt, Informationsnetze kompetent zu nutzen. Deshalb ist es wichtig, daß schon in der Schule der Grundstein für das Vertrautwerden mit dem Werkzeug Internet gelegt wird. Damit ist aber auch die Gefahr verbunden, daß das Umgehen-Können mit Computer, Internet und CD-Rom schon mit Bildung gleichgesetzt wird. Deshalb ist es meiner Ansicht nach wichtig, daß weiterhin Allgemeinwissen im Kontext von Raum und Zeit vermittelt und die Rolle des Internets auf jene eines nützlichen Werkzeuges beschränkt wird. Das zu vermitteln wäre eine wichtige Aufgabe der Schule.

1.1.5.2 Globalisierung: Komplexe Zusammenhänge sichtbar machen

Es wird zunehmend schwierig, als mündiger Bürger an jene Informationen zu gelangen, die ein Verständnis der komplexen wirtschaftlichen Zusammenhänge ermöglichen. Für eine lebendige Demokratie sind reife und verantwortungsbewußte Bürger notwendig, die sich nicht durch Medienkampagnen von Politikern und Institutionen den Blick zur Realität verstellen lassen. Gerade für die AHS ist eine gute Allgemeinbildung wesentliche Voraussetzung zur Hochschulreife. Dabei sollte die Vermittlung wirtschaftlicher und gesellschaftlicher Zusammenhänge, die die gesamte Lebenswelt beeinflussen, nicht auf einen Gegenstand beschränkt werden.

Die Darstellung der Verflechtungen auf nationaler und internationaler Ebene ist meiner Ansicht nach nicht nur eine Aufgabe des Gegenstandes Geographie/Wirtschaftskunde. Statt dessen sollte in der 6. oder 7. Klasse der AHS ein fächerübergreifender Projektunterricht mit dem Schwerpunkt *Globalisierung* angeboten werden. Dabei könnten neben wirtschaftlichen Aspekten auch ethische Fragen gesamtgesellschaftlicher Verantwortung (Religion), historische Entwicklungsprozesse (Geschichte) sowie die Auswirkungen der EU-Integration auf Volks- und Kulturgruppen (Deutsch) behandelt werden. Damit wird auch ein vernetztes Denken gefördert, das für die Entwicklung kongnitiver Kompetenz besonders wichtig ist.

1.1.5.3 Flexibilisierung: Stärkung der Selbstkompetenz durch Information

Die künftigen Arbeitnehmer von morgen können nicht mehr mit einer geradlinigen beruflichen Laufbahn rechnen. Berufliche Karrierebrüche, Wechsel der Dienstgeber, Auslandsaufenthalte, aber auch der Umgang mit vorübergehender Arbeitslosigkeit müssen einkalkuliert werden. Da reicht es nicht aus, die Schüler nur mit dem Anspruch auf Hochschulreife, wie von einigen Direktoren als Zielvorgabe formuliert, zu erziehen. Denn auch die Hochschulpolitik ist einem Wandel unterworfen. Wenn auch derzeit ein *numerus clausus* wie in Deutschland noch unwahrscheinlich ist, so werden doch universitäre Zugangsmöglichkeiten durch Reduktion der staatlichen Finanzspritze eingeschränkt.

Dazu kommt, daß eine akademische Laufbahn auch nicht mehr eine sichere Job-Garantie mit sich bringt. Das mußten zu ihrem Leidwesen im Jahr 1997 gerade Jus-Absolventen am eigenen Leib spüren. Der Staat schränkt öffentliche Arbeitsplätze drastisch ein, und immer mehr arbeitslose Akademiker sind die Folge. Deshalb ist es notwendig, daß die Schule ihre Verantwortung nicht am Universitätstor abgibt, sondern auch umfassend über die geänderte Beschäftigungssituation informiert. Dazu sollten externe Experten von Wirtschaftskammer, ÖGB, Arbeiterkammer und vom Arbeitsmarktservice, sowie Unternehmensvertreter eingeladen werden, die über Weiterbildungs- bzw. Beschäftigungsoptionen umfassend informieren. Mit entsprechenden Informationen ausgestattet, ist der Schüler eher in der Lage, seine eigene Situation realistisch einzuschätzen – die Selbstkompetenz wird dadurch gefördert.

1.1.5.4 Teamarbeit und Gemeinschaftsförderung gegen Individualisierung

Veränderungen am Arbeitsmarkt zwingen die Arbeitnehmer, sich auf ständig ändernde Arbeitsverhältnisse einzustellen. Das hat auch Auswirkungen auf die individuelle Gestaltung der eigenen Lebensbiographie. Damit verändert sich aber auch der Bezug zur Gemeinschaft und es entwickelt sich ein egozentrisches Weltbild. Die Schule ist oft der erste, aber auch oft der letzte Ort, an dem sich der Jugendliche in einer größeren Gemeinschaft befindet. Vor der Schule wird er, wenn ohne Kindergartenerfahrung, in der Regel noch durch das Elternhaus behütet; nach der Ausbildung kann schon eine berufliche Tätigkeit in einem Kleinbetrieb anstehen oder die vorübergehende Arbeitslosigkeit drohen.

Gemeinschaftsverhalten kann daher gerade von der Schule positiv gefördert werden. Der drohenden Ich-Bezogenheit durch Individualisierung könnte ein gemeinschaftsbezogenes Unterrichtsmodell gegenübergestellt werden. Neben Teamarbeit sollte auch die Übernahme von Verantwortung gegenüber der (Klassen-) Gemeinschaft geprobt werden. Von einer Klasse kann im Rahmen eines 3.Welt-Projekts ein Verkaufsstand im Rahmen eines Tages der offenen Tür bzw. eines Elternsprechtages durchgeführt werden. Andere Projekte können dazu dienen, einen gemeinsamen Auslandaufenthalt oder einen Skikurs mitzufinanzieren. In einer Schule wurde z.b. am Tag der offenen Tür von einer Klasse das Buffet und die Garderobenbetreuung übernommen. Auch die gemeinsame Gestaltung von Unterrichtsstunden könnte zur Förderung des Gemeinschaftsgefühls beitragen. Damit wird die Kommunikationskompetenz der Jugendlichen gestärkt.

1.1.5.5 Zunehmende Inszenierung des Familienalltags als Unterrichtsthema

Die Entwicklung von individuellen Einzelbiographien erschwert es Eltern und Jugendlichen zunehmend, in einer Gemeinschaft zusammenzuleben. Indirekt trägt auch die Schule dazu bei. Schulveranstaltungen, vor allem außerhalb des regulären Unterrichts, wie z.b. Theaterbesuche, Exkursionen und Sportveranstaltungen, verlangen eine Abstimmung von unterschiedlichen Interessen. Da könnte es hilfreich sein, wenn im Rahmen des Religions- bzw. Ethikunterrichts auf die Probleme der Alltagsinszenierung eingegangen wird. Weiters könnten in diesem Fach gemeinsame Gestaltungsmodelle für Einzelbiographien erarbeitet werden. Nicht zuletzt würde auch eine Reduktion an Hausaufgaben die familiale Alltagsinszenierung erleichtern.

1.1.5.6 Wandel der Primärsozialisation: Schulische Einbindung der Eltern

Der Einfluß der elterlichen Erziehung auf das Sozialverhalten und die Selbstachtung der Jugendlichen ist unbestritten. Bedingt durch längere Ausbildungsdauer steigt auch die Verweildauer der Jugendlichen im Elternhaus. Dadurch kommt es zu einer Intensivierung bestimmter Familienfunktionen, die einen Ausgleich bieten, um mit zunehmenden gesellschaftlichen Anforderungen fertig zu werden. Da bietet die Herkunftsfamilie emotionale Sicherheit und die Möglichkeit zur Regeneration.

Andererseits kommt es aber zu einer Entwertung bei der Weitergabe speziell von beruflichem Wissen und Erfahrungen früherer Generationen. Am Beispiel des Umgangs mit neuen Medien wird deutlich, daß der kompetente Einsatz von neuen Arbeitsinstrumenten zunehmend familienexterne Lehrpersonen erfordert. Der Umgang mit dem Computer und dem Internet, für die Elterngeneration noch kein Thema, wird heute von der Schule vermittelt; auch Impulse aus dem Freundeskreis sind dazu oft hilfreicher.

Geänderte berufliche Anforderungen verunsichern die Eltern. Das, was sie in ihrer eigenen Ausbildung einmal gelernt haben, ist für die Anforderungen, denen sich ihre Kinder heute stellen müssen, oft nicht mehr hilfreich. Sie zweifeln daran, ob ihre Erziehungsmodelle noch den geänderten gesellschaftlichen Anforderungen entsprechen. Dieser Aspekt wird in der Analyse der Interessensgruppen ausführlicher behandelt. Es geht hier aber nicht nur darum, Anforderungen an die Schule zu richten, sondern Kriterien zu formulieren, wie die Zusammenarbeit mit den Eltern verbessert werden kann.

Dabei ist es von Vorteil, wenn die Eltern in den Lebensalltag der Schule eingebunden werden können. Das ist ein zweischneidiges Schwert: einerseits wird dadurch das gegenseitige Verständnis gefördert, andererseits aber auch die Alltagsinszenierung (s.o.) weiter erschwert. Eine mögliche Mitgestaltung von Schulveranstaltungen sollte daher sorgfältig überlegt werden, ohne die Eltern zu überfordern.

Es ist aber auch ein übergreifendes Erziehungsmodell möglich. In einer Schule wird alljährlich ein „Berufsschnuppertag" durchgeführt, an dem die Kinder von Lehrern dieselben an ihrem Arbeitsplatz besuchen können. Vor allem auf dem Hintergrund fehlender Berufserfahrungen wäre es für Jugendliche vorteilhaft, einmal den Arbeitsplatz der Eltern kennenzulernen. Das könnte, gute Kooperation zwischen Eltern und Schule vorausgesetzt, auch auf andere Berufsgruppen ausgeweitet werden: die Jugendlichen besuchen an einem Tag den Arbeitsplatz der Eltern; Erfahrungen können anschließend in der Schule und auch innerhalb der Familie ausgetauscht werden.

1.1.5.7 Zunehmende Bedeutung der Peergroups: Förderung von Klassengemeinschaft

In der Klassengemeinschaft gewinnen die Jugendlichen wichtige Erfahrungen zur eigenen Persönlichkeitsentwicklung. Im Umgang mit Gleichaltrigen werden den Jugendlichen soziale Verhaltens- und Denkweisen vermittelt, die für die spätere berufliche Praxis von zunehmender Bedeutung sind. Unterstützung durch Freunde beim Umgang mit den neuen Medien wurde bereits erwähnt. Aber auch Selbstkompetenz und Kommunikationsfähigkeit werden im Freundeskreis gefördert. Durch Kollegialität, Intimität und Offenheit wird jene Sozialkompetenz erworben, die für die spätere berufliche Laufbahn immer bedeutsamer wird.

Die Schule könnte diesen Interaktionsprozeß durch Verlängerung der Pausen und der Ermöglichung individueller Klassenzimmergestaltung fördern. Damit erhöht sich das Wohlbefinden des Schülers und die Klassengemeinschaft wird gefördert. Gerade die Klassengemeinschaft kann nicht nur als ein notwendiges Nebenprodukt des Schullebens gesehen werden. Sie hat im Gegenteil einen entscheidenden Einfluß auf das Lerninteresse, sie fördert eine bessere Integration von Außenseitern und die Gesundheit der Schüler. In der Analyse der Feldstudie an 16 AHS-Schulen wird darauf näher eingegangen.

1.2 WAS SOLL SCHULE KÖNNEN?

Rascher Wertewandel, Erziehungsunsicherheit der Eltern und veränderte Anforderungen an den zukünftigen Arbeitnehmer drücken sich in unterschiedlichen Forderungen aus, die an die Schule gerichtet werden. In der Folge werden die Interessen der Wirtschaft, von Sozialwissenschaftern und Pädagogen, den Eltern, sowie letztlich auch von den Jugendlichen selbst präzisiert. Dem werden in allen Bereichen die Ansichten der AHS-Direktoren gegenübergestellt. Anschließend wird analysiert, wie sehr diese Vorstellungen die geänderte gesellschaftliche Situation erfassen und wie sie sich abdecken oder voneinander differieren.

1.2.1 Anforderungen der Wirtschaft

Arbeitsfunktionen werden im Zeitalter der globalen Vernetzung nicht mehr arbeitsplatzbezogen, sondern arbeitsgruppenbezogen formuliert. Die damit verbundene Flexibilisierung der automatisierten Produktionssysteme stellt die Beschäftigten vor neue Anforderungen. Die Wirtschaft verlangt zunehmend nach Schlüsselqualifikationen als Grundlage eines vielseitig ausgebildeten Arbeitnehmers.

Antriebsmotor, Ort und ständiger Bezugspunkt des Individualisierungsschubs, der die gesamte Gesellschaft erfaßt hat, ist der Markt als das soziale System kapitalistischen Wirtschaftens. Durch den davon ausgelösten gesellschaftlichen Wandel veränderte sich auch das Beschäftigten-Leitbild der Wirtschaft. In früheren Phasen der Industrialisierung wurde der Arbeitsprozeß wesentlich durch den Entwicklungsstand der Technik bestimmt. Der arbeitende Mensch war primär mit der Aufgabe konfrontiert, sich an die vorgefundene technische Rationalität anzupassen. Der Rückgriff auf seine kognitiv-intellektuellen Fähigkeiten war lange strikt daran ausgerichtet, was ihm durch die Maschine als Handlungsspielraum zugestanden wurde. Diese Arbeitsplatzfunktion wandelte sich aber im modernen Arbeitsprozeß.

Die Ursache für diese Entwicklung liegt darin, daß die Bedeutung des produzierenden Sektors zurückgeht und ungelernte und angelernte Arbeit von den Maschinen zunehmend verdrängt wird. Die internationale Verflechtung führt zu einer notwendigen höheren Bedeutung von Fremdsprachenkenntnissen in vielen Berufen. Das Wachstum von computerunterstützten Produktionssystemen führt zu einer Zunahme an überwachenden und organisierenden Tätigkeiten.

Arbeitsfunktionen werden nicht mehr arbeitsplatzbezogen, sondern arbeitsgruppenbezogen formuliert. Die Gewerkschaft spricht sogar von einem „Fließprinzip", das Eingang in die neue Form der Arbeitsorganisation gefunden hat. Dabei tritt an die Stelle der Arbeitsteilung zwischen spezialisierten Abteilungen der Geschäftsfall und dessen Durchlauf durch das Unternehmen. (ÖGB 1997, S 12)

Die Automatisierung der Produktionssysteme führt zu einer Vernetzung und Flexibilisierung von Arbeitsabläufen. Damit verändern sich auch die Anforderungen an den Beschäftigten. Dieser soll nicht mehr nur an einem angestammten Arbeitsplatz einsetzbar sein, sondern mehrere unterschiedliche Arbeitsplätze und Funktionen beherrschen. Damit wollen Betriebe flexibel und rasch auf schnell wechselnde Markterfordernisse reagieren können: *Auch die zunehmend verbreitete Projektorganisation setzt auf die Flexibilität der Beschäftigten. Es handelt sich dabei zumeist um zeitlich befristete Projektteams, in denen Beschäftigte unterschiedlicher Berufsgruppen und Hierarchieebenen zur Lösung umfangreicher Aufgabenstellungen zusammenarbeiten.* (ÖGB 1997, S 14)

Nicht zuletzt deshalb werden Qualifikationsanforderungen wie etwa die Fähigkeit zur Teamarbeit, sprachliche Ausdrucks- und Mitteilungsfähigkeiten und Flexibilität der Teammitglieder immer bedeutsamer. Durch kooperative Arbeit lassen sich massive Kosteneinsparungen und Qualitätsverbesserungen erzielen. Ein weiteres Kennzeichen neuer Arbeitsorganisationsformen stellt die Einbeziehung der Beschäftigten in die Verbesserung innerbetrieblicher Arbeitsprozesse dar. Damit wird das Wissen und die Fähigkeit der Arbeitskraft neu bewertet. Vorschläge, die zu einer Effizienzsteigerung innerhalb des Unternehmens führen, werden entsprechend prämiert.

Insbesondere der Begriff der Flexibilität ist zum maßgeblichen Konkurrenz- und Erfolgskriterium, zur allgemeinen Produktionsbedingung geworden. *Auch die sich immer schneller wandelnden Marktbedingungen verlangen extreme Flexibilität und Anpassungsfähigkeit der Unternehmensorganisation auf allen Ebenen und sind zugleich auch - die sich wandelnden Betriebe treten ja ihrerseits wiederum als Nachfrager auf - deren Resultat.* (Schönweiss 1994, S 76/77) Diesem Spannungsverhältnis sind nicht nur die Manager in den Betrieben, sondern auch in letzter Konsequenz deren Beschäftigte ausgesetzt. Damit die Arbeitnehmer mit diesen vielfältigen Anforderungen fertig werden, wird von Wirtschaftsseite immer mehr der Ruf nach „Schlüsselqualifikationen" laut. Dieser Begriff kommt aus der deutschen Pädagogik und beinhaltet Qualifikationen wie die Befähigung mit anderen zusammenzuarbeiten, sich selbständig neues Wissen anzueignen, lebenslange Weiterbildungsbereitschaft u.ä. Schönweiss (1994, S 79) beschreibt das Ideal des „schlüsselqualifizierten Menschen", das der moderne Arbeitsprozeß benötigt, folgendermaßen:

Jeder möglichen Aufgabe gewachsen sein; in der Lage sein, sich immer neuen, offenen Situationen zu stellen und sich in sie gleichsam „hineinfallen" zu lassen; solche Situationen dadurch zu beherrschen, daß man sie selbständig in handhabbare Probleme und erfolgsversprechende, sachlich-funktionale Handlungsimperative übersetzt.

1.2.1.1 Berufliche Handlungsfähigkeit durch Schlüsselqualifikationen (Freundlinger)

Freundlinger (1992, S 61) bezeichnet Schlüsselqualifikationen als berufsübergreifende Qualifikationen, die insgesamt eine höhere berufliche Handlungsfähigkeit konstituieren und gliedert sie in drei Teilbereiche:

➢ Sachkompetenz

Die Fähigkeit zum theoretischen Denken soll dem Berufstätigen ermöglichen, die komplexer werdenden Arbeitsabläufe und -techniken zu verstehen und zu meistern. Gemeinsam mit einer erhöhten Lernfähigkeit und Problemlösefähigkeit ist damit der kognitive Bereich angesprochen.

➢ Sozialkompetenz

Denken in moralischen Kategorien als Ausdruck sozialer Urteilskompetenz verbunden mit Kommunikations- und Kooperationsfähigkeit, um der zunehmenden Bedeutung von Teamarbeit und Kommunikation im Berufsleben zu entsprechen

➢ Selbstkompetenz

Ein gefestigtes und gut ausbalanciertes Identitätskonzept sowie alle weiteren auf sich selbst gerichteten Fähigkeiten, wie die Fähigkeit, Verantwortung zu übernehmen, Selbständigkeit, Konzentrationsfähigkeit, Frustrationstoleranz, Kreativität etc.

1.2.1.2 Typologie des neuen Beschäftigten-Ideals (Schönweiss)

Schönweiss (1994, S 89-95) geht bei seinem Versuch einer Typologisierung des neuen Beschäftigten-Ideals noch mehr ins Detail. Seine Differenzierung enthält sechs Dimensionen:

➢ Fachliche Souveränität

Fachliche Souveränität wird zum notwendigen *Background* eines souveränen Zugriffs auf die Wirklichkeit. Fachliche Kompetenz ist nicht mit einer Fülle von Faktenwissen zu verwechseln; wichtig ist eher, zu wissen, auf welche Detailkenntnisse man verzichten kann und wo und wie man sie sich bei Bedarf konkret verfügbar macht.

➢ Methodische Flexibilität

Es ist eine geistige Grundhaltung gefordert, die es dem Individuum ermöglicht, sein Wissen produktiv für sich nutzbar zu machen. Anstelle einer Fixierung auf ein starres Lösungsschema tritt die Bereitschaft, theoretisch-inhaltlich „bei Null" anfangen zu können, ohne daß schon erworbenes Wissen und bereits gesammelte Erfahrungen schlicht vergessen werden. So werden offene Situationen selbständig strukturiert und sind nicht durch einen passiven Charakter geprägt.

➢ Autonome Antriebssteuerung

Die ehemalige Arbeitsfunktion, nur bedingt für das eigene Tun verantwortlich zu sein, geht verloren. An die Stelle einer gewissen Sicherheit und effektiven Entlastung tritt die Pflicht, sich selbst zu motivieren. Es bedarf also einer Art *autonomer Antriebssteuerung*, durch die man auch dann handlungsfähig bleibt, wenn man mit einem diffusen Anforderungsspektrum konfrontiert wird.

➢ Engagierte Distanz

Kriterium erfolgreichen Agierens bleibt die zu bewältigende Aufgabe. Sich auf sie einlassen zu können, ohne sich von ihr gefangennehmen zu lassen, ist die Leistung, die erbracht werden soll. Das Individuum soll sich konsequent am vorliegenden Problem orientieren, dabei aber nicht der Gefahr erliegen, sich in der Aufgabe zu „verlieren".

➢ Kooperativer Instrumentalismus

Man muß in der Lage sein, Kenntnisse und spezielle Fähigkeiten der Kollegen für sich zu instrumentalisieren, indem man sich geschickt Zugang zu Anregungen, Teillösungen oder auch nur benötigtem Detailwissen verschafft. Umgekehrt gehört dazu natürlich die Bereitschaft, sich bedingungslos von anderen für deren Problemlösungsbemühungen benutzen zu lassen.

➢ Hermeneutisch-heuristische Selbstsicherheit

Ein Individuum, das mit der geforderten abstrakt-universellen Problemlösefähigkeit agieren will, darf sich nicht in Ansprüchen verlieren, bei denen ein wenig gefestigtes Selbst mit Überforderung reagiert. Es muß wirklichkeitsadäquat handeln und an sich selbst und seinen effektiven Fähigkeiten und Kenntnissen festhalten.

Gemeinsam haben die Modelle von Freundlinger und Schönweiss, daß sie vom Erwerb von Schlüsselqualifikationen reden, um den Arbeitnehmer zu einer Persönlichkeit zu entwickeln, die in der Lage ist, mit den Herausforderungen komplexer Arbeitsprozesse fertig zu werden. Eine Auswertung von Stellenanzeigen für die EDV-Branche läßt erkennen, wie selbstverständlich mittlerweile der interessierte Bezug auf die gesamte Person geworden ist. An der Spitze der Anforderungen liegt Teamgeist, gefolgt von Eigeninitiative, Verantwortungsbewußtsein und kreativem Denken. (Süddeutsche Zeitung, 24.9.87, S 45)

1.2.1.3 Der vielseitig ausgebildete Arbeitnehmer als Idealtyp

Der hoch qualifizierte, vielseitig ausgebildete Arbeitnehmer ist der Idealtyp, der seitens der Wirtschaft gefordert wird. Das gewandelte Bildungs- und

Sozialisationsideal verlangt eine in sich ruhende, selbständig-souveräne Persönlichkeit, die sich der gestellten komplexen Aufgabe voll und ganz widmet. Dabei wird wiederholt die Institution Schule kritisiert, daß aufgrund der mangelhaften Ausbildungsformen die Absolventen für das Berufsleben ungeeignet wären.

Hensel (1995, S 23) zitiert aus einer Umfrage an 50 Banken und Konzerne in Deutschland, bei der die Unternehmen mangelhafte Grundkenntnisse der Berufsanfänger im Lesen, Schreiben und Rechnen kritisierten. Weiters wird fehlende Konzentrationsfähigkeit sowie ein schlechtes Sozialverhalten festgestellt.

Ob die gewünschten Schlüsselqualifikationen tatsächlich den Wünschen der Wirtschaftsvertreter entsprechen, ist fraglich. Pestalozzi (1990, S 161) zitiert aus einer Studie, die im Auftrag des Deutschen Industrie-Instituts bei 459 Führungskräften der Industrie über die Aufgaben der Erziehung an der Oberstufe erhoben wurde. Als Hauptaufgabe sahen die angesprochenen Personen die „Erziehung zum Arbeitsverhalten" und zu „allgemeinen Arbeitstugenden". Als solche Tugenden wurden genannt:

333 x Fleiß, Lernwille, Zielstrebigkeit, Aufgeschlossenheit, Ehrgeiz
268 x Ordnungssinn
139 x Genauigkeit, Gewissenhaftigkeit, Pünktlichkeit
27 x selbständiges Denken und Arbeiten
13 x Urteils- und Kritikfähigkeit

Pestalozzi kritisiert, daß selbständiges Denken, Urteils- und Kritikfähigkeit nicht verlangt werde. Statt dessen werde der unmündige Bürger gewünscht, der nicht bereit ist, fähig und objektiv selber zu urteilen, selber zu entscheiden, selber zu handeln (Pestalozzi, 1990, S 161).

Möglicherweise entsprechen die geforderten Schlüsselqualifikationen einem Arbeitstyp, der bei Führungskräften ein bestimmtes Unwohlsein auslöst. Qualifizierte Arbeitskräfte sind notwendig, um die komplexen Arbeitsabläufe in Unternehmen durchführen zu können. Die Qualifikation sollte sich aber auf die genaue Problemlösungskompetenz bei Arbeitsabläufen beschränken. Darüber hinausgehendes Engagement, z.B. in Richtung betrieblicher Mitbestimmung oder gesamtgesellschaftlichem Verantwortungsbewußtsein, sind scheinbar von den Führungskräften der Industrie weniger gefragt.

Die von den Unternehmen geforderten Qualifikationen wie Teamfähigkeit, selbständiges Arbeiten, Rhetorik und Problemlösungskompetenz entsprechen jene Sozialtechniken, die im heutigen Regelschulwesen kaum gefordert und gefördert werden.

Es gibt kaum Einsatzmöglichkeiten für AHS-Maturanten", zieht Eberhard Schaumann, Geschäftsführer der Personalberatungsfirma Hill International, eine für die Betroffenen bittere Bilanz;" die AHS ist zuwenig praxisorientiert, und Allgemeinwissen ohne Praxis ist nichts wert. (Profil-Extra 2/94, S 85)

1.2.1.4 Meinung der AHS-DirektorInnen zu den Anforderungen der Wirtschaft

Durchwegs wird betont, daß die Aufgabe der AHS in der Förderung der Allgemeinbildung und der Entwicklung einer reifen Persönlichkeit liegt. Ganzheitliche statt fachspezifische Ausbildung ist die Devise. Immerhin 4 von 12 Direktoren geben offen zu, keine Ahnung über die Anforderungen der Wirtschaft zu haben; dies wird nicht zuletzt damit argumentiert, daß ja die AHS die Schüler generell auf das Studium vorzubereiten habe.

Die Wirtschaftstreibenden fordern weniger das Faktenwissen, sondern eher Flexibilität und Kooperationsfähigkeit und selbsttätiges Lernen. Wir sollten daher den Schülern eher beibringen, wie sie „das Lernen lernen". Es ist ja auch so, daß sich die Berufsbilder ständig wandeln. (DirektorIn A)

Früher war der Unterricht in Geographie anders, da ist kaum Wirtschaft darin vorgekommen. Heute hat sich das fast komplett umgedreht. Erst kürzlich war im Stadtschulrat eine Besprechung mit Leuten der AUA bezüglich der Pilotenausbildung. Diese Leute haben sich bitter beklagt, daß unsere Maturanten in Österreich überhaupt kein geographisches Wissen mehr haben. Ein großer Prozentsatz hat z.B. nicht gewußt, wo Brüssel ist. (DirektorIn B)

Alle Firmenvertreter behaupten, wie lieb ihnen AHS-Absolventen wären, weil sie Sprachausbildung, eine entwickelte Persönlichkeit etc. haben. Auf die konkrete Frage, ob sie auch Maturanten nehmen, kommen dann aber zumeist ausweichende Antworten: naja, eigentlich haben wir nur Akademiker und Leute von der HTL. Es wäre natürlich gut, auch die Lehrpläne in Richtung Wirtschaft auszuweiten. Dazu bin ich aber doch auch in einem Zwiespalt. Auf der einen Seite sollen auch Jugendliche einen Freiraum haben, wo sie sich selbst finden können, und nicht bereits gezielt irgendwo hingebracht werden. Das ist ja auch ein Vorteil für die Wirtschaft, die dadurch ja Leute erhält, die bereits reife Persönlichkeiten sind. (DirektorIn C)

Von der Privatwirtschaft gibt es immer die Worthülsen mit den Schlüsselqualifikationen, die Schüler haben sollen. Ich stehe dem eigentlich sehr skeptisch gegenüber. Jene Schüler, die ein gutes Faktenwissen haben, haben meistens auch die entsprechenden Qualifikationen. Schlüsselqualifikationen vermittelt man nicht, die ergeben sich einfach. Ich glaube, daß das Durchlaufen der Schule von der ersten bis zur achten Klasse eine gewisse Teamfähigkeit einfach mitbringt. (DirektorIn D)

Wir sind ein reines Gymnasium, wir bilden nicht für die Wirtschaft aus. Unsere Absolventen gehen zu einen hohen Prozentsatz an die Universität, ja eigentlich fast ausschließlich. Und sie versuchen dort ein Studium. Ich bin ja nicht mehr sicher, ob wir tatsächlich für die Universität ausbilden, von der Wirtschaft ganz zu schweigen. (DirektorIn F)

Ich weiß nicht, was die Wirtschaft verlangt. Ich glaube, daß die AHS-Absolventen die besten Mitarbeiter werden. Ich denke nämlich, daß sie einen weiteren Horizont haben als andere, die mit Scheuklappen durch gewisse Bildungseinrichtungen geführt werden. (DirektorIn G)

Ich denke, daß es hier um zweierlei geht. Einmal, daß doch ein gewisses Basiswissen da ist. Dabei geht es noch nicht um irgendwelche Produkte, die in der Arbeitswelt gemeinsam gemacht werden. Ich glaube, daß Bildung gemeinschaftsbildend ist, weil wir dadurch ein gemeinsames Welt- und Wissensbild haben. Das zweite ist, daß die Schule erfahren lassen kann, wie spannend es ist, etwas zu wissen. Schule kann neugierig machen. Wenn es uns gelingt, neugierige Menschen zu entlassen, dann bin ich mit der Schule sehr zufrieden. (DirektorIn H)

Ein grundsätzliches Hinterfragen der wirtschaftlichen Anforderungen und deren Erwartungen an die AHS-Absolventen geschieht in der Schule eigentlich nicht. Es steht eher im Vordergrund, was wir (die Schule) als ganzheitlich sehen und nicht ein Anforderungskatalog eines Betriebes, der erfüllt werden soll. Die „skills", die Lehrer Schülern beibringen wollen, sind nicht von außen gefordert. Es ist die Entscheidung einer Gruppe von Lehrern, die z.B. mehr Fremdsprachenunterricht haben will, aber nicht, weil es irgend ein Betrieb braucht. (DirektorIn I)

Schon bei den Lehrern im Schulbetrieb wird der Wille zur Zusammenarbeit vermittelt. Wenn einer neue Ideen hat, wird das gefördert, daß derjenige sich auch einbringt. Bitte, ich kenne mich in der Wirtschaft soweit nicht aus, aber ich kann mir vorstellen, daß das auch dort wichtig ist. Von der Wirtschaft habe ich eigentlich keine Ahnung, dazu habe ich einfach keine Beziehung. (DirektorIn J)

Die AHS ist nicht dazu da, daß mit den Schülern eine Firma gespeist wird. Das Bildungsziel der AHS ist das Erreichen der Hochschulberechtigung. Für spezifische Ausbildung sind wieder die berufsbildenden Schulen zuständig. Ich denke aber, daß die Ausbildung an der AHS auch den Anforderungen der Wirtschaft entspricht. Ich habe sehr gute Kontakte mit der Industriellenvereinigung und der Wirtschaftskammer, die AHS-Absolventen viel lieber nehmen. Diese Schüler haben dann jene Qualifikationen, um leichter die verlangten Anforderungen bewältigen zu können. (DirektorIn E)

Ich habe sehr viele Gespräche mit sehr unterschiedlichen Menschen geführt und bedaure es ein wenig, daß wir zwar Strukturen geschaffen haben, wo uns Menschen der Industrie und der Wirtschaft immer wieder sagen, was sie von der Schule erwarten ...wenn ich z.B. so eine Veranstaltung der Industriellenvereinigung hernehme, oder der Bundeswirtschafts-

kammer ... dann sitzen am Podium die Leute der Industrie und sagen den braven Lehrern was sie eigentlich tun sollen. Ich würde mir wirklich die Gegenveranstaltungen wünschen, wo die Erfahrungen, die wir im Bildungswesen gemacht haben, den Managern mitgeteilt werden. Die könnten eine Menge von uns lernen. (DirektorIn I)
Ich würde sagen, nur mit Matura ist es relativ aussichtslos. Die Berufsinformationsmesse gefällt mir sehr gut. Meiner Meinung nach muß man das ganz anders machen. Die Schüler sollten schon in der siebenten Klasse in Rahmen eines Projekts alle möglichen Ausbildungsschienen kennenlernen. Die haben ja z.B. von einer Fachhochschule keine Ahnung. Einführung in das Berufsleben gehört einfach in den sechsten, siebten Klassen dazu. Die Kinder wissen nicht was sie wollen und schieben das hinaus, hinaus, hinaus. Jetzt haben sie die Matura und dann kommt das nichts. Weil sie auch nicht schon während der Schulzeit gezwungen werden, das Augenmerk darauf zu richten, was danach kommt. Man müßte da in der Schule viel mehr machen. Außerdem sollte der Schüler im Rahmen seiner Oberstufenkarriere zumindest ein halbes Jahr im Ausland verbringen und dort in die Schule gehen. (DirektorIn K)
Ich glaube die Schule entspricht den wirtschaftlichen Anforderungen. Das Problem ist natürlich, wenn Schüler Dinge lernen müssen, von denen sie glauben, daß sie diese später nicht brauchen. Wenn man das aber hinter sich hat und im Berufsleben steht, dann merkt man, daß das alles sehr sinnvoll war. Aus Sicht der Wirtschaft wird es Dinge geben, die im Augenblick für einen Mitarbeiter nicht erforderlich sind, die aber zur Persönlichkeitsbildung und zu einer Erweiterung des Horizonts und des Allgemeinwissens beitragen. Das ist sicher auch für jeden Betrieb ein Vorteil, wenn man hier toleranter, flexibler, etc. ist. Man hört ja zum Teil auch, daß Absolventen einer AHS von Betrieben wegen ihrer Weltoffenheit und ihrer Flexibilität gerne genommen werden. Die Aufgabe der AHS ist es aber nicht, für den Beruf auszubilden, sondern auf das Studium vorzubereiten. Es gibt hier an der Schule kaum Schüler, die nach der Matura in das Berufsleben eintreten, fast alle studieren. Vielen Betrieben ist es auch lieber, wenn sie einen College-Absolventen mit AHS-Matura haben, als wenn sie einen Schüler nehmen, der zur Gänze die BHS durchlaufen hat. AHS-Maturanten mit Zusatzausbildung haben Vorteile; denn das Fachwissen muß man sich sowieso in Betrieben aneignen. (DirektorIn L)

1.2.2 Anforderungen von Sozialwissenschaftern und Pädagogen

1.2.2.1 Schule als Sozialisationsraum

Der Einfluß des Sozialisationsraums Schule auf die Persönlichkeitsentwicklung des Individuums wird in zahlreichen empirischen Studien nachgewiesen. Die Schule ist auch der Ort, an dem das Leben in der

Gemeinschaft geprobt wird. Die Beherrschung von Formen des Zusammenlebens mit Mitmenschen, das Erlernen von Regeln des gemeinsamen Handelns kann hier vermittelt werden.

1.2.2.1.1 Einfluß der Schulatmosphäre auf das Lernverhalten

Manchmal liegt es an scheinbaren Kleinigkeiten, die es den Schülern erschweren, sich mit schulischen Problemen auseinanderzusetzen. Versagensängste sind sehr leicht in der Lage, Lern- bzw. Leistungsblockaden auszulösen, die zu einem negativen Ergebnis führen. Knott (1994, S I-III) untersuchte die Auswirkungen von Ermutigung durch den Lehrer auf die Problemlösungskapazität der Schüler. Knott unterrichtete einen B-Kurs in Mathematik. Die Schüler hatten alle schlechte Noten und waren entsprechend demotiviert. Nachdem er die Schüler ermutigt und deren Selbstvertrauen nach Möglichkeiten gestärkt hatte, ließ er die Klasse eine Mathematikschulaufgabe durchführen. Das erstaunliche Ergebnis: der Kursschnitt verbesserte sich von ursprünglich 5,0 bei der ersten Leistungsfeststellung auf 3,4. Beim Ergebnis ist eine etwas andere Notenskala in der BRD (1-6) zu berücksichtigen.

Als Gegenprobe wurde den Schülern sechs Wochen später eine neuerliche Aufgabe vorgelegt. Die Zahlen und der Text waren leicht verändert, die Schwierigkeit leicht herabgesetzt worden. Im Unterschied zur ersten Leistungsfeststellung wurden die Prüfungsbedingungen umfassend negativ und entmutigend gestaltet. So wurde den Kursteilnehmern z.B. gesagt, daß die Probe viel schwerer als die erste sei und niemand in der Klasse Chancen hätte. Auch das zweite Ergebnis war überraschend: obwohl die Aufgabentypen bekannt waren und die Schwierigkeit herabgesetzt worden war, fiel das Gesamtergebnis wesentlich schlechter aus. So betrug nun der Kursschnitt 5,3. Durch dieses Beispiel wird nachgewiesen, wie sehr der Lehrer durch sein Verhalten Ergebnisse von Leistungsfeststellungen positiv oder negativ beeinflussen kann.

Dieses Experiment macht deutlich, welchen Einfluß eine positive schulische Atmosphäre auf das Lern- und Leistungsverhalten von Kindern und Jugendlichen haben kann. Das Kind verfügt, wenn es das erste Mal in die Schule kommt, bereits über einen gewissen Erfahrungsschatz an Kenntnissen und Fähigkeiten. Ein Teil der Kinder hatte außer der Primärsozialisation durch die Eltern auch noch andere Erfahrungen im Sozialisationsraum „Kindergarten" gesammelt. Für viele Erstklaßler ist jedoch die Schule der erste „neue" Sozialisationsraum, der zu den bisherigen dazu kommt. Daraus entwickeln sich für Kühn (1992, S 210) die Grenzen für das „Spannungsfeld

Schule". Sie existiert neben anderen Sozialisationsräumen und tritt erst dann für das Individuum in Erscheinung, wenn es eine entsprechende Sozialisationsetappe bewältigt hat. Die Schule hätte nun die Aufgabe, ein Möglichkeitsfeld zum Erwerb wesentlicher sozialer Erfahrungen, zum sozialen Lernen anzubieten. Die Schule sollte bei der Förderung des Individuums auf dessen Fähigkeiten und Kenntnisse Rücksicht nehmen.

Der Einfluß des Sozialisationsraumes Schule auf die Persönlichkeitsentwicklung des Individuums wird auch in verschiedenen empirischen Studien nachgewiesen. In einer Studie über die Belastungsfaktoren für Erwachsene im zweiten Bildungsweg habe ich nachgewiesen, daß die Erlebnisse im ersten Bildungsweg deutlich positive bzw. negative Einflüsse auf die Persönlichkeit mit sich bringen (Zuba 1996, S 138/139). Ein negativ erlebter erster Bildungsweg wirkt sich auf das Sozialverhalten des späteren Erwachsenen aus. Soziale Einsamkeit wird stärker wahrgenommen, die Familiensituation wird negativer beurteilt, und die Zufriedenheit mit der Partnerschaft läßt eher zu wünschen übrig. Die Arbeitsplatzsituation wird weniger positiv beurteilt und eine berufliche Veränderung angestrebt.

Dagegen ist die Selbsteinschätzung jener Teilnehmer, die den ersten Bildungsweg in positiver Erinnerung behielten, signifikant höher. Die Familiensituation wird besser beurteilt, und der Umgang mit Freunden und Bekannten wird angenehmer und befriedigender empfunden. Erwachsene mit positiven Unterrichtserinnerungen fühlen sich, bedingt durch ein funktionierendes soziales Umfeld, kaum einsam. Die Bewältigung von Aufgaben und Zielen wird mit dem nötigen Selbstbewußtsein in Angriff genommen.

Oelkers (1982, S 25/26) zitiert eine englische Studie von Rutter mit dem Titel „Fifteenthousand hours". Fünfzehntausend Stunden, die Schüler in der Schule in England verbringen. Über mehrere Jahre wurden zwölf Gesamtschulen eines Londoner Innenbezirks beobachtet. Dabei wurde ein systematischer Zusammenhang zwischen den Leistungen und Verhaltensweisen der Schüler einerseits, sowie speziellen ausgewählten Situationsmerkmalen der Schulen andererseits festgestellt. In vier zentralen Effektvariablen unterschieden sich die Schulen entscheidend voneinander: Anwesenheit im Unterricht, Schülerverhalten, Lernerfolg und Delinquenzrate.

Merkmale wie Unterrichtsstile, Wertorientierungen und Verhaltensnormen sowie Schulnormen und Schülereinstellungen kumulieren zu einer Gesamtwirkung der jeweiligen Schule. Oelkers zieht daraus den Schluß, daß der kumulative Effekt der verschiedenen Aspekte der Schulsituation stärker wirkt als die einzelnen Faktoren für sich. Der „Schulethos", eine Grundstruktur bestimmter Wertorientierungen, Einstellungen und Verhaltensmuster, der in dieser Studie festgestellt wurde, sei jedoch nur bedingt auf deutsche Verhältnisse übertragbar. Der „particular ethos" der einzelnen englischen Schule

werde auch durch die größere administrative Selbständigkeit der Schule und die stärkere soziale Kontrolle der Lehrer untereinander begünstigt.
Verallgemeinernd stellt Oelkers schließlich aber fest, daß die Schule über die eigentliche Lehrfunktion hinaus auch einen Einfluß hinsichtlich ihrer Umgangsform und Ordnung hat. Die Schule werde durch verschiedene gesellschaftliche, aber auch interne Faktoren bestimmt. Die Institution Schule kann also nicht nur auf eine linear ablaufende Input-Output-Produktionsstätte reduziert werden. Das Schulleben außerhalb des regulären Unterrichts hat einen nicht zu unterschätzenden Einfluß auf die Persönlichkeitsentwicklung des Individuums.

Leben entfaltet sich in einer Schule in den Regeln und Routinen, in den Traditionen und Terminen, in den Anlässen und Angeboten von Schulveranstaltungen. Bönsch (1994, S 73/74) listet dazu eine Reihe von Kriterien auf: Schulfeste, musische Tage, Wandertage, Exkursionen, Schullandwochen, Reisen, Pausenkultur, Theaterabende, aktuelle Diskussionsforen, Schülerzeitung, u.v.m. Dadurch werde, laut Bönsch, erst ein „Schulleben" geschaffen, bei dem man sich und andere anders erlebe. Ratio, Effektivität, Leistung gehören eher zum Unterricht; Erlebnis, Festlichkeit, Spiel, Gemeinschaft werden dagegen eher durch Veranstaltungen des Schullebens provoziert.

1.2.2.1.2 *Die Bedeutung des Schullebens auf die Persönlichkeitsentwicklung (Hentig)*

Hentig (1993, S 214 ff.) versucht die Bedeutung von Schule als Sozialisationsraum anhand von sechs Thesen zu definieren:

➢ Die Schule ist ein Lebensraum

Den größten Teil des Tages ist für die Mehrzahl der Kinder die Schule der wichtigste Aufenthaltsort, und da das „Schullernen" die herrschende Lebensform ist, kann man die Schule auch zum Lebensort machen, an dem dann die lebensnotwendigen Erfahrungen ermöglicht werden. Dazu ist es notwendig, die Lebenswirklichkeit stärker in die Schule hereinzuholen. Kinder, die sich vom Platz erheben, um ihren Freunden etwas zu zeigen, die miteinander tratschen, gelten im herkömmlichen Unterricht als Störfaktoren. Unter gewissen Bedingungen sollte ihnen der gemeinsame Erfahrungsaustausch ermöglicht werden: 1) wenn das Gespräch mit dem Gegenstand zu tun hat, wenn 2) die beiden Schwätzer erzählen, worum es gegangen ist, und wenn 3) die ganze Klasse bereit ist, zum Abschluß der Stunde eine kurze Zusammenfassung durch den Lehrer über möglicherweise Versäumtes anzuhören.

➢ An der Schule erfahren die Schüler die wichtigsten Merkmale der Gesellschaft

Die Gesellschaft schützt die Freiheit der Person, sie bejaht die Vielheit der Meinungen, der Lebensziele und der Lebensformen - sie ist pluralistisch. Freiheit gibt es aber nicht ohne Verantwortung und Verantwortung nicht ohne Autonomie und Selbstbestimmung. Die Schule sollte daher zu geistiger und moralischer Selbständigkeit erziehen; das Individuum sollte gegen Systemzwänge stark gemacht werden. Die Schule muß dazu sich selbst und ihre Ordnungen zurücknehmen, damit die Schüler das Ordnen lernen. Ein großer Teil des Lernens sollte einzeln vor sich gehen; Aufgaben sollte jeder Schüler selbst aus einem Angebot auswählen. Der Zusammenhang der Gruppe soll über eine Versammlung, in der sich die Schüler austauschen, gewahrt bleiben.

➢ Die Schule als Modell der Gemeinschaft

Die Schule ist für Hentig ein Ort, an dem der einzelne die Notwendigkeit, die Vorteile und den Preis des Lebens in der Gemeinschaft erfährt. Die Beherrschung von gemeinsamen Formen des Erkennens und das Verstehen und Befolgen gemeinsamer Regeln des Handelns muß erst gelernt werden. Derzeit findet der Unterricht in einer lebensuntypischen Form statt: der Lehrer fragt die Schüler und diese antworten ihm einzeln unter kollektiven Regeln. Statt dessen könnte der Einzelne anhand der Schule als überschaubares Gemeinwesen erleben, mit welchen Mitteln der Einzelne Einfluß auf das Ganze nehmen kann. Konkret sollten die Kinder Möglichkeiten haben, die Regeln für das Zusammenleben innerhalb der Klasse mitzugestalten. Außerdem gibt es Kurse und Zeiten, über die die Schüler durch Debatte und Abstimmung verfügen. Der Unterricht ist aber Sache der Erwachsenen; darüber wird zwar geredet, aber nicht abgestimmt.

➢ Ist die Schule ein Lebensraum, muß sich der ganze Mensch in ihr entfalten können

Es ist ein besonderer Auftrag der Schule, die Mängel unseres gesellschaftlichen Lebens auszugleichen, zu kompensieren, solange die Kinder dies nicht selber können und solange sich ihre Lebensgewohnheiten noch bilden. Das beginnt bei den natürlichen Bedürfnissen des Körpers nach Bewegung. Es könnte seinen Ausdruck darin finden, daß man sich für das interessiert, was die Schüler außerhalb der Schule erleben - welche Vorlieben und Probleme sie da haben. Die Förderung des ganzen Menschen steht im Vordergrund

und nicht die Beschränkung auf Schulgegenstände, während das übrige Leben der Kinder bestenfalls nebenbei geduldet wird.

➢ Die Schule als Brücke zwischen Kleinfamilie und Systemen des gesellschaftlichen Lebens

Die Schule ist ein Mittleres zwischen der bisherigen Privatwelt mit Verwandten, Freunden, Nachbarn einerseits und der gesellschaftlichen Öffentlichkeit. Die Schule ist ein Mittleres auch in der Härte der Forderungen und Konsequenzen - noch halb Spiel, noch nicht ganz Ernstfall. Anhand von aufsteigenden Ebenen sollte der Lebenshorizont der Schüler erweitert werden. Im öffentlichen Schulsystem ändert sich außer der Größe der Kinder und der Klassen nichts am Erscheinungsbild und der Grundstruktur. Durch die Gleichförmigkeit des Fortschreitens wird die Aufmerksamkeit auf einen einzigen Unterschied gelenkt: den Unterrichtsstoff. Statt dessen sollte dem Schüler auf jeder Stufe mehr gewährt, aber auch mehr von ihm gefordert werden. Der Wandel seiner Situation muß seiner Entwicklung entsprechen. Stets wird somit dem Schüler etwas mehr zugemutet, als ihm ohne die Schule widerfahren würde, und nie mehr, als er verkraften kann.

➢ Die Schule bleibt eine Schule

Aber auch die Schule als Lebens- und Erfahrensraum ist für Hentig ein Ort, an dem wichtige Kenntnisse erworben, Fähigkeiten entwickelt und geübt, Vorstellungen geordnet werden. Die Schüler werden auf das Leben danach vorbereitet; sie erfahren im Idealfall, wie die Gesellschaft ihre Leistung einschätzt, welche Rollen und Aufgaben für sie bereitstehen, welche Chancen sie haben und welche nicht. Die Schule soll den Schülern helfen, eine vernünftige Auswahl unter den verschiedenen Laufbahnen - den Berufen und Ausbildungsstätten zu treffen.

Auch Brezinka (1986, S 129) hebt das Schulleben neben dem regulären Unterricht hervor und betont dessen Wichtigkeit. Neben den amtlichen Erziehungszielen der Schulgesetze und den amtlichen Unterrichtszielen der Lehrpläne existieren für ihn auch nicht-amtliche Erziehungsziele von Lehrern. Dabei handle es sich um Gesinnungseinstellungen, die von anderen Mitgliedern der (Lehrer-) Gemeinschaft geteilt werden. In diesem Bereich finde, so Brezinka, der tatsächliche Wertewandel statt, der in die Schule hineinwirke.

Im wirklichen Umgang miteinander, im laufenden Unterricht und im außerunterrichtlichen Schulleben findet für Hensel (1995, S 113-115) die tatsächliche Werteerziehung statt. Die Schule wäre überfordert, wenn sie versuchen würde, die Schüler zu Werten zu sozialisieren, die über die Bildungsinstitution hinaus gesellschaftlich verbindlich sind. Sie kann und darf aber zu jenen Werten erziehen, deren sie zum Lehren, Erziehen und somit zu einem spezifischen Zusammenleben in einem bestimmten Rahmen benötigt. Die Erziehung der Schule beschränkt sich, so Hensel, auf die „Produktion von guten Schülern und Schülerinnen".

In der Folge geht er aber doch über dieses Ziel hinaus, indem Hensel (1995, S 119 - 120) die wichtige Bedeutung des Konfliktes im menschlichen Leben thematisiert. Konflikte kommen in Arbeit und Politik, in der Liebe, im Umgang mit sich selber, usw. vor. In der Auseinandersetzung geht es nun darum, daß der Konfliktgegner auch akzeptiert wird. Vom Konflikt aus gelangt man auch zum Interessensausgleich. Diesen Konflikt- und Interessensausgleich hält Hensel für den zentralen gesellschaftlichen und somit auch schulischen Bereich von „Werteerziehung". Statt mit dem erhobenen Zeigefinger daherzukommen, um Werteerziehung auf diese Weise zu vermitteln, ist es besser, Wertvorstellungen alltäglich sinnlich erfahrbar zu machen.

Die Art und Weise, wie beispielsweise ein Mathematiklehrer seit Jahr und Tag seine Leistungstests an die Klasse zurückgibt und die Testleistungen Kindern gegenüber kommentiert, trägt mehr zu dieser Werteerziehung bei, als jede schulische Weihestunde anläßlich eines Jahrestages des Holocausts. Die bedauerliche Tatsache, daß viele Lehrkräfte während ihrer Aufsicht sogenannte Problemzonen auf dem Schulhof, in der Pausenhalle oder sonstwo meiden, woraufhin dort das Faustrecht herrscht, trägt mehr zur Werteerziehung bei, als die regelmäßigen hochherzigen Projekte zur Linderung der Not in der dritten Welt. (Hensel, 1995 S 120)

1.2.2.2 Soziales Lernen versus Individualisierungsstrategien

Das von der globalisierten Weltwirtschaft ausgelöste individualistische Lebensgefühl gefährdet den gesellschaftlichen Zusammenhalt. Durch soziales Lernen kann hier entgegengesteuert werden. Wahrnehmung einer positiven Unterrichtsatmosphäre fördert nicht nur den Lernerfolg, sondern auch ein prosoziales Verhalten der Schüler zueinander.

1.2.2.2.1 Die zerstörerische Kraft des wirtschaftlichen Individualismus

Das heute so vorherrschende individualistische Lebensgefühl wurde nicht zuletzt auch durch die wirtschaftliche Entwicklung in den Industrieländern beeinflußt. Unter Berufung auf die Interessen der Aktienbesitzer lagern viele

Unternehmen ihre Produktion immer mehr in Niedriglohnländer aus. Der Firmensitz wird auf ein Steuerparadies verschoben. Die Kinder der Kapitaleigner und Topmanager leben allerdings in einer europäischen Villengegend, wo sie öffentliche Schulen besuchen. Hier genießen sie die Vorteile hervorragender Staats- oder gemeindefinanzierter Infrastruktur und Landschaftspflege (Profil Nr. 33/96, S 40/41). Gewinnmaximierung als erstes und einziges Ziel, ohne jede Bereitschaft, auch gesellschaftliche Verantwortung zu übernehmen, setzt sich als „modische" Zeitströmung auch in Mitteleuropa mehr und mehr durch.

Kapitalismus in Reinkultur gefährdet aber mittel- bis langfristig den gesellschaftlichen Zusammenhalt. Der Abstand zwischen den besitzenden und den nicht besitzenden Bevölkerungsgruppen vergrößert sich, die Zahl der unter der Armutsgrenze Lebenden steigt an. Für Vertreter des Prinzips der „reinen Gewinnmaximierung" wie dem Investmentbanker Michael Treichl reduziert sich die Ethik der Unternehmen auf die Erfüllung wohltätiger Aufgaben (Profil Nr. 33/96, S 40). Diese Funktion erfüllt das Unternehmen selbstverständlich freiwillig und ohne Gewähr auf Dauerhaftigkeit. Jene, die diese Unterstützung dringend benötigen, werden auf die Rolle eines Almosenempfängers reduziert.

Martin/Schumann (1996,S 9-14) verweisen darauf, daß für Staatschefs und Wirtschaftsmagnaten ohnehin schon eine 1/5 Gesellschaft ins Haus steht. Im kommenden Jahrhundert würden 20 Prozent der arbeitsfähigen Bevölkerung ausreichen, um die Weltwirtschaft in Schwung zu halten. Die restlichen 80 Prozent sollen mit einer Mischung aus betäubender Unterhaltung und ausreichender Ernährung bei Laune gehalten werden. Soziales Engagement der Unternehmen weisen sie, unter Hinweis auf den globalen Wettbewerbsdruck, als unzumutbar zurück. Um die Arbeitslosen müßten sich andere kümmern.

Sinnstiftung und Integration sollen durch das weite Feld der freiwilligen Gemeinschaftsdienste, bei der Nachbarschaftshilfe, im Sportbetrieb oder in Vereinen aller Art geboten werden. Das Szenario, daß in den Industrieländern schon bald wieder Menschen fast zum Nulltarif die Straßen sauberhalten oder als Haushaltshilfen kärglichen Unterschlupf finden, ist nicht einmal so weit hergeholt. Immer mehr österreichische Zeitungskommentatoren fordern eine Aushöhlung des gesetzlichen Arbeitnehmerschutzes unter Hinweis auf die Flexibilisierung der Wirtschaft. „Besser eine schlecht bezahlte Arbeit, als gar keine", ist die Devise der journalistischen Wirtschaftsberater.

Der Schweizer Theologe Küng kritisiert diese Unternehmensstrategie heftig und bezeichnet sie als unmoralisch (Newsweek 12.8.96, S 54). Die Unternehmen hätten nicht nur eine Verantwortung gegenüber ihren Aktienbesitzern, sondern auch gegenüber ihren Beschäftigten, den Kunden und der gesamten Gesellschaft. *Profit must not be the only criterion for management decisions. An economic doctrine and practice which is exclusively fixed on profit and does not consider the interest of the workers and communities is not only unrealistic and self-defeating but unequivocally immoral. Pure capitalism endangers the basic social contract and will inevitably provoke a backlash.* (Küng/Newsweek)

1.2.2.2.2 „Soziales Lernen" als Gegenrezept?

Kann einer derartigen, von Amerika überschwappenden Unternehmenskultur des reinen Profitmaximierens überhaupt etwas entgegengesetzt werden? Sind nicht Elternhaus und auch Schule zum Reagieren gezwungen? Können sie sich nicht bestenfalls an die gesellschaftlichen Entwicklungen anpassen? Das würde den Versuch bedeuten, ohne Rücksicht auf Verluste auf den fahrenden (wirtschaftlichen) Zug aufzuspringen. Die Schwächeren bleiben dabei auf der Strecke. Für sie bleiben bestenfalls jene Almosen übrig, die von Großbetrieben, solange sie es sich wirtschaftlich noch leisten können, unregelmäßig ausgeteilt werden.

Viele Hoffnungen werden in die schulische Bildung gesetzt, um eine Persönlichkeitsentwicklung zu fördern, die auch die Bereitschaft impliziert, gesellschaftliche Verantwortung zu übernehmen. Die heutigen Bildungsprozesse setzen allerdings, so Schönweiss (1994, S 234), ein Subjekt voraus, das schon auf dem Weg zur Persönlichkeit ist. Das setzt eine funktionierende Primärsozialisation durch das Elternhaus voraus. Durch die gestiegenen Ansprüche in der Arbeitswelt hilflos geworden, übertragen allerdings die Eltern den Erwartungsdruck mehr und mehr auf ihre eigenen Kinder. Diese können sich dem Druck, in allen erdenklichen Situationen Souveränität zu beweisen, weder entziehen, noch erhalten sie einen entsprechenden elterlichen Rückhalt. Der schon erwähnte Rückgang familiärer Unterstützungssysteme trägt seinen Teil dazu bei.

Die Kinder erleben, so Schönweiss, die gestiegenen Ansprüche der Erwachsenen als Hoffnung auf schnellen Erfolg. Umgelegt auf die schulischen Erziehungsmodelle bedeutet das Erfolgsorientierung statt Inhaltsorientierung. Man versucht den Stoff weniger zu begreifen als zu bewältigen und verbaut sich so jeden sinnvollen Zugang. Lernen wird von den Kindern als lästige Pflichtübung wenn nicht als pure Schikane der Erwachsenen begriffen. Solcherart auf eine lästige Aufgabe, die man zu bewältigen hat, reduziert, bleibt natürlich der soziale Anspruch des Lernens auf der Strecke.

Für Bildungsinstitutionen, denen schnelles, auf den Endzweck orientiertes Lernen ein vorrangiges Anliegen ist, entspricht ein Kind mit einer derartigen Sozialisation und Einstellung zur Bildung nahezu dem Idealtypus. Lehrer,

denen allerdings der soziale Lerneffekt wichtig ist, die Kindern soziale und
gesellschaftliche Verantwortung vermitteln möchten, sind benachteiligt. Sie
haben es nicht nur mit den Kindern und deren erfolgsorientierter Bildungs-
einstellung sondern auch mit deren Elternhaus zu tun.

Allzuschnell gerät dann der Lehrer in einen zweischneidigen Konflikt: den
Eltern erscheint eine auf soziales Lernen ausgerichtete Unterrichtserfahrung
als ineffizient. Lernerfahrung auf sozialer Ebene ist für sie nicht nachvollziehbar. Die Schüler wiederum werden verunsichert und reagieren mit Skep-
sis auf Lernformen, die nicht ihren sozialisierten Erwartungen entsprechen.
Soziales Lernen, ohne Einbeziehung des Elternhauses und Aufklärung der
Schüler wird somit zur Sisyphusarbeit.

Dabei kann die Schule insgesamt einen wesentlichen Teil dazu beitragen,
den sozialen Erfahrungsschatz der Kinder zu erweitern. Für Kühn (1992, S
210 ff.) bietet die Schule als Sozialisationsraum dem Individuum jene Möglichkeit bzw. jenen Handlungsspielraum, den die Gesellschaft im allgemeinen
Einzelnen zubilligt. Die Schule könne zur Herausbildung eines Wertebe-
wußtseins beitragen, mit dessen Hilfe das Individuum in der Lage ist, in
freier Selbstverfügung in der Gesellschaft zu agieren, im Spannungsfeld von
Konformität und Autonomie.

Das wiederum bedeutet, so Kühn, daß das Individuum Konflikte aushält
und auch bewältigt. Dazu muß der Schüler in der Lage sein, den Standpunkt
des anderen einzunehmen und seine eigene Subjektivität relativieren zu können. Das Individuum müsse Distanz finden zu sich und zum anderen, um
Werturteile (eigene und andere) zu werten und durch Vergleichen, Unterscheiden, Auswählen und Entscheiden erneut zu werten. Verwehrt bzw.
begrenzt die Gesellschaft und somit auch die Schule den Individuen jenen
Handlungsspielraum, so beraubt sie sich der eigenen Entwicklung.

Dabei handelt es sich aus meiner Sicht um Idealvorstellungen, die in einem Schulalltag mit bis zu 30 Schülern pro Klasse als nicht so ohne weiteres
realisierbar erscheinen. Schließlich weist Kühn (1992, S 210) selbst darauf
hin, daß die Schule auch nur ein zusätzlicher Sozialisationsraum ist, der zu
anderen bestehenden, wie z.B. Elternhaus, Verwandte und Freundeskreis,
hinzu kommt.

Tausch/Tausch (1991, S 27/28) gehen sogar noch einen Schritt weiter. Sie
vertreten die Annahme, daß eine Erziehung nach prosozialen Werten eine
wesentliche Vorbedingung für das Funktionieren nicht-diktatorischer Gesellschaftsformen ist. Ihrer Meinung nach werden Werte wie Selbstbestimmung,
innere Freiheit, Achtung der Person und weitgehende Gleichwertigkeit in
diktatorischen Gesellschaftsformen als falsch und gefährlich angesehen.

*Wenn die Annahme zutrifft, daß das dauerhafte befriedigende Funktionieren nicht-
diktatorischer Gesellschaftsformen bei der Mehrheit der Bevölkerung bestimmte prosoziale*

Haltungen und eine bestimmte Persönlichkeit erfordert, dann kommt der Förderung der sozialen zwischenmenschlichen Grundhaltungen und der konstruktiven Persönlichkeitsentwicklung in der Erziehung und Unterrichtung in Kindergärten, Familien und Schulen eine große, kaum zu überschätzende Bedeutung zu. (Tausch/Tausch 1991, S 28)

Aus dem jeweiligen Erziehungsmuster läßt sich somit nicht ausschließlich, aber doch eine Gesellschaftsform ableiten. Demokratische Gesellschaftsformen sind somit um so mehr einer Erziehungsform verpflichtet, die demokratische Reife und soziales Verantwortungsbewußtsein bei den Schülern fördert. Wenn es um soziales Lernen geht, schwirren immer eine Reihe von Vorstellungen durch den Raum, die alle davon abgedeckt werden sollen. Oelkers (1982, S 52) präsentiert einen Katalog von Schlagworten, die die gängigsten Postulate enthalten:

- Emphatie (Einfühlungsfähigkeit) entwickeln
- Identität fördern
- Solidarität erfahrbar machen
- Rollendistanz einüben
- Konfliktfähigkeit verbessern
- die eigenen Interessen erkennen und politisch durchsetzen helfen
- Toleranz im Umgang nahelegen
- Selbstreflexion des eigenen Rollenverhaltens ermöglichen
- Mechanismen des Gruppenprozesses durchschauen und verändern helfen
- kommunikative Kompetenz hervorbringen
- Sensibilität für die Wirkungen des eigenen Handelns herausbilden
- mit sozialen Frustrationen besser fertig werden lassen
- individuelle Probleme auf soziale Ursachen zurückführen
- über die eigenen Probleme mit anderen sprechen können
- Sprachlosigkeit überwinden
- psychische Deformationen erkennen und verändern helfen
- Selbst- und Fremdwahrnehmungen verändern
- größere Offenheit im pädagogischen Umgang erreichen
- eine möglichst angstfreie Atmosphäre anstreben
- die Gefühle der Handelnden berücksichtigen und im Gruppenprozeß einbringen
- eine Gleichwertigkeit zwischen Kognitivem und Affektivem herstellen
- scheinbar sachliche Probleme auf möglichst psychosoziale Konflikte zurückführen

- die vorgegebenen Rollen hinterfragen und ungerechtfertigte Autoritäten abbauen
- letztlich auf dem Wege der psychosozialen zur strukturellen Veränderung der Gesellschaft beitragen

Bönsch (1994, S 57 ff.) bezeichnet es als erstrebenswert, den Menschen mit bestimmten Verhaltensnormen auszustatten. Er teilt diese in soziale Tugenden, Spielregeln, Umgangsqualitäten, Kooperationskompetenzen, strategisches Verhalten und soziale Vereinbarungen auf.

Als *soziale Tugenden* bezeichnet er die Achtung vor dem anderen, Gerechtigkeit, Fairneß, Disziplin, Hilfsbereitschaft, Konfliktfähigkeit und Toleranz. Damit werden grundsätzliche soziale Verhaltensorientierungen beschrieben.

Unter *Umgangsqualitäten* versteht er jene Verhaltensrichtungen, die ein soziales Klima schaffen, in dem es sich auch ohne grundsätzliche Verständigung leben läßt: Freundlichkeit, Einfühlungsfähigkeit, Einwirkungsfähigkeit, Regelorientierung für soziale Situationen. Unter letzterem werden Konventionen verstanden, wie z.B. das Siezen von Lehrer/innen, oder das Platzmachen für Ältere in der Straßenbahn.

Kooperationskompetenzen setzen die Fähigkeit zum Planen und Initiieren, zur Initiative, zur Reflektion und der Pflege von Beziehungen sowie die Verantwortung für das Ergebnis voraus. *Strategisches Verhalten und Denken* dient der Konzeption mittel- und längerfristiger Prozesse öffentlichen Engagements, wie z.B. die Durchführung von Informationskampagnen oder die Handhabung von Satzungen und Geschäftsordnungen.

Bönsch und Oelkers Forderungen implizieren beide, daß der Bereich des „sozialen Lernens" in irgendeiner Weise lehrbar ist. Das Lehren des Sozialen ist gedacht als Vermittlung positiver, besserer sozialer Einstellungen, Verhaltensweisen oder auch Interpretationsmuster. Ein hübscher Forderungskatalog, der auf ersten Blick den Erzieher heillos überfordert.

Tausch/Tausch (1991, S 19) beurteilen die Auflistung von Zielen und Eigenschaften, zu denen Menschen hin erzogen werden sollen, aus mehreren Gründen eher skeptisch: Lehrer, die hohe Erziehungsideale aufstellen, handeln in ihrer Praxis häufig im Widerspruch dazu. Erziehungsziele sagen weiters nichts aus, wie und durch welches Verhalten von Erziehern sie bei Jugendlichen erreicht werden. Schließlich stellen solche Erziehungsziele ein ideales Endstadium dar, und es ist damit kaum wahrnehmbar, ob z.B. Lehrer die Schüler in einem Jahr Schulunterricht diesen Zielen nähergebracht haben.

Viele dieser Vorstellungen werden jedoch bereits realisiert, wenn im Lernprozeß eine Vielzahl von Lernarten eingesetzt werden, die die soziale und kognitive Kompetenz des Schülers fördern. In konkreten Unterrichtssituationen werde, so Kühn (1992, S 212/213), ein Wertebewußtsein des Individuums entwickelt. Unter den (Ideal-) Bedingungen des Unterrichts werden vorhandene Fähigkeiten ausgeprägt und eine Sensibilität für den Mitschüler entsteht. Entscheidungen werden gemeinsam zwischen Schülern getroffen, oder es kommt zu einer Ablehnung durch den Mitschüler, die eine Konfliktkultur fördert. In konkreten Bezügen prägt sich Wertbewußtsein, wird produktiv Realität verarbeitet und damit zugleich im weitesten Sinne Soziales gelernt.

1.2.2.2.3 Wahrnehmungslernen zur Förderung prosozialen Verhaltens (Tausch/Tausch)

Eine besondere Rolle kommt dabei für Kühn als auch für Tausch/Tausch den Lehrer zu. Das Nachahmungs- oder Wahrnehmungslernen des Schülers, beeinflußt durch die Vorbildrolle des Lehrers, sei wesentlich für dessen Persönlichkeitsentwicklung verantwortlich. Wahrnehmungslernen erstreckt sich für Tausch/Tausch (1991, S 32) auf das Lernen von komplexem sozialen, gefühlsmäßigen, sprachlichen und motorischen Verhalten. Kinder und Jugendliche werden dabei deutlich durch das Verhalten beeinflußt, das sie bei ihren Mitmenschen, insbesondere bei ihren Erziehern wahrnehmen. Sie tendieren aufgrund des Wahrnehmungslernens dazu, sich ähnlich wie ihre Erzieher zu verhalten.

Anhand von zahlreichen Untersuchungsbeispielen weisen Tausch/Tausch (1991, S 33) darauf hin, wie stark prosoziales Verhalten durch Wahrnehmungslernen gefördert wird:

- Personen gaben eher Spenden, wenn sie zuvor gesehen hatten, wie eine andere Person Geld in eine Sammelbüchse gab.

- Autofahrer hielten an einem Wagen mit Reifenpanne zwecks Hilfeleistung in größerem Prozentsatz, wenn sie gemäß Anordnung des Experiments 500 Meter zuvor gesehen hatten, wie jemand dem Fahrer eines Wagens mit Reifenpanne behilflich war.

- Schüler des ersten Schuljahres, deren Klassenlehrerinnen sich in hohem Ausmaß ermutigend und belobigend äußerten, ermutigten und lobten ihre Mitschüler bei der Kleingruppenarbeit bedeutsam häufiger als Schüler von Lehrern mit seltener Ermutigung und Belobigung

Tausch/Tausch sind der Auffassung, daß die Vorbildfunktion des Erziehers wesentlich zur Förderung von sozialer Kompetenz beitragen kann. Werden die Schüler mit Achtung, Wärme und Anteilnahme behandelt, wird versucht, deren innere Welt zu verstehen und erhalten sie weitgehende Selbstbestimmung, so werde dadurch die psychische und körperliche Leistungsfähigkeit der Kinder gefördert.

Die Autoren (1991, S 12) kommen zu der Auffassung, daß der Mitmensch die wesentlichste Umweltbedingung für den Menschen ist. Eltern, Lehrer, Kindergärtnern und Spielgefährten sind die wesentlichste Umwelt für Kinder und Jugendliche. Günstige äußere Bedingungen, wie vielfältige Lehrmittel, geeignete Gebäude, Schulorganisation und Lehrpläne wirken sich erst dann günstig aus, wenn die zwischenmenschlichen Beziehungen in einer Schule befriedigend sind. Jugendliche werden wesentlich durch das Verhalten beeinflußt, das sie bei ihren Erziehern wahrnehmen.

Es wird allerdings nicht verschwiegen, daß diese Vorstellungen einem Idealfall entsprechen, der vielfach in der Realität noch nicht eingelöst wird. Mißachtung der Schüler durch die Lehrer, geringschätzige und demütigende Behandlung stehen immer noch auf der Tagesordnung. Lehrer seien oft intolerant gegenüber Andersdenkenden oder auch gegenüber den Gefühlen der Schüler. Sie dirigieren die Jugendlichen in hohem Ausmaß, gestatten ihnen wenig Selbstbestimmung und wenden in kritischen Situationen psychische und manchmal körperliche Gewalt an.

Außerdem sei, so Tausch/Tausch (1991, S 46/47), die lenkende und dirigierende Aktivität von Lehrern sehr groß. Die Tätigkeit von Schülern im Unterricht werde von Minute zu Minute in Inhalt und Art durch Befehle, Anordnungen und Fragen bestimmt. Lehrer sind hier ungünstige Wahrnehmungsmodelle für ein Lernen befriedigender zwischenmenschlicher Beziehungen bei der Arbeit, für größere Selbstbestimmung, sowie Freiheit von Zwang und Druck. Die enormen Möglichkeiten günstigen Wahrnehmungslernens der Schüler von ihren Lehrern blieben noch weitgehend ungenutzt.

Die Selbstachtung einer Person wird, so Tausch/Tausch (1991, S 55), entscheidend durch andere Personen gefördert oder beeinträchtigt. Aus Äußerungen und Maßnahmen ihrer Eltern und Lehrer erfahren Kinder und Jugendliche, daß sie achtenswerte oder zu verachtende Personen sind. Entsprechend dieser von anderen erfahrenen Achtung oder Mißachtung sehen Kinder oder Jugendliche sich selbst. Die Autoren zitieren aus einer Reihe von Untersuchungen, daß Jugendliche mit geringer Selbstachtung die zwischenmenschlichen Beziehungen zu ihren Eltern als weniger förderlich einschätzten als jene mit hoher Selbstachtung.

Die fortlaufenden Erfahrungen mit und über die eigene Person verdichten sich so zu einem „Selbstkonzept". Dieses Konzept ist ein erworbenes, gelerntes Konzept aus den Erfahrungen und Wahrnehmungen eines Menschen über und mit sich selbst. Direkte wertende Äußerungen und Urteile anderer über unsere Person können unser Bild von uns selbst beeinflussen, z.B. „Du bist ein glückliches Kind". „Du bist zu nichts nutze". Das Selbstkonzept beeinflußt laut Tausch/Tausch (1991, S 58/59) entscheidend, ob und vor allem wie eine Person Ereignisse, Dinge und Personen ihrer Umwelt sieht, welche Bedeutung die Wahrnehmung für sie hat.

Das Selbstkonzept von Kindern und Jugendlichen wird stark durch ihre Eltern und Lehrer beeinflußt. Anhand vieler Untersuchungen demonstrieren Tausch/Tausch (1991, S 61), daß Lehrer mit günstigem Selbstkonzept auch einen positiven Einfluß auf das Selbstkonzept der Schüler haben. Eine Person mit einem günstigen Selbstkonzept ist wiederum für ihre Mitmenschen ein funktionsfähigerer, hilfreicherer und prosozialer Partner. Diese Person wird weniger Verteidigungshaltungen haben, offener sein, angemessener wahrnehmen, andere Personen häufiger akzeptieren. Selbstachtung und günstiges Selbstkonzept einer Person sind also von existentieller Bedeutung für ihre seelische Gesundheit, für ihre seelische Funktionsfähigkeit und für ihr gefühlsmäßiges und soziales Verhalten. In der Folge beschreiben die Autoren die wichtigsten Merkmale zur Förderung von prosozialem Verhalten.

Die vier wichtigsten Dimensionen zwischenmenschlicher Beziehung (Tausch/Tausch)

- Achtung-Wärme-Rücksichtnahme: Anerkennung und warme Zuwendung zu den Mitmenschen. Der andere spürt: er wird als Person von gleichem Wert und gleichem Recht geachtet und gewürdigt.

- Einfühlendes Verstehen: Eine Person sucht die innere Erlebniswelt des anderen samt seinen Gefühlen wahrzunehmen und sich vorzustellen.

- Echtheit - Aufrichtigkeit: Äußerungen, Verhalten, Maßnahmen, Gestik und Mimik einer Person stimmen mit ihrem inneren Erleben, ihrem Fühlen und Denken überein.

- Fördernde nicht-dirigierende Einzeltätigkeiten: Versteht eine Person die innere Welt eines anderen, nimmt sie daran Anteil und setzt sie sich mit ihrem eigenen Erleben und der Situation auseinander, so werden Tätigkeiten zu Aktivitäten für jemanden und mit ihm zusammen, nicht gegen ihn.

Wie schon erwähnt, finden jedoch diese 4 Dimensionen im Unterrichtsalltag kaum Beachtung. Damit wird ein Idealzustand präsentiert, der bereits vielfach an der Realität der Klassenschülerzahlen in den Schulen scheitern muß. Es ist für einen Lehrer einfach nicht möglich, die Aufmerksamkeit auf 30 Schüler gleichzeitig zu richten. Andererseits hat sein soziales Verhalten doch Vorbildwirkung für die Schüler. Zeigt er Respekt und Achtung vor den Schülern, versucht er sie bei auftretenden Problemen zu verstehen und läßt er auch Ängste und Gefühle vor den Schülern zu, so hat das sicherlich positive Auswirkungen auf den Unterricht und den Lernerfolg der Schüler. Das setzt aber wiederum eine Lehrerpersönlichkeit voraus, die mit ihrer Selbstachtung und ihrem Selbstkonzept im Einklang lebt.

Aus dem soeben geschilderten erscheint es mir wichtig, den Lernprozeß in der Schule nicht auf den Unterricht alleine zu beschränken. Die Schule an sich, mit ihren Gemeinschaftsformen, ihren Normensystem und architektonischen Gegebenheiten sollte als Lebensraum gesehen werden, der die Persönlichkeitsentwicklung der Schüler beeinflußt. Das Wahrnehmungslernen der Schüler als Grundlage für ihr Wohlbefinden und ihren persönlichen Erfolg ist auch ein wichtiger Indikator für die Messung der Effizienz der schulischen Ausbildung. Darauf geht die an den theoretischen Teil folgende Analyse ausführlich ein.

1.2.2.2.2.4 *Die Bedeutung von sozialem Verhalten aus der Sicht von AHS-DirektorInnen*

Die Bedeutung des Erwerbs sozialer Fähigkeiten wird von den DirektorInnen generell anerkannt. Die Vorstellungen, wie Teamfähigkeit erlernt werden kann, sind allerdings unterschiedlich. Da wird gefordert, die Unterschiedlichkeit der Schüler zu einem Produkt zusammenzutragen, 2-4 Schüler über längere Zeit gemeinsam an einem Projekt arbeiten zu lassen oder künstlerische Tätigkeiten stärker zu fördern.

Ein wesentlicher Faktor bei der Entwicklung der Jugendlichen ist die Sozialisation, die von der Schule sicherlich nicht alleine abgedeckt werden kann. Sie kann allerdings viel mehr umsetzen, als sie es derzeit tut, zum Beispiel indem sie ein bißchen von einem Lehrstil weggeht, der heute immer noch im Vordergrund steht: der Erwerb von Faktenwissen. Statt dessen sollte der Erwerb von sozialen Qualifikationen wie die Kooperationsfähigkeit oder auch selbständiges Denken, kritisches Urteils- oder Artikulationsvermögen gefördert werden. (DirektorIn A)

Ich glaube, daß man durch das Durchlaufen der Schule von der ersten bis zur achten Klasse eine gewisse Teamfähigkeit einfach mitbringt. Acht Jahre in unterschiedlichen Gruppen, verschiedenen Klassen, Fremdsprachengruppen, Wahlpflichtfach, etc. Hier wird eine große Bereitschaft zur Anpassung verlangt, die die meisten Schüler schon mitbringen. Bei Schulveranstaltungen und sonstigen gemeinschaftsbildenden Veranstaltungen wird die Persönlichkeitsentwicklung am meisten gefördert. Ein schlechter Schüler kann z.B. bei einer Skiveranstaltung der große Star sein und hilft den anderen, die dafür in der Schule gut sind, etc. Nicht selten entsteht dann eine andere Rangordnung als in der Klasse. (DirektorIn D)

Die Fähigkeit zur Zusammenarbeit und zur wirklichen Teamarbeit mit einem gemeinsamen Ergebnis wird meiner Meinung nach zuwenig forciert. Das ist im Leben einer Klasse ohne weiteres möglich. Das Problem ist, daß dann bei der Benotung die Teams wieder auseinander genommen werden. Man kann über ganz lange Strecken eines Jahres Teams zusammenarbeiten lassen, Zweier-, Dreier-, oder auch Viererteams, und ihnen die Noten entsprechend verteilen. Am Beispiel meiner Unterrichtsfächer Deutsch und Französisch, kann ich sagen, daß es funktioniert. Es beginnt bei einem gemeinsamen Referat, wo bei der Teamarbeit ein Arbeitsprotokoll mitgeliefert wird, wo der Anteil der Arbeit von den Schülern selber aufgeschlüsselt wird. Wo auch von ihnen der Vorschlag kommt, wie die im Team erbrachte Leistung zu beurteilen wäre ... Es ist eine Entwicklung die am Anfang steht. (DirektorIn F)

Manche Lehrer meinen, daß ihre Fächer sehr wichtig sind, und vernachlässigen die Ausbildung zum kritischen Menschen, die fächerübergreifende Ausbildung. Manche meinen, daß das Auswendiglernen wichtig ist, um den Stoff zu beherrschen. Diese Meinung vertrete ich nicht. Wichtig ist für mich, daß sich die jungen Menschen weiterentwickeln, entfalten können. Es ist leider so, daß manche Lehrer fälschlicherweise glauben, daß sie nur dazu da sind, um Stoff zu vermitteln und abzuprüfen. Ich glaube aber, daß der Lehrer menschliches und soziales sowie selbstkritisches bringen soll und den Schülern diesen Weg weist. Man kann aus jedem Fach das machen, was man will ... vom Lehrer hängt es ab. (DirektorIn G)

Die traditionelle Vorgangsweise der Schule: sie macht ein Bildungsangebot und mißt dann, wieviele dieses Angebot in welchem Ausmaß angenommen haben und gibt danach Noten. Sie vergleicht die Schüler untereinander. Die Möglichkeit, die Unterschiedlichkeit der Schüler zusammenzutragen zu einen gemeinsamen Produkt ... dafür gibt es noch keine besondere Kultur in den Schulen. Ich denke aber, daß die Schüler diese Fähigkeit draußen, jenseits dieser Schulmauern schon brauchen werden. Wo es nicht nur darum geht, daß alle das Gleiche können, sondern daß gerade dadurch, daß sie Verschiedenes können, eine gemeinsame Tätigkeit möglich wird. Da können wir uns als Schule schon noch etwas einfallen lassen. Der Projektunterricht geht ein bisserl auch in diese Richtung ... das sind schon sehr scheue Anfänge. Wir probieren an unserer Schule schon viel aus, denke ich ... die Atmosphäre würde ich eher als „neugierig" bezeichnen, auch von der Lehrerseite her ... was Schule eigentlich sein soll, oder kann ... Es sind Versuche, andere Lernwege einzu-

schlagen. Um z.B. auch Verantwortung einander zu geben für ein gemeinsames Produkt. Nicht sagen: ich kann das, und je weniger das die anderen können, desto besser für mich, sondern je mehr die andern können desto besser für mich. Weil dadurch das gemeinsame Produkt besser wird. (DirektorIn H)

Wenn es um Lernformen geht, dann haben wir hier eine sehr starke Gruppe von Englisch- und Deutschlehrern, die sich versuchen Materialien zum Thema Lernwerkstatt, offenes Lernen anzueignen, um damit Unterricht anders zu gestalten ... Nicht umsonst geht von den Sprachlehrern eine besondere Initiative aus, weil sie auch vom übergeordneten Lehrplan her eigentlich die innovativsten sind. Die Anforderungen, die man heute auch in der Wirtschaft hat, nämlich weg vom einzelnen Lehrer hin zum gemeinsamen Unterricht, sind größer geworden. Auch die Einstellung der Lehrer hat sich dem anzupassen, sich mit den Schülern mehr zu beschäftigen. Innerhalb der 50 Minuten Unterricht ist nicht mehr die Wissensvermittlung das notwendigste, sondern wie die Schüler dazu kommen, wie sie sich dem annähern und für den eigenen Lernprozeß verantwortlich werden. Das Einbeziehen der sozialen Komponente ist viel stärker geworden, weil geänderte Schüler kommen und nicht nur jene, die bereits, geprägt durch das Elternhaus, AHS-Reife haben. (DirektorIn I)

Heute wird auch schon sehr viel in Gruppenarbeit gemacht. Vor allem beim Sprachunterricht ist es schon sehr wichtig, daß die Kinder nicht nur vorne stehen und vor der Klasse sprechen, sondern daß sie in der Gruppe arbeiten. Also, ich bin jetzt seit über 30 Jahren in der Schule tätig, und finde es ganz wichtig, daß viele unterschiedliche Methoden angewandt werden. Weil wenn ich ein ganzes Jahr immer nur die selbe Methode anwende, ist das tödlich. Da ist es schon auch wichtig, sich nach dem Profil der Klasse zu orientieren ... Etwas ganz wichtiges sind weiters auch die künstlerischen Aktivitäten, die leider immer mehr zurückgedrängt werden. Musik, Zeichnen ... ich glaube es gibt keinen Menschen, der sich nicht mit der Kunst beschäftigen möchte.

Die Persönlichkeitsentwicklung der Schüler ist sicher eine wichtige Aufgabe. Die Gesellschaft verlangt es viel deutlicher von der Schule. Wobei man natürlich sagen muß, daß die Teamfähigkeit und die sozialen Kompetenzen die Schule nicht alleine vermitteln kann, wenn man in der Familie oder in der Gruppe, in der man lebt, anderes erfährt. Wenn die Schüler von zu Hause die Einstellung mitbekommen: Laß dir nichts gefallen, setz dich durch, Hauptsache, du fühlst dich wohl; dann hat es die Schule auch schwer. Da ist es auch nötig auf das eine oder andere zu verzichten, wenn es im Interesse der Allgemeinheit ist.. (DirektorIn L)

Damit wird auch die Kreativität, das Schöpferische des Einzelnen gefördert. Ich befürchte, daß für derartige Aktivitäten zuwenig Zeit ist. Leider wird ja gerade das Angebot an Freifächern sehr beschnitten. Das spüren wir an dieser Schule besonders stark. Wir haben früher sehr viele Instrumentalgruppen gehabt, die wir aufgrund der Kürzungen bei den Lerneinheiten heute nicht mehr durchführen können. Ich glaube das wäre einfach eine sehr schöne Erfahrung für Kinder, wenn sie ein Musikinstrument lernen und dann auch wieder in der Gruppe miteinander spielen. Wenn die einen zuerst Flöte, die anderen Gitar-

re lernen und dann alle gemeinsam versuchen zu musizieren. Das wäre für die Persönlichkeitsbildung schon sehr wichtig. Das fällt jetzt leider dem Sparpaket zum Opfer. (DirektorIn J)

Es sind immer zweierlei Dinge. Einerseits vermitteln wir Inhalte; in Wirklichkeit vermitteln wir Haltungen über Inhalte; unsere Hauptaufgabe geht aber viel mehr in Richtung Erziehung. Damit sind aber heute sehr viele Lehrer überfordert, da sie nach wissenschaftlichen Kriterien ausgebildet wurden. Die Curricula an den Universitäten haben ja früher überhaupt keine Pädagogik gekannt, jetzt immerhin marginal. Ein Lehrersein, das zunehmend den ganzen Menschen verlangt, weil die Kinder immer mehr Probleme haben, überfordert somit viele. Manche Lehrer machen das auch gerne, und manche lassen sich mit Elan in problembehaftete Situationen der Jugendlichen ein und entdecken erst dann, daß sie damit total überfordert sind.

Da steckt dann z.B. der Einfluß des Elternhauses dahinter, wo schreckliche Verhältnisse herrschen, die Lehrer aber nichts daran ändern können. Der Lehrer kommt dann drauf, daß er die alkoholische Mutter einfach nicht heilen kann, daß er die vielen neurotischen Probleme nicht lösen kann. Das hat dann schon zu schrecklichen Szenen geführt, daß solche Lehrer sehr ambitioniert sich voll in eine solche Situation eingelassen haben und dann daran zerbrochen sind. Es geht also immer mehr in Richtung Person. Die Person des Lehrers ist gefordert; das Leitbild, das Inhaltliche ist zwar auch noch da, aber doch an die zweite Stelle zurückversetzt worden. (DirektorIn K)

1.2.2.2.5 Praxisbezogener Unterricht - eine Vision (Hentig)

Der zerhackte Schulalltag und der unbefriedigende Unterrichtsstil werden auch von Hentig (1993, S 240-243) erkannt. Er stellt dem traditionellen Unterrichtsverlauf ein Modell gegenüber, das die Bedürfnisse der Schüler nach praxisbezogenem Unterricht unterstützt. Durch Umstrukturierung des Unterrichts und verstärkten Bezug zur Erwachsenenwelt wird Lernen sinnlich erfahrbar. An der Stelle der Stundeneinteilung steht für Hentig die Planung eines kompletten Tagesablaufs. Ein Schulalltag, in dessen Verlauf die Kinder nicht von einer Anforderung zur nächsten gehetzt würden, sondern Gelegenheit hätten, nach eigenen Vorstellungen tätig zu sein, kommt viel eher den pädagogischen Zielen der Schule entgegen.

Die Verlängerung der Schulbesuchszeiten führt weiters dazu, daß in den mittleren Schulstufen das Lernen für die pubertierenden Jugendlichen zur Qual wird. Die ersten Jahrgänge gehen gerne zur Schule - für sie ist es ein Schritt ins Erwachsenenleben; man will können, was gelernt wird; es ist interessant. Die letzten Jahrgänge haben schon die baldige Veränderung in Aussicht; entweder eine berufsspezifische Fortbildung oder der Besuch der Universität. Das Lernen in der siebenten und achten Klasse ist schon viel mehr zielorientiert. Die Matura als Ziel der allgemeinen Schulausbildung ist nahe.

In den mittleren Jahrgängen richtet aber, so Hentig (1993, S 242), das schulische Lernen so gut wie nichts aus. Statt dessen sollte der formalisierte Unterricht in den mittleren Jahrgängen auf zwei Stunden am Tag beschränkt werden, in denen der Geist trainiert wird. Die restliche Zeit wird durch praktisches Lernen, wie z.b. Elektrizität verlegen, ein Dach decken, Kochen und Haushalten und Theaterspielen gefüllt. Zusätzlich sollten wenigstens drei Praktika in Dienstleistungs- bzw. Produktionsbetrieben angeboten werden. Zuletzt wird in jenem Bereich gearbeitet, der in der Nähe des eigenen Berufswunsches liegt.

Durch diese Erfahrungen würde ein Bezug zu der Welt der Erwachsenen hergestellt werden. Selbsterprobung, die Beziehung zu anderen Personen, die Emanzipation von jenen, die einen bisher bevormundet haben - all das trägt zu einer Steigerung der sozialen Kompetenz bei. Während schulinterne Projekte vor allem von der Bildungsinstitution und der Akzeptanz durch den Lehrkörper, der ja auch die Mehrarbeit leisten müßte, getragen werden, ist die Durchführung von Praktika von zwei Faktoren abhängig.

Einerseits müßte sich das Selbstverständnis der Schulen ändern. Das alleinige Ziel der Erziehung zur Hochschulreife ohne Reflexion auf die geänderte wirtschaftliche und wissenschaftliche Situation ist einfach nicht mehr ausreichend. AHS-Absolventen werden nach der Schule kaum noch direkt in Betrieben aufgenommen; da werden Schüler mit kaufmännischer Schulbildung (HASCH, HAK) bevorzugt. Immerhin die Hälfte aller Studierenden brechen ihre wissenschaftliche Ausbildung vorzeitig ab. Selbst wenn nach mehreren Jahren das Studium erfolgreich absolviert wurde, ist die Sicherheit eines künftigen Arbeitsplatzes schon lange nicht mehr gegeben. Gerade die öffentlichen Einrichtungen, die bisher einen Großteil der Akademiker in den Staatsdienst übernommen haben, sind aufgrund von Sparmaßnahmen der Regierung zu einem Aufnahmestopp verpflichtet worden.

Ist die Schule jedoch von der Notwendigkeit betrieblicher Praktika überzeugt, um die Schüler besser auf das Leben nach der Matura vorzubereiten, so liegt es andererseits an der Bereitschaft der Wirtschaft, ob diese auch tatsächlich stattfinden. Der zunehmende wirtschaftliche Konkurrenzdruck hat nun aber nach Wahrnehmung der befragten Direktoren dazu geführt, daß immer weniger Betriebe eine Kooperation mit einer Schule eingehen möchten. Der Schüler, der ja nur eine Woche in einen Betrieb „hineinschnuppert", wird zunehmend als Störfaktor empfunden.

1.2.3 Anforderungen der Familie: Hilfe bei der Erziehung

Bedingt durch raschen gesellschaftlichen Wertewandel und Intensivierung der Familienverhältnisse fühlen sich Eltern zunehmend unsicher, ob sie ihr Kind richtig erziehen. Die Gründe dafür liegen u.a. in einem gewandelten Sozialisationsideal, der Verwissenschaftlichung der Gesellschaft, dem Fehlen eines Vatervorbildes sowie der unterschiedlichen Umwelt- und Medienwahrnehmung von Eltern und Kind.

Viele Eltern fühlen sich dem raschen Wertewandel, den die Globalisierung der Gesellschaft mit sich bringt, schlichtweg nicht gewachsen. Eine von Schönweiss (1994, S 102) durchgeführte Befragung ergab, daß sich Väter und Mütter heute vor allem psychisch-emotional fast durchgehend überfordert fühlen. Die Mütter verfügen demnach immer weniger über verläßliche Kriterien dafür, wie sie ihrer Verantwortung für die Kinder gerecht werden können.

Die Gründe für diese Verunsicherung sind vielfältig. Ohne Anspruch auf Vollständigkeit versuche ich, einige davon aufzuzählen:

1.2.3.1 Das gewandelte Sozialisationsideal

Als einer der Gründe für diese elementare Verunsicherung über den eigenen Erziehungsauftrag erweist sich das gewandelte Sozialisationsideal der modernen Gesellschaft. Früher reichte es noch aus, wenn die Eltern dafür sorgten, daß die Kinder lesen, schreiben und rechnen lernten bzw. auf der moralischen Ebene Tugenden wie Bescheidenheit, Fleiß und Anstand entwickelten. Heute geht es darum, aus den Kindern erfolgssichere, in jeder Situation fest auf den eigenen Füßen stehende Persönlichkeiten zu machen. Das traditionelle Erziehungsziel der Formung anständiger, ordentlicher und pflichtbewußter Menschen entspricht nicht mehr dem heutigen Bildungsideal.

Dazu kommt die Infragestellung traditioneller Rollenbilder von Männern und Frauen. Früher war die Zuordnung einfacher. Der Vater ging arbeiten, um den Lebensunterhalt der Familie zu verdienen, während die Mutter sich um den Haushalt kümmerte. Das drückte sich auch beim Kinderspielzeug aus. Mädchen bekamen Puppen mit dazugehöriger Kleiderausstattung geschenkt, Burschen eine Autobahn oder eine Eisenbahn. Heute beanspruchen Frauen einen gleichberechtigten Anteil an Erwerbsmöglichkeiten auf dem Arbeitsmarkt, während von Männern mehr Engagement im Haushalt erwartet wird. Die Erziehung des Kindes soll nicht mehr einseitig auf ein bestimmtes Rollenbild fixiert werden.

1.2.3.2 Die „Verwissenschaftlichung" der Gesellschaft

Zur elterlichen Verunsicherung trägt auch die zunehmende Verwissenschaftlichung des Lebens bei. Weber (1978, S 64) vertritt die These, daß heute kein Lebensgebiet mehr der Erforschung und Beeinflussung durch die Wissenschaft entzogen ist. Erziehungsratgeber erscheinen in großen Auflagen, vermögen aber doch nicht, die verlorene Sicherheit darüber zu ersetzen, wie denn nun zu erziehen sei. Wurden früher Lebens- und Erziehungsweisheiten von Generation zu Generation weitergegeben, so bleibt heute im Zuge dynamischer Veränderungen kein Stein mehr auf dem anderen. Erziehungsmaximen gelten nicht mehr ungefragt, sondern nur noch dann als legitimiert, wenn sie sich quasi wissenschaftlich herleiten lassen (Hensel 1995, S 28). Die Fülle an wissenschaftlichem Informationsmaterial ist jedoch für die heutige Elterngeneration kaum noch bewältigbar.

1.2.3.3 Das Fehlen eines Vatervorbildes

Im Zuge gesamtgesellschaftlicher Wandlungsprozesse veränderten sich auch die Familienstrukturen. Vor allem in großstädtischen Ballungsräumen hat die Zahl an Singlehaushalten stark zugenommen. Neben Ein-Eltern-Familien leben unverheiratete Paare mit oder ohne Kindern zusammen, es kommt vermehrt zu frühzeitigen Ehescheidungen, etc. Die mit dieser Entwicklung verbundene Pluralisierung von Lebensstilen zeigt sich in den unterschiedlichsten Formen familialen Zusammenlebens. Diese neuen Familienformen, so wie die immer noch häufigste Form, die traditionelle Vater-Mutter-Kind Familie, haben oft einen entscheidenden Mangel. Die Kinder können nur eine unbefriedigende Beziehung zum männlichen Elternteil entwickeln.

In der eigenen Studie wurden die Schüler der 16 AHS-Schulen auch darüber befragt, wie das Zusammenleben mit den Eltern aussieht. Nur 80% aller Schüler wohnen noch bei Vater und Mutter; immerhin knapp 15% der Schüler werden nur von der Mutter großgezogen. Die restlichen fünf Prozent teilen sich auf den Vater (2,4%), die Großeltern (0,4%), oder sonstige Lebensformen (3,1%) auf.

Das Fehlen eines Vatervorbildes ist für Hensel (1995, S 29 ff.) ein Ausdruck unserer vaterlosen Gesellschaft. Davon sind Jungen, aber auch Mädchen betroffen. Viele Kinder werden vorwiegend von Frauen erzogen: zu Hause von Mutter und Großmutter, im Kindergarten von Erzieherinnen, in der Grundschule von Lehrerinnen. Das Fehlen eines Vatervorbildes hat Auswirkungen auf die Persönlichkeitsentwicklung der Kinder. So sind die Mehrzahl der unerzogenen und nicht schulreifen sowie aggressiven Kinder Jungen. Daseinsweise und Bild des männlichen Menschen und Vaters fehlen laut Hensel (1995, S 30) auch Mädchen, nur äußert sich dieses Defizit bei ihnen nicht so destruktiv wie bei Jungen.

Die Familienverhältnisse verhaltensgestörter Kinder, die mit sich selbst und anderen nichts anzufangen wissen, beschreibt Hensel (1995, S 21) folgendermaßen:

Es ist häufiger ein Junge als ein Mädchen, hat keine Geschwister. Die Eltern des Kindes leben nebeneinander her oder sind geschieden. In diesem Fall lebt es bei der Mutter. Familienerziehung hat es kaum erfahren. Es erinnert sich daran, daß Familie Streit, auch männliche Gewalt und Alkoholmißbrauch bedeutet. Zeitweise lebt es bei den Großeltern oder wird sonstwo verwahrt ... Der abwesende Vater und die abwesende Mutter kümmern sich kaum um ihr Kind. Es lebt neben der Mutter her und hört nicht auf sie. Täglich sieht es viele Stunden fern.

1.2.3.4 Die unterschiedliche Umwelt- und Medienwahrnehmung von Eltern und Kind

Der Umgang mit den Medien wirkt auf die Persönlichkeitsentwicklung schon in frühester Kindheit. Zusammen mit den Umwelteindrücken einer dynamisierten Gesellschaft besonders in den Großstädten werden dadurch Wahrnehmungs- und Denkvorgänge der Kinder geprägt. Die unterschiedliche Wahrnehmung von Umwelt und Medien bei Eltern und Kindern erleichtert auch nicht gerade das Verständnis der Generationen zueinander. Zunächst beeinflußt das Fernsehen das Verhalten des Kindes. Dazu werden Fernseher oft als „Babysitter" eingesetzt, um ein störendes Kleinkind ruhig zu halten.

Amerikanische Lebensverhältnisse halten auch bei uns zunehmend Einzug. Ich kenne selbst eine Familie, bei der beide Elternteile berufstätig sind. Der vierjährige Sohn ist untertags im Kindergarten. Am Abend und an Wochenenden läuft in der Wohnung fast ständig der Fernseher im Wohnzimmer. Der Kleine hat im Kinderzimmer noch ein eigenes Gerät mit Videoanlage. Wenn die berufstätige Mutter am Abend noch Hausarbeiten erledigen möchte oder kocht, steckt sie ihr Kind öfters ins Kinderzimmer und legt ein Kindervideo in den Recorder. So ist das ansonsten sehr lebhafte Kind die nächste Stunde beschäftigt und „ruhiggestellt".

Anstatt dem Kind ein Fernsehprogramm zu gestalten, in dem nur wenige und gute Sendungen ausgewählt werden, die gesehen werden dürfen, wird der Konsum fast unbegrenzt gestattet. Dabei beschränkt sich das Fernsehen nicht nur auf ein Kinderprogramm, sondern im konkreten Fall auf alle Sendungen, die auch von den Eltern gesehen werden - solange der Junge noch im Wohnzimmer herumtoben darf.

Im Gegensatz zur Generation der heute 30jährigen und älteren wachsen die Kinder heute in einer Welt auf, in der der Computer eine zunehmend dominante Rolle spielt. Beliebte Computerspiele sind jene, bei denen möglichst farbige Geschicklichkeitsspiele höchste Aufmerksamkeit verlangen. Die Helden sind zumeist jene Supermänner, die bereits aus Funk und Fernsehen bekannt sind. Die Kinder tauchen dabei in Scheinwelten ein. Sie spielen allein und nehmen kaum noch Notiz von der Welt außerhalb des Computerbildschirmes.

An einem persönlich erlebten Beispiel läßt sich dieses Eintauchen wieder sehr gut illustrieren. Die vierzehnjährige Petra sitzt im Wohnzimmer auf der Couch und spielt mit ihrem Gameboy. Ihre Finger bewegen sich unmerklich, aber schnell. Ihre Augen zucken und sie spielt mit höchster Konzentration, da sie schon in die schwierigste Aufgabenstufe gelangt ist. Daneben sieht sie im Fernseher ihren Lieblingssender MTV. Ein Popsender, der ununterbrochen Musikvideos zeigt, die vor allem durch ihre raschen Rhythmuswechsel, durch grelle Farbkostüme der Popgruppen und durch einen oft hämmernden Takt auffallen.

Die Jugendlichen wachsen heute in einer eigenen Welt auf, die sich stark von jener unterscheidet, die ihre Eltern noch in Erinnerung haben. Bedürfnisse werden vorwiegend durch Medien und Computer befriedigt. Das soziale Verhalten bleibt unterentwickelt. Dadurch entstehen auch Konflikte mit den Eltern. Dabei ist das Verhalten der Kinder und Jugendlichen nur ein Abbild der erlebten Medien- und Konsumwelt.

Was schnell geht, erzwingt ihre Konzentration. Was Schritt für Schritt „linear" vorgetragen wird, bereitet ihnen Probleme. Was von Rhythmuswechsel und einer Ästhetik der „Plötzlichkeit", des Unerwarteten geprägt ist, findet Aufmerksamkeit; dagegen langweilt alles, was rational und vorhersehbar erscheint, sehr rasch. Wir erleben in dieser Skizze eine Erlebnisweise wieder, die sich in modernen Filmen und TV-Serien ebenso zeigt wie im Pop-Entertainment, den Techno-Nächten und besonders in den neuen Erfahrungen mit Computern und Computerspielen. (Bergmann in: Zeitpunkte 2/96 S 13 ff.)

Familien haben es bedingt durch die Individualisierung der Gesellschaft schon schwer, unterschiedliche Interessen unter einen Hut zu bringen. Auseinanderstrebende Lebensbiographien, deren Rhythmus durch Institutionen und Medien geprägt wird, müssen so aufeinander abgestimmt werden, daß ein gemeinsames „Familie-Erleben" möglich wird. Dazu kommt ein gewandeltes Sozialisationsideal, eine unübersehbare Menge an wissenschaftlichen Ratgebern und veränderte Familienstrukturen. Schließlich wissen Kinder mit Medien und Computern mehr anzufangen als mit den Eltern, wodurch deren Vorbildfunktion weiter untergraben wird. Das ergibt eine Summe an Konfliktpotential, das überfordert. Der daraus resultierenden Verunsicherung versuchen Eltern zu entgehen, indem sie mit einer Fixierung auf eine höhere Schulausbildung reagieren. Es wird alles versucht, um den eigenen Kindern eine bestmögliche (?) gymnasiale Ausbildung zu ermöglichen.

1.2.3.5 Elterliche Verunsicherung aus der Sicht von AHS-DirektorInnen

Ein Großteil der Direktoren nimmt eine zunehmende Hilflosigkeit der Elterngeneration war. Die Erziehungsverantwortung wird aus ihrer Sicht an die Schule abgeschoben. Erhöhte berufliche Belastung, aber auch ein egozentrisches Weltbild, das die Erfüllung eigener Interessen in den Vordergrund stellt, werden dafür mitverantwortlich gemacht.

Die Eltern sind einfach hilflos, da ist Zuhause oft gar keine Gesprächsbasis mehr da. Wenn ein Schüler, eine Schülerin Probleme macht, dann gibt es eine Krisenintervention, und dabei stellt sich meistens heraus, daß die Probleme zu Hause liegen. (DirektorIn A)

Es ist erschütternd, mit welcher Hilflosigkeit Eltern hier (an der Schule) sind, die sonst im Beruf tüchtig, erfolgreich sind ... aus allen Gesellschaftsschichten. Gestern war wieder eine Mutter da, die sagt, was soll ich machen, mein Sohn geht nicht in die Schule, ich weiß nicht was ich tun soll. Es ist wirklich so, daß eine absolut hilflose Elterngeneration heute vorhanden ist. Eine Zusammenarbeit zwischen Eltern und Schule ist fast nicht durchführbar. Das liegt vielleicht auch daran, daß jeder heutzutage im Beruf das doppelte, bzw. dreifache leisten muß. Die genannte Mutter hat z.B. gesagt, sie habe zwei Berufe, und kommt daher nicht einmal dazu, in der Schule anzurufen, was los ist. Es sind die Scheidungsprobleme vieler alleinstehender Frauen, die voll im Berufsleben stehen und die Kinder, zwei oder drei, zu erziehen haben. Also Alleinstehende, vorwiegend Frauen, die berufstätig sind und eben alle übrigen, die im Beruf und z.T. auch in der Freizeit so beansprucht werden, daß sie recht früh den Kindern sehr viele Freiheiten geben und dann erschüttert sind, daß die Kinder davon einfach überfordert sind. (DirektorIn C)

Eltern kümmern sich immer weniger um den Fortgang der Schüler. Am Sprechtag, z.B., wird nur von einem Drittel der Eltern der Kontakt zur Schule regelmäßig aufrechterhalten. Es kommen vor allem jene nicht, deren Kinder es am notwendigsten hätten. (DirektorIn D)

Die Eltern haben es verabsäumt, ihren Kindern entsprechende Wertvorstellungen beizubringen. Schauen sie sich z.B. die vielen Verbrechen an - da heißt es dann gleich: die

Schule ist schuld. Nein, die Schule ist nicht schuld, weil ausschlaggebend sind die Eltern. Die haben versagt. Das ist ein Problem der heutigen Gesellschaft, weil die Eltern keine Zeit mehr haben. (DirektorIn E)
Die Eltern wissen ihre Kinder bei unserer Nachmittagsbetreuung optimal versorgt, es werden die Aufgaben gemacht ... aber sie (die Kinder) haben hier nicht die Liebe der Eltern. Ich stehe da oft bestürzt vor Familien, die auseinandergefallen sind, und keiner kümmert sich mehr um die Kinder ... die sind arm. Die Eltern kommen dann oft mit pubertierenden Kindern nicht mehr zurecht und verlangen dann mehr oder weniger von der Schule, daß ihre Kinder dort „brav" gemacht werden. (DirektorIn F)
Die Lehrer sind die einzigen, die etwas für die Erziehung bezahlt bekommen. Die sollen dann mit den Kindern fertig werden. Die Gesellschaft erwartet von den Lehrern, daß sie mehr Aufgaben übernehmen. Daran ist aber auch die gesellschaftliche Entwicklung schuld. Die Frauen gehen heute mehr arbeiten, es ist ganz üblich, daß beide Elternteile berufstätig sind. Da entsteht dann ein gewisser Mangel in der Erziehung ... das wird dann der Schule zugeschoben. (DirektorIn G)
Die Beziehung der Generationen zueinander war sicher immer eine belastete, nie eine konfliktfreie. Ob das schwieriger geworden ist, kann ich nicht beurteilen ... Die Aufbaugeneration, die heute erwachsen ist, hat irgendwie mitgekriegt, „wenn'st dich anstrengst, dann wird's dir besser gehen". Das sehen sie für die eigenen Kinder nicht mehr so sichergestellt. Es ist nicht mehr so klar, was in Zukunft sein wird. (DirektorIn H)
Es ist eine gesellschaftliche Entwicklung, daß jeder egoistischer, konsumierender geworden ist und sich viel weniger als früher überlegt, was es heißt, Kinder zu haben und wie einschränkend es sein kann, wenn man für Kinder verantwortlich ist. Das wird an die Schule abgeschoben. Eltern kommen dann nicht einmal zu Vorladungen, zu Sprechstunden, und dann muß der Direktor einen eingeschriebenen Brief schicken, daß Feuer am Dach ist. Da sehen wir die Eltern oft ein ganzes Jahr nicht, obwohl es Probleme noch und nöcher gibt. Das Wahrnehmen von Verantwortung hat abgenommen. (DirektorIn I)
Es gibt leider Gottes viele Eltern, die glauben, sie können ihr Kind an die Schule abgeben und bekommen es komplett als Fertigware wieder zurück. Das geht aber nicht. Da sehen wir immer wieder, wenn das Elternhaus nicht mitarbeitet. Früher sind auch viel eher die Eltern gekommen, wenn das Kind Schwierigkeiten hatte. Heutzutage nimmt die Mitarbeit des Elternhauses doch sehr ab. Die Selbstverwirklichung ist für die Eltern heute wesentlich wichtiger geworden. Das neueste Auto etc. ist wichtiger, als daß man sich mehr mit dem Kind beschäftigt. Die Eltern haben keine Zeit, und die Kinder sitzen daheim vernachlässigt vor dem Fernseher. (DirektorIn J)
Das hängt davon ab, wieviel Zeit die Eltern für ihre Kinder haben. Wenn die Eltern genügend Zeit für ihre Kinder haben, dann geschieht die Erziehung sicher im Elternhaus. Ich würde sagen, daß sich in der Gesellschaft die Auffassung gewandelt hat; die Erfüllung der eigenen Bedürfnisse wird heute als wichtiger angesehen, als sich in eine Gemeinschaft zu integrieren. Da ist es natürlich schwierig, wenn man die Kinder zur Teamfähigkeit führen will, wenn die Einstellung eine andere ist. Das liegt aber meiner Meinung nach nicht an

der falschen Betreuung durch die Eltern, sondern das ist ein Wandel in der Einstellung der Gesellschaft. Man ist individualistischer und stellt zunehmend die eigenen Bedürfnisse in den Vordergrund.

Ich würde sagen, daß die Erziehung tatsächlich im verstärkten Ausmaß an die Schule abgeschoben wird. Wenn es vor zehn Jahren Probleme gegeben hat und man die Eltern in die Schule gebeten hat, waren sie betreten und betroffen; heute ist es oft so, daß die Eltern mir sagen: schauen sie, was soll ich machen, der (Schüler) geht ja in die Schule, da bin ich nicht, sie sind ja die Pädagogen, sie müssen schauen, daß sie damit zurande kommen und meinem Kind sagen, wo es lang geht.

Generell würde ich sagen, daß die Gesellschaft vieles an die Schule überträgt, egal ob es Aids ist oder sonst ein akutes Problem; dann sagt man: was macht die Schule dazu? Die Schule kann informieren, sie kann Fachleute einladen, die mit den Schülern diskutieren, die Einstellung, die innere Haltung kann die Schule vielleicht ein wenig beeinflussen; mitbekommen müssen das aber die Kinder von den Eltern. Das, was man sich von der Schule erwartet, kann sie sicher nicht erfüllen. Man kann die Schule nicht für alles verantwortlich machen. Im Bereich Sexualerziehung, Aids oder Drogen, wenn da etwas schiefläuft ... ich merke das dann auch immer bei Elterninformationsabenden; da werden die am Podium Sitzenden nicht gefragt: was können wir machen, damit wir die Kinder vor Drogen schützen? Die erste Frage geht statt dessen meistens an mich: was macht die Schule, damit die Kinder hier geschützt werden? (DirektorIn L)

Die Eltern sind hundertprozentig mit der Erziehung ihrer Kinder überfordert. Ich würde auch sagen, daß die Politik jede Sache aufgreift, um sich bei den Wählern, d.h. bei den Eltern, beliebt zu machen, und alles für die Schule vereinnahmt. Ob das Sexualerziehung, Verkehrserziehung oder politische Bildung ist; es gibt bereits an die vierzig Unterrichtsprinzipien, die die gesamte Welt der Arbeit abdecken. Vielleicht sollte man aber doch den Eltern nicht das Gefühl für Verantwortung abnehmen. Ich glaube nicht, daß es Bosheit oder Faulheit der Eltern ist; sie sind einfach mit vielen Sachen überfordert.

Das Schreckliche dabei ist, daß wir eigentlich pädagogisch nicht wirklich tätig werden können. Wir haben immer noch die Schulgesetze von den sozialistischen Verherrlichungsjahren, wo jeder, der einen Fünfer kriegt, hundertmal geprüft werden muß, bevor das endlich feststeht, und alle anderen können in der Zeit nicht gefördert werden. In Wirklichkeit sollten wir uns doch um alle kümmern. (DirektorIn K)

1.2.4 Anforderungen der Jugendlichen: Hilfe bei der Entwicklung einer eigenen Biographie

Die Ausdifferenzierung der Gesellschaft verlangt vom Jugendlichen, sich in unterschiedlichen Teilsystemen, wie z.B. Schule, Elternhaus, Freundeskreis, zu bewähren. Der Jugendliche hat scheinbar mehr Handlungsmöglichkeiten denn je, seine eigene Biographie selbst zu gestalten. Gestiegene Entscheidungschancen gehen aber mit steigendem Entscheidungszwang einher.

1.2.4.1 Notwendige Eigenaktivitäten: Entwicklung einer eigenen Biographie

Die Auflösung von Familienstrukturen durch die Globalisierung und Individualisierung der Gesellschaft verlangt vom Jugendlichen ein erhöhtes Maß an Eigenaktivität zum Aufbau von Sozialkontakten. Verwandtschaftliche und nachbarschaftliche Beziehungen haben für den heutigen Jugendlichen keine Bedeutung mehr. Wert- und Normenvorstellungen der Eltern stellen sich im Vergleich zu den sich rasch wandelnden gesellschaftlichen Rahmenbedingungen schnell als veraltet heraus. Der Jugendliche muß aktiver denn je versuchen, selbst Sozialbeziehungen aufzubauen. An die Stelle von örtlichen Freundschaften mit Nachbarskindern treten informale Kontakte mit Gleichaltrigen, um gemeinsamen Interessen nachzugehen.

Die Ausdifferenzierung der modernen Gesellschaft führt dazu, daß dem Jugendlichen immer mehr Handlungsoptionen zur Verfügung stehen, wie er in unterschiedlichen Teilsystemen, wie z.B. Schule, Elternhaus, Freundeskreis, agiert. Alle diese Teilsysteme haben ihre eigenen Wertmaßstäbe, Handlungserwartungen und Sanktionsmechanismen. Die Handlungsmuster des Jugendlichen müssen jeweils spezifisch darauf abgestimmt sein. Diese gesellschaftliche Fragmentierung wirkt sich laut Husén (1980, S 80) negativ auf die Entwicklung stabiler emotionaler Beziehungen des Kindes und Jugendlichen zu Erwachsenen aus.

Der Jugendliche wächst in einer Gesellschaft auf, wo ihm die Erwachsenen fast immer in speziellen Teil-Lebenszusammenhängen und spezialisierten Rollen begegnen - das fängt schon in der Kinderkrippe an. Anstatt ständig mit einem Erwachsenen oder einer Erwachsenengruppe zusammenzuleben, erlebt schon das Kind eine Folge wechselnder Kontakte auf Zeit ... Dieses System fragmentierter sozialer Kontakte schadet der Entwicklung stabiler emotionaler Beziehungen des Kindes und Jugendlichen zu Erwachsenen, einschließlich der Eltern. (Husén, 1980, S 80)

Die Konzentration auf eigene Orientierungsleistungen verstärkt die Individualisierungstendenzen bei Jugendlichen. In der von verpflichtenden Traditionen befreiten Lebensform entsteht eine neue Unmittelbarkeit von Individuum und Gesellschaft. Dadurch erscheinen, so Meueler (1993, S 58), gesellschaftliche Krisen wie z.B. die der Massenarbeitslosigkeit nur mehr als individuelle und können somit in ihrer Gesellschaftlichkeit nur mehr sehr bedingt und vermittelt wahrgenommen werden. Somit trägt die Individualisierung auch den Keim der Entsolidarisierung der Gesellschaft in sich: jeder ist nur noch sich selbst der Nächste, das Schicksal des Mitmenschen ist höchstens noch ein paar Zeitungsschlagzeilen wert, die allerdings rasch im Altpapiercontainer landen.

Die Gestaltung der eigenen Biographie wird für Meueler und Heitmeyer zur Daueraufgabe, die in die eigene Hand genommen werden muß. Die Individualisierung verpflichtet jeden einzelnen dazu, sein Empfinden und Handeln selbst zu regulieren. *Nicht nur die Konsequenzen selbstverantwortlich getroffener Entscheidungen, sondern auch die Konsequenzen aus nicht getroffenen Entscheidungen müssen vom einzelnen selbst ausgebadet werden* (Meueler 1993, S 58). Für Heitmeyer (1995, S 65) treten an die Stelle alter biographischer Gewißheiten ambivalent neue Möglichkeiten und neue Zwänge.

Die aus der Vielzahl an Handlungsmöglichkeiten resultierende Verunsicherung der Jugendlichen wird auch durch ein pessimistischeres Bild, was die Entwicklungsmöglichkeiten der Gesellschaft betrifft, geprägt. Die optimistische Gewißheit früherer Jahrzehnte bezüglich wissenschaftlichem, technischem, industriellem, politischem und auch sozialem Fortschritt wurde in den letzten Jahren durch Medien und eigene Erfahrungen stark eingebremst. Wurden zunächst die negativen gesellschaftlichen Entwicklungen vor allem durch Zeitung und Fernsehen vermittelt (wie z.B. zunehmende Arbeitslosigkeit, Umweltkatastrophen, Kriege, etc.), so ist die Krise, in der sich die moderne industrielle Gesellschaft befindet, heute auch für den einzelnen spürbar geworden.

Der in besseren Zeiten aufgebaute Sozialstandard wird zunehmend reduziert, und Sparpakete sorgen für eine finanzielle Schlechterstellung, die sich besonders auf Familien auswirkt. Die Bildungssituation verschlechtert sich, wie nicht zuletzt durch den Streik an den Wiener Universitäten erfahrbar wurde. Die Selektionsprozesse führen zu einem heimlichen Ausleseverfahren an den Bildungseinrichtungen. Schließlich ist auch die Arbeitsmarktsituation für Jugendliche deutlich kritischer als noch vor einigen Jahren.

1.2.4.2 Komplexere Lebensbiographie erhöht Entscheidungsunsicherheit

Vor dem Hintergrund gesellschaftlicher Dynamisierungsprozesse, der Auflösung traditioneller Familienstrukturen und der zunehmend mit Schwierigkeiten verbunden Aufrechterhaltung eines sozialstaatlichen Systems hat der Jugendliche scheinbar mehr Handlungsmöglichkeiten denn je, seine eigene Biographie zu gestalten. Damit steigt aber auch das Risiko, immer komplexere Lebensaufgaben nicht mehr bewältigen zu können, ohne den Rückhalt von traditionellen sozialen Strukturen wie Familie, Verwandte und Nachbarschaft.

Heitmeyer (1995, S 89) deutet diese Ambivalenz an vielfältigen Facetten an. Die Chancen der Lebensplanung und die Vielfalt der Optionen nehmen zu, aber die Berechenbarkeit der Lebenswege nimmt ab. Damit steigen die Entscheidungschancen, es steigt aber auch der Entscheidungszwang. Die Möglichkeiten größerer individualistischer Selbstdeutung geht einher mit einer Destabilisierung sozialer Lebenszusammenhänge. Durch die Entwicklung zur organisierten Gesellschaft ist der einzelne immer weniger auf andere angewiesen. Die dadurch mögliche individualistische Lebensweise führt aber zu einer Entsolidarisierung der Gesellschaft.

Jugendliche haben heute mehr Bildungschancen als je zuvor. Unterschiedliche Berufswege können eingeschlagen werden. Anderseits ist der Konkurrenzdruck am Arbeitsmarkt stärker geworden. Neben einer entwickelten Persönlichkeit werden von den Unternehmen auch umfangreiche Bildungskenntnisse, mindestens eine Fremdsprache und entsprechende Auslandserfahrung verlangt. Der scheinbare Freiraum wird dadurch zum Zwang. Mehr und länger denn je müssen sich Jugendliche dem institutionellen Ausbildungszwang unterordnen. Um die benötigten Ausbildungszertifikate zu erlangen, wird soviel Zeit wie noch nie investiert. Trotzdem ist damit keine Arbeitsplatzgarantie verbunden. Dadurch verschärft sich der Kampf „jeder gegen jeden".

Sieder (1991, S 147) weist ebenfalls auf die wachsende Gefahr gesellschaftlicher Zwänge hin, die sich durch die individualisierenden Freisetzungsprozesse ergeben. Besonders im Schul- und Ausbildungssystem seien diese Entwicklungen nicht zu unterschätzen. Außerdem ist die Jugend einer wachsenden Gefahr der Kommerzialisierung durch die aggressive Zielgruppenwerbung der Wirtschaft ausgesetzt. Sieder betont aber, daß die sichtbar gewordene historische Tendenz zur „Vergesellschaftung" des Jugendlichen eine notwendige Voraussetzung zur Entwicklung demokratischer Verhaltensweisen und damit zur permanenten Demokratisierung der Gesellschaft beinhalte.

Ich zweifle nicht daran, daß Jugendliche mit entsprechender Flexibilität und Ellbogenmentalität mit der komplexer gewordenen gesellschaftlichen Realität umgehen können. Es ist für mich allerdings fraglich, ob ein derart individualistisches Weltbild zur Stärkung der gesellschaftlichen Demokratie beiträgt. Ein Verantwortungsgefühl des Einzelnen gegenüber der Gesellschaft wird dadurch eher nicht gefördert.

Aus der Gegenüberstellung der Interessensgruppen läßt sich in vielen Teilbereichen eine Übereinstimmung feststellen. Zunächst werden aber die Einzelinteressen noch einmal auf den Punkt gebracht:

Gruppe	Interesse
Politik	Integration eines selbstbewußten und selbstverantwortlichen Individuums in die Gesellschaft
Pädagogen/ Sozialwissenschafter	Augenmerk auf die Entwicklung von sozialen Kompetenzen; Individuum soll eine integrative Funktion innerhalb der Gesellschaft übernehmen
Wirtschaft	Entwicklung von Schlüsselqualifikationen (Sachkompetenz, Sozialkompetenz, Selbstkompetenz)
Herkunftsfamilie	Erziehungshilfe bei Medien- und Wissensnutzung; Entwicklung von sozialer Kompetenz und Schlüsselqualifikationen
Jugendliche	Entwicklung von Sozialkompetenz; Hilfe bei biographischen Selbstkonzept

Zu den Interviews mit den 12 AHS-Direktoren läßt sich zusammenfassend feststellen, daß bezüglich der Zusammenarbeit der Schule mit der Wirtschaft unterschiedliche Auffassungen bestehen. Ein Teil der Direktoren scheint sich da ganz an gesetzliche Vorgaben zu halten, indem sie darauf verweisen, daß die AHS lediglich eine Vorbereitung auf die universitäre Laufbahn darstellt. Von dieser Gruppe wird daher eine Ausrichtung der Schule an wirtschaftlichen Anforderungen bzw. eine Zusammenarbeit mit Betrieben eher abgelehnt. Der größere Teil der Direktoren ist jedoch an einer Zusammenarbeit mit der Wirtschaft sehr interessiert und will auch verstärkt wirtschaftsorientiert ausbilden.

Generell wird von den Direktoren die vorherrschende elterliche Verunsicherung wahrgenommen und deren mangelnde Unterstützung beklagt. Änderungswünsche sind vor allem struktureller Natur; ein Schulmanagement mit nur einem Direktor, einem Administrator und bis zu 100 Lehrern wird als ineffizient kritisiert. Selbsttätiges Arbeiten der Schüler und mehr fächerübergreifender Unterricht gehören zu jenen Änderungswünschen, die am häufigsten genannt werden. Die Förderung des Sozialverhaltens von Jugendlichen wird von allen Direktoren generell unterstützt.

Stellt man die Anforderungen der verschiedenen Interessensgruppen den Unterrichtsvorstellungen der Direktoren gegenüber, gibt es zwei Konfliktpunkte: die Wirtschaftsorientierung der Schule und die mangelnde elterliche Unterstützung bei der schulischen Ausbildung.

Faßt man jene Ausbildungsvorstellungen mit den meisten Überschneidungen zusammen ergibt sich folgendes Ergebnis:

Ausbildungskriterien der Interessensgruppen

Ausbildungsvorstellungen	Politik	Pädagogen/ Sozialwiss.	Wirtschaft	Familie	Jugend	Direktoren
Sozialverhalten*	X	X	X	X	X	X
Größere Eigenverantwortung*	X	X	X		X	X
Entwicklung Selbstkonzept*	X	X	X		X	
Selbständiges Individuum	X		X		X	X
Brücke: Kleinfamilie-Lebenssysteme	X	X			X	
Schlüsselqualifikationen		X	X	X		
Wissensmanagement **		X	X	X		
Mitarbeit in der Gemeinschaft	X	X	X			
Beherrschung von Grundkenntnissen	X					X

Quelle: siehe Tabelle „Gegenüberstellung der Anforderungsprofile der unterschiedlichen Interessensgruppen"

*Die Spitzenreiter „Sozialverhalten, Eigenverantwortung, Selbstkonzept" sind Teilbereiche der Schlüsselqualifikationen

**Wissensmanagement: Querverbindung zwischen Wissenschaftsbereichen; gewandelte Bedeutung der Wissensfunktion; unterschiedliche Medienwahrnehmung

Wie man aus dieser Tabelle erkennen kann, gibt es in vielen Bereichen eine Deckungsgleichheit bei den meisten Forderungen der Interessensgruppen. Spitzenreiter ist der Bereich Sozialverhalten, der von allen Gruppen als bedeutsam angesehen wird. Die größere Eigenverantwortung und die Entwicklung eines Selbstkonzepts folgen als nächste Ausbildungsvorstellungen, die als besonders wichtig erachtet werden. Die Beherrschung von Grundkenntnissen wird zwar nur von der Politik hervorgehoben, ist aber meiner Ansicht nach nur deshalb am letzten Platz, weil sie als „*common sense*" gar nicht erst erwähnt wird. Konflikte gibt es vor allem zwischen Direktoren und Wirtschaft, bzw. Direktoren und Eltern.

Generell kann damit festgestellt werden, daß die geänderte gesellschaftliche Rolle junger Menschen von den einzelnen Interessensgruppen durchwegs erkannt werden. Es sieht aber danach aus, daß die Schule mit einer

Fülle von Anforderungen konfrontiert ist, die sie gar nicht bewältigen kann. Neben dem reinen, kognitiven Wissenserwerb (Beherrschung von Grundkenntnissen, Wissensmanagement) soll sie auch noch für die Entwicklung einer sozialen Kompetenz (Sozialverhalten, Mitarbeit in der Gemeinschaft) bzw. Selbstkompetenz (Eigenverantwortung, Selbstkonzept, Selbständigkeit) sorgen.

Ob die Schule tatsächlich dazu in der Lage ist, sollen die Ergebnisse der Feldstudie zeigen. Die Studie geht von der Hypothese aus, daß es guten Schulen besser gelingt, diesen Anforderungen zu entsprechen. Zunächst sollen aber die Entwicklung des Bildungswesens sowie der heutige Ist-Zustand der Schule genauer analysiert werden.

1.3 DIE ROLLE DER SCHULE – GESTERN UND HEUTE

Die Institution Schule ist Teil der Gesellschaft. Eingebettet in die gesellschaftlichen Strukturen, wirken sich Veränderungen mit Verzögerung auch auf die Rolle der Schule aus. In diesem Abschnitt wird zunächst die historische Entwicklung des Schulwesens nach dem zweiten Weltkrieg beschrieben. Die Auswirkungen der wirtschaftlichen Bedarfseinschätzung der sechziger Jahre sind auch noch in der schulpolitischen Gegenwart spürbar. Davon handelt der Abschnitt über die Anpassungsprobleme von Schule an die gesellschaftliche Realität.

Die Betroffenen dieser Situation sind nicht zuletzt Lehrer und Schüler, deren Rollenverhalten in der Folge analysiert wird. Die Ängste von Schülern und die damit verbundene gesundheitliche Belastung stehen danach im Blickpunkt. Abschließend die Frage aufgeworfen, ob Schule heute nicht am wirtschaftlichen Bedarf vorbei produziert. Aufgelockert wird dieser Abschnitt immer wieder mit den Stellungnahmen der Schuldirektoren zur jeweiligen Problematik.

1.1.1 Die Entwicklung des Schulwesens

Die Zunahme an höher qualifizierten Arbeitsplätzen ab den frühen sechziger Jahren ließ die Forderung nach einer Bildungsoffensive laut werden, die im Ausbau von allgemeinbildenden höheren Schulformen mündete. Die Dynamisierung der Gesellschaft führte auch zu einer Kenntnisexplosion bei Wissenschaft und Forschung. Diese Entwicklung geht mit dem zunehmenden Einsatz von neuen Medien einher und kostet der Schule das Monopol auf Wissensvermittlung. Das Bewußtsein für die strategische Bedeutung von Bildung für den individuellen Aufstieg führt schließlich zu einer Verlängerung der schulischen Ausbildungszeit.

Seitens der Gesellschaft und der Wirtschaft wird erwartet, daß die Institution Schule zur Entwicklung dieser idealtypischen Persönlichkeitsstruktur beiträgt. Die schulische Erziehung ist aber nicht losgelöst zu betrachten. Durch den Wandel in der Funktion und der Zusammensetzung der Familie in vielen Industrieländern kommt es zu einer zunehmenden Berufstätigkeit von Müttern. Außerdem ist die Anzahl alleinstehender Eltern beträchtlich angewachsen. Diese Entwicklung führte in den letzten Jahrzehnten dazu, daß sich die schulischen Aufgaben beträchtlich erweitert haben. Die eigentliche Erziehungsaufgabe wird immer mehr aus dem Elternhaus ausgelagert und der Schule überantwortet.

Bei allen Problemen und Schwierigkeiten, mit denen die Schule als Institution im Konfliktfeld zwischen eigenen Erziehungsvorstellungen und gesellschaftlichen Ansprüchen zu tun hat, darf nicht übersehen werden, daß sie wiederum nur ein integraler Bestandteil eben dieser Gesellschaft ist. Schule als gesellschaftliche Institution bietet bzw. akzeptiert die Spielräume, die auch in der Gesellschaft vorfindbar sind. Die Dynamisierung der Gesellschaft wirkt sich auch auf die schulische Ausbildung aus.

1.3.1.1 Bildungs- und Kenntnisexplosion

Eine der wichtigsten gesellschaftlichen Veränderungen, ist die „Bildungsexplosion" im Schulwesen. Brezinka (1986, S 142 - 146) nennt wirtschaftliche und moralische Gründe, die zu dieser Entwicklung geführt haben. Ab den frühen fünfziger Jahren reduzierte sich zunehmend der Anteil der Beschäftigten in Landwirtschaft, Industrie und Gewerbe. Der Dienstleistungsbereich expandierte. Einer Verringerung des Bedarfs an einfachen manuellen Arbeitsleistungen stand die Zunahme an höher qualifizierten Arbeitsplätzen gegenüber. Aus den wirtschaftlichen Bedarfsschätzungen der sechziger Jahre wurde die bildungspolitische Forderung nach besserer Allgemeinbildung laut. Außerdem wurde die Bereitstellung einer möglichst großen Zahl von Hoch- und Höchstgebildeten gefordert. Bildung und Forschung wurden seither als Hauptfaktoren zur Förderung des Wirtschaftswachstums gesehen.

Trotz großer Irrtümer bei der Vorausschätzung des Bedarfs an Absolventen von Gymnasium und Hochschulen war bei jenen Personen, die aus wirtschaftlichen Gründen für die Expansion des höheren Schulwesens eingetreten sind, eines unbestritten: das Schulwesen sollte sich am voraussichtlichen Bedarf der beruflichen Arbeitswelt orientieren. Man hatte die Interessen der Gesamtgesellschaft vor Augen und wollte deren Bildungssystem besser auf das Beschäftigungssystem abstimmen. Viel folgenschwerer hätten sich allerdings, so Brezinka, die moralischen Gründe ausgewirkt. Der Ruf nach Chancengleichheit entsprach dem Geist der Zeit. Die Verringerung der Ungleichheit der Bildungschancen wurde von allen politischen Parteien als ein Gebot der sozialen Gerechtigkeit verstanden.

Es wurde mit planmäßiger Bildungswerbung in sogenannten „bildungsfernen" Bevölkerungsgruppen begonnen, um die Eltern zu bewegen, ihre Kinder in weitergehende Schulen zu schicken ....„bildungsfern" wurde dabei ohne Rücksicht auf das berufliche Bildungswesen einseitig als „gymnasialfern" interpretiert. Als „bildungsnah" galt dagegen der Abiturient einer allgemeinbildenden höheren Schule. (Brezinka 1986, S 146)

Dieser Glaube entspricht eigentlich dem modernen Prinzip der Leistungsgesellschaft. Anstelle von Familientradition, Reichtum und guten Beziehungen soll die Karriere ausschließlich von der eigenen Leistung abhängen. Im Idealfall erhielte somit jeder seinen Platz ausschließlich nach der Leistung, die er im objektiven Vergleich mit allen Mitbewerbern erbringt. Brezinka kritisiert an dieser Vorstellung, daß durch das Schlagwort der „Chancengleichheit" der zunehmend härter werdende Konkurrenzkampf verschleiert werde. Das „Bürgerrecht auf Bildung" hätte die Illusion begünstigt, daß eine höhere schulische Ausbildung automatisch das Recht auf einen hoch qualifizierten Arbeitsplatz impliziert.

Der verschärfende Konkurrenzkampf führt zu einer zunehmenden Entwertung von Bildungsabschlüssen. Eine langjährige, hochqualifizierte Ausbildung ist nicht mehr automatisch Garant für einen Arbeitsplatz. Das Schlagwort der „Chancengleichheit" würde für die Schule der Leistungsgesellschaft bedeuten, daß die Anstrengung für höhere schulische Leistung auf jeden Fall lohnt.

Das ist aber für Hentig (1993, S 95) nicht der Fall. Die Schule bereite nur auf die Leistungsgesellschaft vor, nicht aber auf die drohende Arbeitslosigkeit. Tatsächlich führt aber die Zunahme an Qualifikationen nicht zu einer Vermehrung der Arbeitsplätze - das Gegenteil ist der Fall. Außerdem entspricht die von der Schule geforderte Leistungsfähigkeit nicht den Anforderungen der Wirtschaft. „Leistung" in der Schule bedeutet die Verarbeitung von Lehrplänen, die Absolvierung von standardisierten Prüfungen und ist somit weit von der Realität des noch unbekannten Arbeitsplatzes entfernt.

Die „Bildungsexplosion" als wichtiger gesellschaftlicher Einfluß auf die Institution Schule wird auch von Husén (1980, S 27-28) betont. Diese Entwicklung hätte sich jedoch nicht nur auf den ersten Bildungsweg, sondern auch auf Aus- und Fortbildungseinrichtungen von Erwachsenen ausgewirkt.

Die immense Ausweitung des Sekundarschulbesuchs hat dazu beigetragen, daß sich der Konkurrenzkampf um die vorhandenen hoch qualifizierten Arbeitsplätze verschärft hat. Je größer die Anzahl derjenigen wird, die hohe formale Qualifikationen erworben haben, desto höher werden auch die formalen Anforderungen, verstärkt sich die Konkurrenzsituation auf diesen Stufen. Anhand des japanischen Bildungssystem beschreibt Husén die Auswirkungen dieser Entwicklung:

Der harte Konkurrenzkampf hat zur Folge, daß japanische Eltern bereits alles versuchen, um ihre Kinder auf die „richtige" Sekundarschule zu schicken, in der Hoffnung, ihnen damit den Weg in eine angesehene Universität geebnet zu haben. Um aber in die „richtige" Sekundarschule zu kommen, muß man auch die „richtige" Primarschule - und sogar die „richtige" Vorschule besucht haben. (Husén 1980, S 28/29)

Die Dynamisierung der Gesellschaft wirkte sich aber auch auf die Produktion von Studien und wissenschaftlichen Forschungsergebnissen aus. Das Resultat der in steigendem Ausmaß spezialisierten Forschungen ist mit dem Begriff der „Kenntnisexplosion" belegt worden (Husén 1980, S. 29). Für den wissenschaftlichen Bereich wurde bereits abgeschätzt, wie sehr sich der Wissensstand innerhalb der letzten zweihundert Jahre explosionsartig vermehrte. Vom Jahre 1800 bis 1900 verdoppelte sich der wissenschaftliche Kenntnisstand noch in einen Zeitraum von immerhin 100 Jahren. Danach beschleunigte sich diese Entwicklung: bis zur nächsten Verdoppelung dauerte es nur noch fünfzig Jahre (1900 - 1950) danach nur noch zehn Jahre (1950 - 1960) bzw. sechs Jahre (- 1966).

Die Ursachen dieser Wissensexplosion sind unterschiedlicher Natur: einerseits die große Anzahl von Menschen, die Wissen produzieren, andererseits die wirkungsvolleren Methoden der modernen Forschung und schließlich die wirkungsvolleren Methoden wissenschaftlicher Kommunikation. (K.Steinbruch zit. v. Weber 1978, S 65) Das in wissenschaftlichen Zeitschriften und Veröffentlichungen dokumentierte Wissen nimmt exponential zu; man traut sich heute gar nicht mehr abzuschätzen, welche Ausmaße diese Kenntnisexplosion im Zeitalter der Computernetzwerke bereits angenommen hat.

Für den Durchschnittsbürger, aber auch für die verantwortlichen Politiker wird es immer schwieriger, die Ergebnisse hochspezialisierter Forschung zur Kenntnis zu nehmen, zu verstehen oder deren Auswirkungen auf die Gesellschaft und insbesondere ihre künftige Entwicklung einzuschätzen. Für den künftigen Arbeitnehmer bedarf es heute einer Reihe von Fähigkeiten, um in der zunehmend komplexer werdenden Gesellschaft zu bestehen.

1.3.1.2 Ende des schulischen Monopols auf Wissensvermittlung

Die Bildungsexplosion der vergangenen Jahrzehnte ist nicht zuletzt auch auf den zunehmenden Einsatz und Gebrauch von Massenmedien zurückzuführen. Im Gegensatz zu früheren Jahrzehnten steht den Jugendlichen heute eine Vielzahl an Informationsquellen zur Verfügung. Die Gesellschaft ist ausgesprochen „informationsreich" geworden, ganz im Gegensatz zu der einstigen statischen und ländlichen Struktur. Die technologische Entwicklung hat dazu geführt, daß ein Personalcomputer in einem Haushalt beinahe zur Selbstverständlichkeit geworden ist. Der Aufbau von Computernetzwerken, der Siegeszug des Internet lassen eine weltweite Informationsübertragung für den einzelnen Privatanwender möglich werden. Neuigkeiten werden via „E-mail" mit Schülern aus Amerika, Australien oder dem übrigen Europa ausgetauscht.

Besonders von Schülern wird diese neue Informationskultur schon intensiv genutzt. Die Schnelligkeit, mit der Wissen, Ratschläge und Tips ausgetauscht werden, ist für die ältere Generation, zu der auch die Lehrer gehören, schon nicht mehr vorstellbar. Besonders beliebt ist bei den Computerfreaks das „Chatting". Man beteiligt sich dabei an verschiedenen Diskussionsrunden, die virtuell zwischen den Benutzern der Computernetzwerke aufgebaut sind. Am Bildschirm werden bei den einzelnen Teilnehmern, die miteinander vernetzt sind, die Gespräche wiedergegeben. Dabei ist es keine Seltenheit, daß besondere Computerfreaks sich an bis zu sechs Diskussionsrunden gleichzeitig beteiligen, die alle am Bildschirm aufscheinen.

Die relevanten Informationen werden aus aller Welt zusammengesucht und ausgewertet. In Sekundenschnelle werden Daten und Neuigkeiten auf mehreren Ebenen gleichzeitig ausgetauscht. Datenbanken und Bibliotheken können rund um den Globus abgefragt werden. Die Jugendlichen wachsen mit einer Informationstechnologie auf, die die Lehrer mit ihrer traditionellen Art der Wissensvermittlung überfordert.

Der vermehrte Einsatz der Kommunikationstechnologien hat aber für Hentig (1993, S 42 ff.) einen unerwünschten Nebeneffekt. Wissen wird nicht mehr im Kontext von Raum und Zeit verstanden. Die Zahl „sieben" bedeutete für Platon beispielsweise nicht nur eine Zahl, sondern auch eine Vorstellung von einer Stelle, die nach sechs kommt, die aus drei und vier oder fünf und zwei zusammengesetzt ist, sowie die vierte Primzahl. „Wissen", so zitiert Hensel Platon, kann man nur allgemeines, also Form, Verhältnis, Sinn - etwas, was man in Sätze bringen kann.

Die Reduktion von „Wissen" auf Information, die einfach von den diversen Datenbanken abgerufen werden kann, löst für Hentig den Satzcharakter auf und damit auch die Erwartung, es müsse da etwas verstanden werden, was nur ein Subjekt kann. Das heißt, man kann also jetzt von Wissen reden und dabei von der Sache und von dem Bewußtsein, in dem es aufzugehen hätte, absehen. So wird die jederzeit abrufbare Datenbankinformation zu einem unprüfbaren Wissen, das durch seine Fülle am besten irgendwo gespeichert und somit auch jederzeit abrufbar wird. Dadurch entsteht das Scheingefühl, daß der heutige Mensch der modernen Gesellschaft über soviel Wissen verfügt wie noch niemals zuvor. In Wirklichkeit wird dadurch die Bereitschaft, über ungelöste Probleme nachzudenken, reduziert - schließlich gibt es ja jede Menge an schnell abrufbarer Information.

Die Erkenntnis, daß ungeprüft abrufbares Wissen nicht gleichbedeutend mit einer Wissensvermittlung ist, die Erkenntnisse im Kontext von Raum und Zeit begreift und die zum selbständigen Denken anregt, problematisiert auch den Einsatz von Computern an den Schulen. Die gewandelte Bedeutung der Wissensfunktion durch den Einsatz von Informationstechnologien hat Folgen für unsere Auffassung von Bildung und Kultur.

1.3.1.3 „Verschulung" von Jugendlichen durch längere Ausbildungszeit

Nicht zuletzt das Bewußtsein von der strategischen Bedeutung von Bildung für den individuellen Aufstieg hat zu einer Verlängerung der vorberuflichen Ausbildungszeit beigetragen. Trotz Einführung der Pflichtschulzeit in den meisten Ländern Mitteleuropas schon um die Mitte des 19.Jahrhunderts, erstreckte sie sich bis Mitte des zwanzigsten Jahrhunderts nur bis zum zwölften oder vierzehnten Lebensjahr. Damit wird der Lebenszeitraum verlängert, den der Schüler losgelöst von Elternhaus gemeinsam mit Gleichaltrigen in der Institution Schule verbringt.

Dadurch hat sich die soziale Rolle der Jugendlichen in den Industriegesellschaften im Verlauf weniger Jahrzehnte grundlegend gewandelt. Anstelle eines frühzeitigen Eintritts in den Arbeitsprozeß durchlaufen die Jugendlichen Institutionen, die ihnen nur begrenzt Kontakt zur Erwachsenenwelt ermöglichen. Husén (1980, S 78/80) spricht in diesem Zusammenhang von einer großangelegten „Alterstrennung", einer Art Segregation oder Apartheid der verschiedenen Altersgruppen. Durch die Verlängerung der Schulzeit wird die Unselbständigkeit der Schüler gefördert. Anstelle der Förderung einer Persönlichkeit, die bereit ist, Eigenverantwortung zu übernehmen, wird die Schülerrolle erweitert.

Der Schultag wird von der Uhr einförmig in Stunden und Pausen zerhackt. Was im Klassenzimmer vorgeht, wird möglichst detailliert vorgeplant. Bei den Unterrichtsmethoden herrscht noch immer der Frontalunterricht vor, bei dem der Schüler meist passiv aufnehmen soll. Und dieser Schüler wird dank der systematischen Abschirmung von jeder Verantwortung nur allzu oft vollkommen unfähig zu jeder Verantwortung. (Husén 1980, S 79)

Die negativen Auswirkungen der „Verschulung" der Jugendlichen kritisiert auch Brezinka (1986, S 152/153). Dadurch werde bewirkt, daß der natürliche Drang zur Selbständigkeit und zu einem tätigen Leben in Ernstsituationen künstlich durch einen Zustand der Abhängigkeit und der Armut an Möglichkeiten zur praktischen Bewährung blockiert werden. Das führe zu einer gefährlichen Absonderung einer ganzen Altersgruppe von den Erwachsenen und von den Realitäten des Lebens.

Durch die Ausweitung des Schulbesuchs werden die Jugendlichen zunehmend von der Welt der Erwachsenen getrennt. Der Kontakt zwischen der jungen Generation und den älteren Familienangehörigen hat abgenommen. Sogar innerhalb der Jugend selbst ist die Trennung zwischen Ungleichaltrigen stärker und der Kontakt zwischen ihnen geringer geworden. Das wirkt sich sogar auf den Kontakt zu den Geschwistern innerhalb der eigenen Familie aus. *Die Form der Schulorganisation in Stufen und Klassen richtet Schranken zwischen den Jugendlichen verschiedener Altersstufen auf.* (Husén 1980, S 79)

1.3.2 Anpassungsprobleme der Schule an die gesellschaftliche Realität

Die Schule hat Schwierigkeiten, auf die schnellebige Gesellschaft mit ihrem andauernden Änderungsprozeß angemessen zu reagieren. Zu sehr erweisen sich gewachsene Strukturen, die oft noch auf pädagogischen Erkenntnissen der 60iger und 70iger Jahre aufbauen, als Hemmschwelle bei der Durchsetzung zeitgemäßer Erziehungsmodelle.

Die Erziehung zur Lernfähigkeit und zur Entwicklung einer Persönlichkeit wird noch häufig vernachlässigt. Statt dessen werden individuelle Bedürfnisse kollektiviert, Erfahrungen und Kenntnisse des Schülers negiert und die Auseinandersetzung mit Inhalten auf abprüf-

bares Wissen reduziert. Persönlichkeitsförderung wird zugunsten eines Unterrichtsstils, der auf den verwissenschaftlichten universitären Alltag vorbereiten soll, betrieben.

Die Schule sollte der Tendenz zur allzu ungeprüften Übernahme von vorhandenem Wissen entgegenwirken und die Schüler zu Kritikfähigkeit und Selbständigkeit erziehen. Darauf aufbauend sollte ein Pluralismus der Wertorientierungen, Ansichten und Informationsquellen vermittelt werden. Für Husén (1980, S 102) werden vor allem zweierlei Arten von Fähigkeiten benötigt: neben den traditionellen kognitiven auch soziale Kompetenzen, die sich auf interpersonelle Beziehungen, Entscheidungs- und Organisationsfähigkeiten beziehen. Fähigkeiten, die im komplexen Berufsleben immer wichtiger werden (siehe: Schlüsselqualifikationen der Wirtschaft). Wie wird aber in den Schulen tatsächlich unterrichtet?

Anstelle einer Erziehung zur Lernfähigkeit und zur Entwicklung einer Persönlichkeit, die den Anforderungen von Wirtschaft und Gesellschaft gerecht wird, forciert die Schule immer noch mechanistische, erfolgsorientierte Lerntypen. Nicht auf den Inhalt kommt es an, sondern darauf, mit einem bestimmten Lernkonzept möglichst kurzzeitig zu Erfolg zu gelangen. Dieser Lernstil wird von mehreren Seiten kritisiert: Heitmeyer (1995, S 416/417) bezeichnet die Kumulierung von Wissen unter instrumentalistischen Gesichtspunkten als eine Bildungsform, die immer stärker auf Verwertbarkeit und Effizienzsteigerung im ökonomischen System ausgerichtet wird. Der instrumentielle Charakter von Schule und Bildungsabschlüssen diene nicht der Entwicklung einer Persönlichkeit mit sozialer Kompetenz sondern der Selbstdurchsetzung, die sozial zerstörerische Potentiale aufweise. Durch das Auftreten von immer mehr gleichqualifizierter Konkurrenz ist in einer Zeit des Arbeitsplatzabbaus trotz gleichzeitigen Wirtschaftswachstums immer mehr eine Ellbogenmentalität gefragt. Nur der Beste setzt sich durch.

Auch Husén (1980, S 84) weist darauf hin, daß die heutige Schule das Einzelgängertum fördere, da die Schüler wenig Möglichkeiten haben, gemeinsam zu handeln. Der Zug zur Vereinzelung werde noch dadurch verstärkt, daß die Schule zum Auslesemechanismus für das Beschäftigungssystem geworden sei. Das ist die wichtigste Machtposition, die der Schule nach dem Wegfall des Wissensmonopols noch geblieben ist.

1.3.2.1 Bildungsfrust I: Kollektivierung individueller Bedürfnisse

Wie entsteht der Bildungsfrust, der so vielen Schülern das Lernen verleidet? Im Kindergarten sind sie oft noch mit viel Spaß und Kreativität bei der Sache, wenn es darum geht, sich Wissen anzueignen, spielerisch Problemfälle zu lösen. In der Schule haben dann dieselben Kinder sehr schnell ein gestörtes Verhältnis zu ihren eigenen Fähigkeiten.

Pestalozzi (1990 S 154 ff.) beschreibt den Einschnitt, den die Schule auf das Leben des Kindes verursacht. Bevor es in die Schule kommt, lernt jedes Kind gerne, freiwillig und mit Begeisterung. Dann ist Schluß. Von einem Tag auf den anderen muß es gezwungen werden. Notenzwang, Hausaufgabenzwang, Selektionszwang. Es kommt nicht darauf an, wofür sich der Schüler interessiert, wozu er Lust und Freude hat, ob er sich in der Lage fühlt, etwas Neues aufzunehmen. Jedes Kind ist kreativ; es kann und will gestalten. Im Sandkasten werden wahre Märchenwelten dargestellt. In der Schule ist damit Schluß. Nach kurzer Zeit hat das angepaßte Reproduzieren das phantasievolle Kreieren völlig verdrängt. Wer vorgekautes Wissen fehlerfrei wiedergibt, ist ein guter Schüler. Jedes Kind lebt emotional. Es ist fähig, seinen Gefühlen, seinem Empfinden und Erleben frei Ausdruck zu geben. In der Schule ist damit Schluß. Von einem Tag auf den anderen muß es rational sein, sich benehmen, seine Emotionen zurückhalten. Lernen wird von einer sinnlichen Erfahrung zu einer rationalen Eintrichterung.

Jedes Kind lebt für Pestalozzi auch ganzheitlich. Es will alles wissen, alles entdecken, alles machen können. In der Schule muß es sehr bald wissen, was es will. Spezialisierung und die Übernahme von Rollen, auf die es dann fixiert wird, sind angesagt. Außerdem lebt jedes Kind solidarisch. Es will mit anderen Menschen zusammenleben; sucht Freunde und Freundinnen. In der Schule geht es plötzlich nur noch darum, stärker, besser und schneller zu sein als andere Kinder. Das spielerische Messen von Fähigkeiten, das bei kleinen Kindern freiwillig passiert, wird durch das verordnete Konkurrenzdenken abgelöst.

Jedes Kind lebt mit seinem Körper und hat ein ungeheures Bedürfnis herumzutollen, zu springen, hüpfen und zu tanzen. In der Schule ist damit Schluß. Von einem Tag auf den anderen heißt es: stillsitzen. Jahre-, Jahrzehntelang lebt der Körper nicht mehr von sich heraus. Er wird genau nach Dosis betätigt. In den Pausen, in den Turnstunden, nach dem Unterricht. Wie stark das Bewegungsbedürfnis von Kindern ist, habe ich auch im Rahmen meiner Feldforschung an den Schulen mitbekommmen. Da erlebte ich noch von 10 - 12 jährigen Kindern in den so kurz bemessenen Pausen deren ungeheuren Bewegungsdrang. Da wurde getobt, auf den Gängen herumgelaufen und geschrien. Am besten hatten es noch jene Kinder, die sich in den großen Pausen im Schulhof aufhalten durften. Das war aber in den meisten Schulen aus organisatorischen Gründen untersagt. Außerdem haben die meisten Schulhöfe eher den Charakter von Betonbunkern.

Schon beim Eintritt in die Schule wird alles getan, um die Lernlust von Kindern auf ein Minimum zu reduzieren. Selbst die mehrjährige Anpassung in der Volksschule und den ersten Jahren an der AHS haben es aber noch nicht geschafft, den Kindern ihr natürliches Bewegungsbedürfnis auszutreiben. Da spiegelt sich noch die Kraft in den Persönlichkeiten der Kinder wider; ein Widerstand gegen so unnatürliche, angepaßte Lebensformen, der von der Schule hartnäckig zu brechen versucht wird.

Auf diesen Widerspruch macht auch Hentig (1993, S 209/210) aufmerksam, der die Schule als eine Einrichtung zur „Kollektivierung des Lernens" bezeichnet. Sie macht aus Lernen Unterricht. „Lernen, Sichbilden und Sichentwickeln" sind aber für ihn hochindividuelle Vorgänge, die in der Schule unberücksichtigt bleiben. Das ewige Sitzen in Räumen mit schlechter Luft, ein kunterbunt vollgestopfter Vormittag, die Überziehung jeder vernünftigen Aufmerksamkeitsspanne sowie das Überwiegen der Entmutigung durch Kritik gegenüber der Ermutigung durch sachgemäßes Lob sind nur einige seiner Kritikpunkte.

1.3.2.2 Bildungsfrust II: Vernachlässigung individueller Erfahrungen und Kenntnisse

Schönweiss (1994, S 198 ff.) reduziert die Ursachen des Lernfrusts mehr auf die Vernachlässigung kognitiver Fähigkeiten von Schülern. Es wird zuwenig auf die vorhandenen Kenntnisse der Schüler Rücksicht genommen. Wenn Kinder auf ihre motorischen Fähigkeiten, ihren Wahrnehmungsapparat und die Gesamtheit ihrer kognitiven Fähigkeiten nur bruchstückhaft zurückgreifen können, stößt für ihn jedes Angebot, Kompetenzen auszubauen und zu entwickeln, auf prinzipielle Schranken.

Man vernachlässigt die Erfahrung des Kindes und nimmt die (gewiß häufig mangelhaften und durchwegs falschen) subjektiven Theorien, die es sich über die Wirklichkeit gemacht hat, in keiner Weise ernst. Dadurch wird viel verschenkt, ja manches Kind verliert aus diesem Grund den letzten Rest an Sicherheit im Rückgriff auf die eigenen Fähigkeiten. Schule kann nicht als überzeugendes Angebot zum Ausbau der eigenen Kenntnisse angesehen werden. (Schönweiss 1994, S 200)

Wo Kindern und Jugendlichen der Rückgriff auf die eigene Erfahrung nicht mehr möglich ist, wird Bildung zu ihrem Gegenteil pervertiert. Auf

Basis der mangelhaften Kenntnisse und Fähigkeiten gelingt es den Jugendlichen nicht, sich zusätzliches Wissen anzueignen - es steht dem Individuum fremd gegenüber. Wissensgebiete werden auf diese Weise nicht erobert, sondern im Gegenteil auf abstrakte Merksätze und Formeln reduziert. Auf diese Weise erhält z.b. die Mathematik für viele Schüler den Ruf eines „sturen Lerngegenstandes", der eher Ängste und somit auch Lernblockaden auslöst.

Leider reagieren noch immer sehr viele Eltern und auch Lehrer auf die verzweifelten Bemühungen des Schülers, eine für ihn komplexe Lerneinheit zu verstehen mit dem Stehsatz, „Üben, Üben, Üben". Anstelle von Denken, von dem Versuch, sich mit dem Problem inhaltlich auseinanderzusetzen kommt die Routine. Durch unablässiges Üben von bestimmten, immer wiederkehrenden Aufgaben sollen Problemlösungen mechanistisch „auswendiggelernt" werden. Der Erfolg steht im Vordergrund - der Inhalt bleibt dabei aber auf der Strecke. Entlastende Automatismen führen nicht automatisch dazu, daß der Inhalt auch verstanden wird.

Am Ende dieses Lernprozesses stehe, so Schönweiss (1994, S 209), eine prinzipielle Bildungsfeindlichkeit und -unfähigkeit, die nur schwer aufzubrechen seien. Viele Schüler beginnen sich dann immer mehr mit diesem Zustand zu „arrangieren". Anstelle von menschlichem Denken folgt die Reproduktion von unverstandenen Phrasen und Formeln.

Man könnte als Ursache die mangelnden Möglichkeiten anführen, die ein Lehrer in einer Klasse mit dreißig Schülern hat, auf die individuellen Fähigkeiten und Kenntnisse jedes einzelnen Schülers Rücksicht zu nehmen. Tatsächlich existiere aber in der Schule, so Schönweiss (1994, S 210/211), eine Sichtweise, die nur ein sehr bedingtes Interesse an den Bildungsinhalten zulasse. Daraus entwickelt sich ein Unterrichtsstil, den sich leider früher oder später nahezu alle am Bildungswesen Beteiligten zu eigen machen.

1.3.2.3 Bildungsfrust III: Mechanistischer Lernstil statt Auseinandersetzung mit Inhalten

Für Pestalozzi, Hentig und Schönweiss steht für die Schule die Erfolgsorientierung im Vordergrund, das Anpassen an Qualifikationskriterien, das Erreichen einer gewünschten Beurteilung in Notenform. Daß es dabei um Inhalte geht, um das Hineinfinden in Sprache, Mathematik, gesellschaftliche Zusammenhänge, etc., wird von keinem Beteiligten explizit in Frage gestellt. Im praktischen Umgang mit Schule und Ausbildung steht jedoch der Erfolg im Vordergrund. Das vorrangige Ziel ist der positive Schulabschluß. Ein Argument, das bei jeder Gelegenheit vorgebracht wird.

Es deutet alles darauf hin, daß der Irrglaube, wonach Schule nun einmal nicht ohne Schulstreß zu haben und Lernen deshalb zuallererst eine Pflichtübung wäre, die man eben über sich ergehen lasse müsse, um so plausibler scheint, je mehr die gewachsene Bedeutung von Bildung ins Bewußtsein rückt. (Schönweiss 1994, S 211)

So gesehen ist es wenig verwunderlich, daß Bildung mehr und mehr zum Ärgernis, zur Belastung oder gar zur Bedrohung wird. Das Interesse der Lehrenden ist danach ausgerichtet, daß ein Stoff möglichst perfekt (durch auswendig lernen) beherrscht wird. Für einen späteren Zeitpunkt ist dieses mechanistisch angeeignete Wissen nicht mehr von Relevanz. In großen Klassen ist es für die Lehrenden zu schwierig, sich auf die individuellen Fähigkeiten und Kenntnisse der Schüler einstellen zu müssen. Statt dessen wird ein Unterricht nach dem Lehrplan durchgeführt. Kinder und Jugendliche, die die schulischen Anforderungen ohne zusätzliche Hilfe nicht bewältigen, erhalten Unterstützung durch teuer finanzierte Nachhilfe. Dabei wird ihnen wieder nur demonstriert, wie man eine Prüfung positiv besteht. Inhalte bleiben auch hier, da es zuviel Zeit „kosten" würde, auf der Strecke.

Im einmal begonnenen Bildungsweg geht es sehr schnell nicht mehr um die Auseinandersetzung mit Inhalten. Statt dessen wird eine schematisch-mechanistische Denkweise bevorzugt, die sich damit begnügt, Strategien zur Bewältigung der schulischen Anforderungen anzubieten. Gerade am Beispiel der Mathematik läßt sich diese Philosophie deutlich festmachen. Es geht nicht darum, ein Verständnis für den Umgang mit Zahlen zu entwickeln. Es genügt, wenn die entsprechenden Rechenoperationen in die passenden Formeln eingesetzt werden.

Es ist durchaus kein Zufall, daß jene Sorte von Hausaufgaben oder Proben partout nicht aussterben will, bei denen 30,40 oder 50 Aufgaben des exakt gleichen Typs auszurechnen sind. Statt den Kindern die Zeit zu geben, sich in Ruhe einen eigenen Rechenweg zu überlegen, verpflichtet man sie auf eine schematisch-mechanistische Denkweise, die jeden Ansatz subjektiver Sicherheit im Umgang mit dem Stoff sabotiert. (Schönweiss 1994, S 212)

Daß sich mit einem derartigen Unterrichtsstil die Lernbegeisterung bei den Jugendlichen in Grenzen hält, ist nicht von der Hand zu weisen. Für Hentig (1993, S 207/208) sind die schulischen Strategien daher völlig plausibel. Weil die Kinder ungern lernen, muß man allen möglichen Druck anwenden. Notenzeugnisse beinhalten die Berechtigung nicht nur zu bestimmten gesellschaftlichen Tätigkeiten sondern schon zum Weiterlernen. Sitzenbleiben führt zur Trennung von den Kameraden und zur Mobilisierung der elterlichen Sorge um die Zukunft ihres Kindes. Die Mechanisierung des Lernens führt für Hentig zu einer Zerstückelung der Gegenstände in kleine, verdauliche und vor allem leicht abrechenbare Häppchen. Das Verständnis, die Lust am Lernen und der kognitive Aufnahmeprozeß werden dadurch aber nicht gefördert.

1.3.2.4 Bildungsfrust IV: Verwissenschaftlichung der Schule

Die Funktion einer Erlebniswelt, die soziales Lernen ermöglicht, wird von der Schule nur sehr mangelhaft wahrgenommen. Vielmehr geht es für die Kinder und Jugendlichen darum, sich so gut als möglich an Hierarchien (Direktor-Lehrer) bzw. Ordnungsstrukturen (50 min. Unterrichtseinheiten, Pausenklingeln) anzupassen. Ein mechanistischer Lernstil ist gefragt, um das angestrebte Ziel eines Schulabschlusses möglichst rasch zu erreichen. Der Erfolg des einzelnen steht im Mittelpunkt, Zusammenarbeit und Gemeinschaftssinn wird vernachlässigt.

Mit der Bildungs- und Kenntnisexplosion ging eine Verwissenschaftlichung des Lebens einher. Kein Lebensbereich ist heute mehr der Erforschung und Beeinflussung durch die Wissenschaft entzogen. Für die BRD weist Oelkers (1982, S 26/27) darauf hin, daß kein pädagogisches Konzept für die Schulen im letzten Jahrzehnt so prägend gewesen sei wie die „Wissenschaftsorientierung". Gemäß diesem Prinzip komme es für die Schüler darauf an, zu lernen, daß und wie die Bildungsgegenstände wissenschaftlich bedingt und vermittelt sind, sowie diese Wissenschaftsbestimmtheit kritisch in den eigenen Lebensvollzug aufzunehmen.

In der österreichischen Fassung ist das nicht so deutlich formuliert, schließlich wird aber doch im § 17 des SchUG (s.o.) darauf verwiesen, den Lehrstoff dem Stand der Wissenschaft entsprechend zu vermitteln. Die allgemeinbildenden höheren Schulen (AHS) haben die zusätzliche Aufgabe, ... *in ihren Schülern jene Leistungsfähigkeit zu sichern und zu entwickeln, die für die wissenschaftliche Arbeit auf den Hochschulen vorausgesetzt werden muß* (Östat 1996 S 33). Diese Formulierungen sind sehr allgemein gehalten. Sie entwickeln erst an Brisanz, wenn man die Rolle des Schulabsolventen betrachtet, der in den universitären Alltag eintritt, auf den er „vorbereitet" wurde.

1.3.2.4.1   Exkurs: Der universitäre Alltag

Obwohl die hierarchischen Strukturen in der Schule vor allem mit der Unmündigkeit der Schüler begründet werden, ändert sich die Situation auch auf der Hochschule nur unwesentlich. Die Hierarchie versteckt sich an der Hochschule hinter der Vergabe von Scheinen, Prüfungen, der Sprechstunde des Professors und vor allem hinter der Sach- und Fachkompetenz der Lehrenden. Der Student wird wiederum auf die Rolle des Wissensempfängers reduziert. Für den, der Wissen erst erwerben soll, ist nicht nachprüfbar, ob das vermittelte Wissen ihm eigentlich weiterhilft, weil er es ja noch nicht weiß.

Ich erlebte an mir selbst und den anderen Erstsemestrigen, mit welcher Mühe erst einmal versucht wurde, sich zu orientieren und an den Lehrbetrieb anzupassen. Einführungstutorien sollten dazu beitragen, sich im Studienbetrieb zurechtzufinden. Die Professoren und Assistenten nahmen in diesem Umfeld einen übergeordneten Rang ein. Aufgrund des Andrangs der Studierenden waren Frontalvorträge in überfüllten Lehrsälen keine Seltenheit.

Es gab Seminare, bei denen die Anwesenheitspflicht mit Stricherllisten kontrolliert wurde, und ein mehrmaliges Fehlen mit einer negativen Leistungsbeurteilung gleichzusetzen war. Der Student muß sich also neuerlich auf das Ritual des Belehrens einlassen - ein deutlicher Widerspruch zu dem Ideal des erwachsenen, selbständigen Menschen, der bereit ist, Eigenverantwortung und Initiative zu übernehmen, und sich bewußt jenes Wissen aneignet, das er tatsächlich benötigt. Boye weist darauf hin, daß dieses Klima die Kommunikationskultur und die kritische Auseinandersetzung mit dem Lehrstoff nicht gerade fördert.

Unter dem Primat der Wissenschaftlichkeit, der Fachkompetenz der Lehrenden, der Autorität der Hochschule ist es für die Studenten schwer, ihr Denken und Fühlen sprachlich mitzuteilen, denn die Modelle, in denen Artikulation stattfinden soll, dürfen von ihnen nur reproduziert werden, nicht neu gestaltet ... die Geschlossenheit und Logik wissenschaftlicher Veröffentlichungen müssen notwendig Qualität und Kompetenz suggerieren und stammelndes Nachahmen eher abverlangen, als gezielte und kritische Auseinandersetzung. Wenn man Studenten in Skripten und Büchern, an die Tafel Geschriebenes unterstreichen sieht, bekommt man eine Idee von der repressiven Gewalt theoretischer Sprachakte, die die Studenten als Teilnehmende ausgrenzen. (Boye 1982, S 61/62)

Ich nahm selbst an einem Vorbereitungskurs für eine Aufnahmsprüfung eines sozialwissenschaftlichen Instituts teil. Für den zu bezahlenden Mathematik- und Statistikkurs waren jeweils 7 Stunden vorgesehen, um die Bewerber auf ein Bildungsniveau zu bringen, das jenen der Drittsemestrigen auf der Wirtschaftsuniversität entspricht. Beworben haben sich allerdings auch Studenten aus Studienrichtungen, die noch keine Statistikvorlesung besucht hatten bzw. deren Maturaabschluß in Mathematik bereits mehrere Jahre zurücklag. Obwohl die Unterrichtszeit jeweils um mehrere Stunden überzogen wurde, reduzierte sich der Lernprozeß auf rasches Abschreiben von der Tafel, ohne die Möglichkeit, sich mit den Unterrichtsinhalten auseinanderzusetzen. Den Bewerbern blieb nur die Chance, sich nach dem Kurs in Lerngruppen zu organisieren, um den Unterrichtsstoff doch noch zu bewältigen. Eigene Lernerfahrungen werden aus dem tatsächlichen Unterricht ausgelagert.

Jene Studenten, die während der Vorlesung an der Uni schweigen, versuchen in Kaffeehäusern und Wohngemeinschaften mit dem mechanistisch angeeigneten Wissen umzugehen. Außerhalb der Universität kann angstfrei die Erfahrung gemacht werden, daß Wissensaneignung ein Prozeß ist. Unklarheiten werden ausgeräumt, Korrekturen sind möglich - im Gegensatz zur Lernatmosphäre an der Universität.

1.3.2.4.2   Einseitige Wissensorientierung vernachlässigt Persönlichkeitsentwicklung

Auf diesen universitären Lernprozeß sollen die Schüler der AHS vorbereitet werden. Das ist vielleicht eine Erklärung für die Verwissenschaftlichung des schulischen Alltags, einer Orientierung an einem mechanistisch-erfolgsorientierten Lernstil. Für den derzeitigen Alltag an der Massenuniversität wäre der Schulabsolvent entsprechend vorbereitet - die Entwicklung der Persönlichkeit bleibt jedoch dabei auf der Strecke.

Woran krankt das heutige Schulwesen? Hensel (1995, S 41-44) vertritt die Auffassung, daß es der Schule insgesamt bis heute noch nicht gelungen ist, sich auf veränderte Verhaltensweisen und Bedürfnisse der Schüler einzustellen. Die Erziehung der Kinder zur Entwicklung und Entfaltung ihrer Persönlichkeit sei zwar ein Ideal, könne aber nicht die tatsächliche Aufgabe der Schule sein. Da die Sozialisation der Individuen unterschiedlich ist, können nicht alle zum selben Ziel geführt werden. Die Schule ist laut Hensel keinesfalls um der maximalen Entwicklung des je einzelnen Individuums entstanden und vorhanden, sondern nur daran interessiert, eine ausreichend große Anzahl von durchschnittlich befähigten Individuen zur Reproduktion der Gesellschaft hervorzubringen.

Die Schule als gesellschaftliche Institution kann weder Menschheit und Welt verbessern noch das Lebensglück der Individuen realisieren, auch wenn die Lehrkräfte sich dies vornehmen sollten, sie kann lediglich die bestehenden Zustände in die neue Generation hinein verlängern, indem sie die Kenntnisse und Fähigkeiten ihrer Klientel an den gesellschaftlichen Standard anzupassen versucht und innerhalb gewisser Grenzen deren Verhalten formt. (Hensel 1995, S 43)

Deshalb können für ihn nicht die Ideale der Schule als tatsächlicher Maßstab für deren Erfolg herangezogen werden. Der im Einzelfall höchstmögliche Erfolg muß bei der Bewertung seiner gesellschaftlichen Leistung hinter den durchschnittlichen Erfolg zurücktreten. Hensel schließt zwar die individuelle Förderung einzelner Schüler nicht aus, hilft aber mit seiner Argumentation doch denjenigen, denen eine Reform der Schule nicht unbedingt ein Anliegen ist. Damit können sich die Proponenten eines traditionellen Unterrichtssystems bequem auf jenen Standpunkt zurückziehen, der einer Aufrechterhaltung der bisherigen Schul- und Unterrichtsstruktur das Wort redet. Möglichst viel theoretische Wissensvermittlung, zum Auswendiglernen bestimmt, stehen im Vordergrund dieses Unterrichtsstils. Eine Vermittlung von sozialen Fähigkeiten, die notwendigerweise auch den einzelnen Schüler und dessen Beziehung zur Gruppe in den Mittelpunkt stellten, wird vernachlässigt. Statt dessen wird das Augenmerk auf das Training von geistigen Fähigkeiten gelegt, um den zunehmenden „Wissensstau" bewältigen zu können.

Weber (1978, S 66) vertritt die Auffassung, daß eine allgemeine Förderung der Rationalität und damit der kognitiven Fähigkeiten notwendig wäre, um die Verwissenschaftlichung der Lebensbereiche für den einzelnen Menschen durchschaubar zu machen. Im engen Zusammenhang mit der zunehmenden Durchdringung aller Lebensbereiche durch die Rationalität stehe, so Weber auch eine fortschreitende Theoretisierung. Das Erfordernis nach Abstraktion führe dazu, daß die meisten Denkbezüge immer weniger konkret-anschaulich erfaßbar werden. Immer häufiger lassen sich die Zusammenhänge nur noch mit abstrakten oder lediglich halbanschaulichen Modellvorstellungen begreifen. Ein weiteres Merkmal der wissenschaftlichen Zivilisation sei, so Weber, ihr Trend zur Mathematisierung.

Die Verwendung mathematischer Methoden und Denkweisen setzt sich in immer mehr Lebensgebieten und den auf sie bezogenen wissenschaftlichen Disziplinen durch, nicht nur in den Bereichen der Technik und Wirtschaft, sondern z.B. auch in denen der Medizin und der Sozialwissenschaften sowie der Informations- und Datenverarbeitung. Angesichts der wachsenden Mathematisierung der wissenschaftlichen Aussagen entstehen für den Laien erhebliche Verständnis- und Interpretationsprobleme. (Weber 1978, S 66)

Bei einer einseitigen Wissenschaftsorientierung im Schulunterricht werden aber meiner Meinung nach wesentliche Elemente der Persönlichkeit vernachlässigt. Die Wissenschaftsorientierung kann dazu beitragen, sich mit fachlichen Problemen auseinanderzusetzen, im Idealfall darüber zu diskutieren oder Lösungsmöglichkeiten gemeinsam zu erarbeiten. Die Erziehung zu einem Individuum mit sozialer Verantwortung gegenüber dem Gemeinwohl wird aber damit nicht gewährleistet.

Ein mögliches Szenario einer derartig einseitigen Förderung: die Entwicklung von technikgläubigen Mathematiktalenten, die sich im Auftrag der Wirtschaft fasziniert mit abstrakten Denkmodellen auseinandersetzen. Damit gäbe es dann „leicht handhabbare" Genies ohne jegliches soziales Verantwortungsgefühl gegenüber der Gesellschaft. Ich hatte selbst einmal eine Diskussion mit einem Technikstudenten, der sich fasziniert über die Entwicklung der Gentechnologie äußerte. Die Verantwortung der Wissenschafter gegenüber der Gesellschaft lehnte er aber strikt ab. Dafür seien nun einmal die Politiker zuständig. Dieselben Politiker, die er aber kurz darauf als unfähig bezeichnete.

Oelkers sieht in der reinen Wissenschaftsorientierung erst die Wurzel aller heutigen schulischen Gebrechen. *Erst als die Schulfächer sich zu wissenschaftlichen oder halbwissenschaftlichen Einzeldiszplinen mit jeweils eigenen Zielen emanzipierten, setzte jene sinnlose Überforderung der Schüler ein, die das Gymnasium seither aus einer Krise in die andere stürzte* (Oelkers 1982, S 29/30). Brezinka (1986, S 15 ff.) vermeint, daß erst die Leitgedanken des Rationalismus, des Individualismus und des Hedonismus zur Orientierungs-, Wertungs-, und Erziehungskrise unserer Zeit beigetragen hätten. Der Rationalismus habe zu einer höheren Bewertung von Intelligenz und kritischem Denken und zu einer Geringschätzung des Gemüts geführt. Dadurch sei vom Ideal des Gleichgewichts zwischen Vernunft und Gefühl, Kopf und Herz abgerückt worden. Die einseitige Hochschätzung des wissenschaftlichen Wissens habe dazu geführt, daß seine Grenzen und seine Gefahren zu wenig bedacht wurden. Religiöse, moralische und weltanschauliche Glaubensüberzeugungen wurden dadurch abgewertet, daß wissenschaftliche Erkenntnis als höchstes Gut galt.

Die Überbetonung der Einzelpersönlichkeit, ihrer Freiheitsrechte und Interessen auf Kosten der Gemeinschaft und der Bindungen an ihre Normen habe der Individualismus hervorgebracht. Mit der Befreiung aus den alten Abhängigkeiten von Familie, Stand, Dienstherren, Kirche und Obrigkeitsstaat seien auch emotionale Geborgenheit und Orientierungssicherheit verlorengegangen. Die Überbetonung von Einzelinteressen habe schließlich die Bereitschaft geschwächt, sich in Gemeinschaften einzuordnen. Ein Zuviel an Lust, Vergnügen und Genuß - verbunden mit dem individualistischen Lebensgefühl - habe schließlich zur moralischen Spaltung der Erwachsenen beigetragen. Der Hedonismus habe der Jugend den Weg zur Lebenstüchtigkeit erschwert. Die Gesellschaft als Ganzes wurde dadurch moralisch gespalten.

Die Einschätzung Brezinkas bezüglich der negativen Auswirkungen von Rationalismus und Individualismus werden auch von mir geteilt. Ein existierendes Zuviel an Vergnügen und Lust ist aber nicht nachvollziehbar, gerade im Zeitalter von zunehmend verschlechternden Arbeitsmarktverhältnissen. Arbeitnehmer sind mehr und mehr bereit unangenehme Arbeiten zu übernehmen, im Krankheitsfall trotzdem arbeiten zu gehen, um den Arbeitsplatz nicht zu verlieren. Die moralische Verantwortung, vor allem der wirtschaftlichen Entscheidungsträger ist aber, was die Gesellschaft betrifft, tatsächlich dem Rationalisierungsgedanken geopfert worden.

1.3.2.5 Die Änderungswünsche der AHS-DirektorInnen

Die Veränderungsvorstellungen der Direktoren beschränken sich eher auf organisatorische, zum Teil mehr wirtschaftsorientierte Vorschläge, die eher einer systemimmanenten Reform entsprechen. Von einzelnen wird aber auch die bisherige Form der Wissensvermittlung kritisch hinterfragt. Auf die Frage, was sie persönlich ändern würden, wenn sie mehr Möglichkeiten hätten, gaben die befragten SchuldirektorInnen folgende Antworten:

Es wäre natürlich gut, auch die Lehrpläne in Richtung Wirtschaft auszuweiten. Dazu bin ich aber doch auch in einem Zwiespalt. Auf der einen Seite sollen auch Jugendliche einen Freiraum haben, wo sie sich selbst finden können und nicht bereits ganz gezielt irgendwo hingebracht werden. Das ist ja auch ein Vorteil, daß die Wirtschaft - zumindest als Lippenbekenntnis, weil alles andere ist ja eine Frage des Geldes - ja Leute erhält, die bereits reife Persönlichkeiten sind. Also, daß man diesen Bereich weiter fördert, ist auch sehr wichtig. Das Soziale, die Zusammenarbeit, Arbeit in Teams, das sind ganz wichtige Aspekte. Daß man das in der Schule lernt und verstärkt macht. Das ist ja dann auch eine Vorbereitung für später. (DirektorIn C)

Ich würde schauen, daß ich von dieser Stoffülle wegkomme. D.h. weg von der Vermittlung von Faktenwissen, das nur ein paar Mal abgefragt wird und dann irgendwo versinkt. Da gibt es sehr schöne Untersuchungen bei Studenten, was sie außerhalb jenes Fachs, das sie studieren, noch an Allgemeinwissen haben. Die Ergebnisse sind erschreckend. Eigentlich ist nichts mehr davon da. Es ist ziemlich Nonsens, sich Wissen einfach einzuspeichern. Dazu gibt es viel bessere Vorrichtungen, Wissen abzuspeichern, als das menschliche Hirn, z.B. die ganze Informatik oder EDV. Ich würde mehr Wert auf Qualität als auf Quantität legen. Mir wäre es wichtiger, wenn Schüler weniger Dinge vermittelt bekommen, aber die dafür gründlich und, soweit es möglich ist, selbständig erarbeitet.

Es ist mir aber schon klar, daß in jedem Unterricht Phasen drin sein müssen, die ganz traditionell ablaufen. Wo der Lehrer, die Lehrerin den Wissensvorsprung, den er hat, den Schülern mitteilt, d.h. Faktenwissen muß da sein. Ohne Faktenwissen geht es natürlich überhaupt nicht - aber wesentlich ist die Selbsttätigkeit der Schüler. Statt unnötigem Faktenwissen sollte der Erwerb von sozialen Qualifikationen wie z.B. Kooperationsfähigkeit, oder auch selbständiges Denken, kritisches Urteilsvermögen, oder Artikulationsvermögen und ähnliches gefördert werden. Das wird oft zugeschüttet durch die Fülle des Lehrstoffes. Salopp formuliert: Im Lernen versandet manches mal das Denken. (DirektorIn A)

Man müßte ganz oben anfangen. Die Struktur des derzeitigen Gymnasiums geht ja auf den Kaiser Franz-Josef zurück. Da hat es immer schon einen Direktor gegeben, einen

Lehrkörper, einen Schulwart und einen Schularzt ... das gibt es schon seit 150 Jahren. Das wäre in der Industrie völlig undenkbar. Daß ein Direktor 110 Lehrer unter sich hat. Dabei sind Gruppengrößen von 12 - 15 Personen das äußerste, um miteinander arbeiten und sich beeinflussen zu können. Diese Struktur fehlt an unseren Schulen völlig. Ich vermisse z.B. Fachkoordinatoren, die z.B. für Geschichte oder Englisch zuständig sind und über den anderen Geschichts- bzw. Englischlehrern stehen. Da wäre es günstig, fünf- oder sechs solche Leute zu haben, die eine etwas geringere Unterrichtsverpflichtung haben, um dafür die restliche Zeit der Betreuung ihrer jeweiligen Kollegen zu widmen. Unter dieser Voraussetzung wäre der Aufbau einer modernen Schule möglich. Diese Fachkoordinatoren könnten bei der Koordinierung unterstützen - damit die Anglisten alle z.B. auf gleichem Niveau unterrichten - bei der Durchführung von Projekten, Anbietung von Fortbildungsmöglichkeiten, Überprüfung von Schularbeiten ... es sollte aber durchaus auch der Kollege beobachtet werden, um beim Auftreten von Schwierigkeiten sich rechtzeitig von ihnen trennen zu können.

Das kann ich in fachlicher Hinsicht nur bedingt tun, da ich auch nicht über den gesamten Fächerkanon Bescheid weiß. Hier wäre es also dringend notwendig, die Führungsstruktur an der Schule zu verändern, um den positiven Einfluß moderner Unterrichtsformen verstärkt durchsetzen zu können. Günstig wäre weiters ein eigener Projektkoordinator, der sich um die Koordination von Projekten an dieser Schule kümmert. Das kann ich derzeit nicht tun, da ich die Kollegen zumindest 20 Stunden einsetzen muß, und ich hier keine Delegationsebene schaffen kann. Man müßte hier Freiräume schaffen, um neue Unterrichtsformen tatsächlich anwenden zu können. (DirektorIn D)

Ich würde die Leistungsbeurteilung hinterfragen, und ich würde mir überlegen, wegzukommen von bestimmten Durchfallsquoten. Ich möchte gerne überhaupt haben, daß man von diesem Notensystem wegkommt und sich genau überlegt, welche Fähigkeiten, über reines Fachwissen hinaus, beurteilt werden könnten. So könnte man zu anderen Beurteilungsformen gelangen, damit solchen Schülern, die mehr Zeit brauchen, um das gewünschte Lehrziel zu erreichen, das ich von ihnen will, nämlich die Entwicklung von Persönlichkeit und Kritikfähigkeit, nicht vorschnell ausgesondert werden. Eine Aussonderung, weil man immer nur bestimmte Sachen von ihnen wissen und hören will. Das betrifft jetzt aber nicht nur meine Schule, sondern insgesamt alle Schulen. Das ganze System muß man da hinterfragen. Weil der Notendruck oft ganz stark im Abfragen von Fachwissen liegt, und die anderen Qualitäten entweder nicht entwickelt, nicht gefördert oder nicht beurteilt werden, so daß Kinder übrig bleiben. (DirektorIn F)

Ich würde die Schule in manchen Bereichen umorganisieren. Ich glaube, daß man auf der organisatorischen Ebene eine ganze Menge machen kann, z.B. kleine Schulen. Diese Mammutbetriebe, die wir aufgebaut haben, bringen es nicht mehr ... reduzieren die Veränderungsmöglichkeiten. Man muß sich als Betrieb erst einmal anschauen, was ich hier habe. Ich habe hier 90 Akademiker, Lehrer und 811 Schüler. Ich bin, mit einem Administrator und einer Sekretärin quasi das Team, das die Organisation zu bewältigen hat. Schule funktioniert nur, weil alle so brav sind. Also wären hier wirklich kreative Menschen am

Werk, könnte es so nicht laufen. Also würde den Lehrern echt etwas einfallen, dann wäre das nicht organisierbar.

Also ich muß in kleineren Einheiten arbeiten ... ich gehe nicht den Weg, daß ich die Administration aufplustern möchte, das wäre der andere Weg. Weil ich glaube, daß dann die Kommunikation über neue Hierarchiestufen noch schwieriger wird. Wenn ich mit Leuten zusammen arbeiten möchte, wäre es noch schwieriger, weil man sich dann erst durch zusätzliche Instanzen durcharbeiten muß. Dann darf ich mit einem Lehrer überhaupt nicht mehr reden, weil dann habe ich vergessen, den Vorstand und den Übervorstand darüber zu befragen. Das ist nicht mein Wunschbild. So funktioniert es in den Großbetrieben, in der Wirtschaft ... . .und da funktioniert es gar nicht so gut. Hier würde ich wirklich das Schlagwort: „Small is beautiful" verwenden. Ich wünsche mir kleine Einheiten von Schule wo man einander kennt und daher auch die Individualitäten wahrhaben kann. Dann würde die Administration auch reichen. Also ich würde den umgekehrten Weg gehen. Ich würde sagen: das ist das Verwaltungsteam, und Schule darf nie größer werden, als dieses Team sie verwalten kann. (DirektorIn H)

Durch die Autonomie, die Aufwertung des SGA gibt es sehr viele Möglichkeiten, von einem starren Schema abzugehen. In einem Bereich fühle ich mich eingeengt: seit es die Autonomie gibt und die Schule selbst viel mehr entscheiden kann, kommen zum Teil Auflagen, die Kontrollfunktion haben. Im Prinzip würde ich meinen, daß man heute sehr viele Dinge machen kann. (DirektorIn L)

Die freie Hand hätte ich gerne im Ressourcenbereich. Wenn wir sagen, wir leben in einer Medienwelt, dann wäre es natürlich auch notwendig, in Kooperation in diese Medienwelt hineinzukommen. Da gibt es dann zwar ein Internet, aber ich kann die anfallenden Telefonkosten nicht zahlen. Wir haben auch noch keine Schülerbibliothek ... es fehlen uns zum Teil auch einfach moderne Arbeitsformen ... Es geht aber nicht nur um finanzielle Mittel, sondern auch darum, individuelle Impulse von Lehrern zu fördern. Wer zu Hause verstärkt Probleme der Arbeitswelt mitkriegt, wird auch mehr den Unterricht gestalten. Wenn der Lehrer z.B. kommt und gerne bei der Volkswirtschaftlichen Gesellschaft oder der AK eine Betriebsbesichtigung vornehmen will, dann schränke ich ihn nicht ein. Ich möchte auch vom rein universitären Betrieb weggehen und die Schule hin in Richtung Wirtschaftswelt orientieren. (DirektorIn I)

Da gibt es ganz konkrete Sachen: ich würde zunächst einmal die Unterstufe von der Oberstufe trennen. Die ganze Diskussion über Schule rennt nur über Einsparungen. Alles andere ist blanke Demagogie, eine blanke Lüge. Jede Sache, die zu Einsparungen führt, wird gemacht und alles andere, was etwas kostet, ist undurchführbar. Wir haben das Phänomen, daß wir nichts entwickeln können, was etwas kostet. Wir wollen einen interessanten Schulversuch haben, in dem Deutsch und Englisch korrespondierend unterrichtet wird. Wir wollen eine Klasse komplett in Englisch weiterführen; das läßt sich aber wieder ohne Zweitlehrer mit englischer Muttersprache nicht machen. Das geht wieder aus finanziellen Gründen nicht. Gut, ich respektiere, daß nicht für alles ein Geld da ist.

Was ich aber nicht akzeptiere, ist, daß pädagogische Maßnahmen, z.B. zur Aufrechterhaltung von Disziplin, die vielleicht sogar kostenneutral sind, nicht interessant sind. In diese Sache wird nicht investiert, weil man da nicht einsparen kann. Es wird nur dort investiert, wo ich einsparen kann. Das ist eine pädagogisch ausgesprochen bedenkliche Entwicklung. Also wo es etwas kostet, hätte ich unendlich viele Ideen. Also z.B. diese Englisch-Geschichte, die Montessori-Sache ist stark im Kommen, da würden wir uns gerne die Rosinen heraussuchen, wir haben hier offenes und soziales Lernen, das wird auch nicht mehr bezahlt ... Es gäbe eine Menge an Sachen. Ich würde auch die Schule umbauen, um aus dieser Bruchbude eine richtige Schule zu machen ... also alles, was etwas kostet, da habe ich viele Ideen.

Ich habe aber auch Ideen, bei Sachen die nichts kosten. Z.B. im Zuge der Autonomie die Trennung von Ober- und Unterstufe. Ich glaube, daß die Oberstufe durch die permanente Gegenwart von den Kleinen infantilisiert wird. Wir haben das in ganz Europa nicht. Es gibt kein Land mehr, wo der Zehnjährige mit dem Neunzehnjährigen, der mit dem Auto in die Schule kommt, bei der Freundin wohnt, noch in der gleichen Weise gezwungen wird, Anwesenheiten abzuhackerln und Hausübungen herzuzeigen. Statt dessen muß man den Spieß umdrehen und sagen, ich schaue mir deine Hausübungen an, wenn du sie mir zeigst, wenn nicht, ist es mir auch Recht. Das muß das Ziel sein. Und du darfst um acht kommen, und wenn du fünf nach acht kommst, kann ich dich nicht mehr brauchen, weil dann ist eine Ruhe und du störst nur die Anderen.

Das müßte möglich sein. Die räumliche Trennung müßte möglich sein; ich muß Erwachsene, von denen ich erwarte, daß sie sich wie Erwachsene benehmen, auch selber so behandeln. Wobei ich nichts gegen die Kleinen sagen will, die Kleinen sind mir lieb und wert ... aber ich kann nicht die völlige Infantilisierung der Großen zulassen und gleichzeitig sagen: aber du mußt dich benehmen wie ein Erwachsener, während dem zwischen den Füßen die Drittklaßler Fußball spielen. Ich finde in diesen Bereichen der Schulautonomie, wo es wirklich um Pädagogik geht, wird ja nicht einmal mehr nachgedacht. Man denkt nur noch darüber nach, wie man noch weitere Stunden kürzen, Gehälter einsparen kann.

Das wären Sachen, die ich aktuell durchführen würde. Was ich noch automatisch machen würde: ich würde eine verpflichtende Lehrerfortbildung für jeden Lehrer eine Woche im Sommer machen. Ich würde die gesamte Lehrerfortbildung aus dem Schuljahr herausnehmen. Die haben eh genug Ferien. Da würden mich zwar einige steinigen, aber dazu bekenne ich mich. Auch das ist in vielen Europäischen Ländern gang und gäbe. Die Arbeitsplätze der Lehrer ist ein weiteres Problem. Sogar bei den tschechischen Lehrern hat jeder Lehrer einen Arbeitsplatz. Bei uns haben achtzig oder neunzig Lehrer fünfzig Tische. Ganz abgesehen davon, daß sie drin nicht arbeiten können, wo fünfzig Leute sitzen. In Tschechien hat jeder ein Kammerl, einen Arbeitsplatz, ein Telefon, da kann er korrigieren, da bleibt er auch sitzen. Das ist bei uns unmöglich. Da sitzen die Lehrer halt zu Hause und korrigieren. Da gäbe es sicher auch sehr viel zu tun. Ein ganzes Buch haben wir darüber verfaßt, was wir gerne machen würden. (DirektorIn K)

Also sicher würde ich die Klassenschülerhöchstzahl reduzieren. Es ist auch überlegenswert, ob die Gegenstände, die jetzt unterrichtet werden, in ihrer Form überdacht werden sollten. Denke z.B. an Chemie und Physik. Da wird in Chemie oft etwas unterrichtet, was in Physik auch am Lehrplan steht. Warum könnte das nicht gemeinsam unterrichtet werden? Denke dabei an den fächerübergreifenden Unterricht. Bei der Matura gibt es jetzt schon die fächerübergreifende Prüfung. Das ist in der jetzigen Maturavorschrift vorgesehen. Tatsache ist aber, daß dafür nichts vorbereitet ist.

In der ganzen Oberstufe gibt es keine Verpflichtung auf fächerübergreifenden Unterricht. Da wird es problematisch. Wie kann ein Schüler fächerübergreifend geprüft werden, wenn er nie vorher in diese Situation gekommen ist? Ich könnte mir eine Änderung in Geschichte vorstellen. Hier wird in der Unterstufe von der Antike bis zur Gegenwart unterrichtet - in der Oberstufe machen wir das noch einmal. Es wäre zu überlegen, ob man nicht Gegenstände zusammenlegen könnte. Wer sagt, daß unbedingt Geographie und Geschichte nebeneinander laufen und nicht künftig gemeinsam? Aber das ist natürlich ein finanzielles Problem, gleichzeitig von beiden Lehrern geht das nicht u.ä. Bei uns wird es teilweise versucht, fächerübergreifend zu unterrichten. (DirektorIn B)

1.3.3 Lehrer- und Schülerrolle

Die Anforderungen an Schule und damit auch an die Lehrer ist hoch. Sie sollen kognitive und soziale Kompetenzen vermitteln und elterliche Erziehungsfunktionen übernehmen. Schließlich sollen Lehrer die Schüler auf eine Berufswelt vorbereiten, von der sie selbst kaum praktische Erfahrung haben. Schüler haben in dieser Betrachtungsweise eine eher passive Funktion; die Entwicklung von Eigenverantwortung und Selbständigkeit wird innerschulisch vernachlässigt.

1.3.3.1   Der Lehrer als überfordertes Vorbild

Der Sozialisationsraum der Schule bedingt soziale Beziehungen der Schüler miteinander sowie des Schülers mit dem Lehrer. Diese Beziehung ist durch ein bestimmtes Rollenverhalten geprägt. Idealtypisch wäre ein Zustand, indem ein Lehrer für eine kleine, überschaubare Anzahl von Schülern zuständig ist, um auf deren vorhandenen Fähigkeiten und Kenntnissen eingehen zu können. Je größer die Schülerzahl, desto schwieriger wird die soziale Kontrolle in der Schule. Für Husén (1980, S 116 ff.) besteht die Hauptaufgabe des Lehrers darin, dem einzelnen Schüler, und nicht nur der Klasse im ganzen Lerngelegenheiten zu schaffen. Zu diesem Zweck muß für informelle, flexible und stetig durchgehaltene Kontakte zwischen den Lehrer und den einzelnen Schüler gesorgt werden. Der Lernprozeß soll ständig und systematisch angeleitet und die Lernergebnisse kontrolliert werden.

In einer Klasse mit dreißig oder mehr Schülern ist die Gefahr groß, daß die Wissensvermittlung zu einem reinen Frontalunterricht degeneriert und die Leistungskontrolle als Disziplinarmittel an Übergewicht gewinnt. Der Lehrer hat aber über diese Aufgabenstellungen hinaus auch noch eine Art Vorbildfunktion zu dem die Kinder - unter günstigen Voraussetzungen - aufblicken und dem sie nachstreben. Dabei gerät allerdings der Lehrer laut Husén (1980, S 118) in einen Rollenkonflikt. Die Rolle als verständnisvoller Freund verträgt sich nur schlecht mit jener, von der Gesellschaft zugewiesenen Rolle als Torhüter und Richter, der über Erfolg und Mißerfolg im späteren Leben der Schüler zu entscheiden hat.

Der Lehrer soll nicht nur kognitive, sondern auch soziale Kompetenzen vermitteln. Sein Aufgabenbereich wurde stark erweitert. Am Anforderungsprofil von Kühn (1992, S 210 ff.) wird deutlich, was u.a. von einen Lehrer heute erwartet wird:

- *Der Lehrer soll sich als Partner begreifen, der das Kind als Subjekt anerkennt, das andere Sozialisationsbedingungen erfahren hat, als er selbst.*

- *Der Lehrer muß die geistige Entwicklung des Individuums kennen, er muß wesentliche Etappen der Entwicklung der Denkfähigkeit des Individuums kennen.*

- *Der Lehrer muß sein Gegenüber als Interaktionspartner akzeptieren und tolerieren, er muß dessen Subjektposition anerkennen.*

- *Der Lehrer als Vermittler äußerer Realität muß seine Doppelfunktion kennen, d.h. er vermag auch vom Schüler zu lernen.*

- *Produktives, soziales Lernen mit dem Schüler: Förderung von Wertentscheidungen und Selbsttätigkeit, Anbieten von Alternativen, um dem Schüler zu ermöglichen, selbst Wissen zu erwerben.*

Mehr auf die eigentliche Lehrtätigkeit reduziert, aber doch mit umfangreichen, detaillierten Anforderungen ausgestattet, formuliert das österreichische Schulunterrichtsgesetz, kurz SchUG genannt (Jonak 1993, S 531) im § 17 die Aufgaben des Lehrers folgendermaßen:

„... der Lehrer hat unter Berücksichtigung der Entwicklung der Schüler und der äußeren Gegebenheiten den Lehrstoff des Unterrichtsgegenstandes dem Stand der Wissenschaft

entsprechend zu vermitteln, eine gemeinsame Bildungswirkung aller Unterrichtsgegenstände anzustreben, den Unterricht anschaulich und gegenwartsbezogen zu gestalten, die Schüler zur Selbsttätigkeit und zur Mitarbeit in der Gemeinschaft anzuleiten, jeden Schüler nach Möglichkeit zu den seinen Anlagen entsprechenden besten Leistungen zu führen, durch geeignete Methoden und durch zweckmäßigen Einsatz von Unterrichtsmitteln den Ertrag des Unterrichts als Grundlage weiterer Bildung zu sichern und durch entsprechende Übungen zu festigen."

Der Lehrer soll in einer Klasse von dreißig und mehr Schülern dazu beitragen, daß sich jedes einzelne Individuum zu einer Persönlichkeit entwickelt, die den Anforderungen des späteren Berufslebens gewachsen ist. Organisation von Projekt- bzw. fächerübergreifenden Unterricht ist von der freiwilligen Initiative der Lehrer abhängig. Die Gestaltung von Zusatzangeboten bleibt gesellschaftlich unbedankt, weil nicht bezahlt. Bei dieser Ausweitung seiner Verantwortlichkeiten blieb ungeklärt, wie die neuen Ziele erreicht werden können und ob die Mittel dafür zur Verfügung stehen. Dazu kommt noch, daß wie schon in einem früheren Absatz erwähnt, überlastete Eltern immer mehr ihre Erziehungsverantwortung auf die Schule abschieben.

Mehr als neunzig Prozent aller Lehrerinnen und Lehrer von Oberstufenrealgymnasien fühlen sich als Ersatzeltern mißbraucht. Mehr als achtzig Prozent aller befragten AHS und BHS-Lehrer sind der Ansicht, daß die fachlichen Anforderungen und die Notwendigkeit zur Weiterbildung ständig steigen. (Profil-Extra 3/94 S 68) Kein Wunder, wenn sich viele Lehrer überfordert fühlen und ihre Tätigkeiten auf einen Frontalunterricht mit Leistungskontrolle reduzieren.

Wenn die Schule allerdings mehr sein soll, als nur Ausbildung der Schüler, wenn auch Werte und Soziale Kompetenz vermittelt werden sollen, sind Lehrer gefragt, die das als Vorbilder vermitteln können. Für Mahlmann (Zeitpunkte 2/96 S 9) ist dazu aber das derzeitige Dienstverhältnis der Lehrer kontraproduktiv. Beamtenstatus und Unkündbarkeit tragen nicht zum ständig neu zu belebenden pädagogischen Impuls bei. Lehrer, die mit dem Status des staatstragenden Beamten versehen und der Aura einer fachlichen, sozialen und moralischen Instanz vor dreißig abhängigen Schülern stehen, haben immer Recht.

Tatsächlich soll der Lehrer die Schüler auf ein Berufsleben vorbereiten, von dem er selbst keine Ahnung hat. Insbesondere an der AHS treten Lehrer nach Matura und einer langjährigen universitären Ausbildung direkt in den Staatsdienst ein. Berufliche Erfahrungen haben sie bestenfalls punktuell, im Rahmen von freiwilligen Ferialjobs während der Studentenjahre gesammelt. Der Absolvent eines Lehramtsstudiums war als Schüler und Student immer nur in einer Schule und wird auch als Lehrer immer nur in einer Schule arbeiten. Darum müßte eigentlich die Lebensweisheit: *Nicht für die*

Schule, sondern für das Leben lernen wir, umgewandelt werden auf: *Nicht für die Schule, sondern für den Lehrer lernen wir.*

Die „Berufsblindheit" bei Lehrern dürfte auch dazu beitragen, daß eine Diskrepanz zwischen dem eigenen Rollenbild und dem Bild, wie es von den Schülern erlebt wird, besteht. Laut einer repräsentativen Befragung deutscher Lehrer und Schüler durch das Stuttgarter Institut für Schulentwicklungsforschung (IFS) 1995 befürworten 63 Prozent der Lehrer die gemeinsame Diskussion von Lehrer und Schüler. Die Gruppenarbeit von Schülern sowie die Bearbeitung von selbstgewählten Aufgaben und eigene Untersuchungen durch die Schüler werden ebenfalls von der Mehrheit der Pädagogen begrüßt.

Die Realität sieht nach Einschätzung der Schüler allerdings ganz anders aus. Da dominieren die konventionellen, eher lehrerzentrierten Unterrichtsformen mit viel Frontalunterricht. In der Regel, sagen 66 Prozent der Schüler, redet der Lehrer im Unterricht selbst. Er stellt Fragen, auf die einzelne Schüler antworten müssen. Dabei würden, so Kanders/Rolf/Rösner, die Autoren der Studie, durchaus auch die Schüler selbst gerne aktiver in die Unterrichtsgestaltung eingreifen: drei Viertel aller Schüler würden gerne mehr mit den Lehrern im Unterricht diskutieren und die Hälfte möchte viel in Gruppen arbeiten oder eigene Untersuchungen durchführen. Die Schüler sehen sich also nicht etwa als Konsumenten, sondern als Koproduzenten (Zeitpunkte 2/96 S 34 - 43).

Unklar ist für die Autoren der Studie, warum diese von den Lehrern selbst bevorzugten Unterrichtsformen vergleichsweise selten praktiziert werden. Die Größe der Schulklassen, die Anzahl an Unterrichtsstunden bzw. die eingeschliffenen Verhaltensweisen der Lehrer werden als mögliche Ursachen genannt. Erstaunlich sind die Diskrepanzen zwischen Real- und Idealunterricht auch deshalb, weil über die Hälfte der Befragten angibt, daß nach ihrer Einschätzung Lehrer heute mehr Möglichkeiten haben als früher, den Unterricht nach ihren eigenen Vorstellungen zu gestalten. Nur 18 Prozent bestreiten das.

In Österreich scheint die Situation ähnlich zu sein. Während die in der Profil-Umfrage interviewten Lehrer zu zwei Drittel der Ansicht sind, daß sie auf die Persönlichkeit der einzelnen Schüler eingehen und aktuelle Ereignisse und Probleme auch im Unterricht besprechen, ist nur ein Drittel der Schüler der selben Ansicht. Daß der Unterricht konventionell durchgeführt wird, indem die Lehrer vortragen, während die Schüler mitschreiben, behaupten immerhin zwei Drittel (64%) aller befragten AHS-Schüler. Nur ein Viertel aller Schüler ist der Meinung, daß die Lehrer tatsächlich auf die Persönlichkeit der einzelnen Schüler eingehen und regelmäßig aktuelle Themen besprechen (Profil-Extra 3/94 S 52/71).

1.3.3.2 Das Lehrerbild der befragten AHS-DirektorInnen

Die Überalterung des Lehrkörpers, mangelnde Eigenroutine bei der Vermittlung von Flexibilität, Mangel an pädagogischer Ausbildung und überforderte Lehrer sind die Hauptthemenbereiche. Immerhin ein Viertel der Direktoren kritisiert in diesem Zusammenhang auch den überfrachteten Lehrplan, der den Lehrern die Anpassung an neue Unterrichtsanforderungen erschwert.

Wir haben eine Überalterung des Lehrkörpers. Da nützen dann die schönsten Erlässe nichts, wenn diese Lehrer von ihrer Haltung her unterrichten, was sie zu ihrer Hochschulzeit, also 1950-70 gelernt haben. Die haben sich dann oft nicht auf die neuen Anforderungen umgestellt, und das ist schlecht. Leider geht die Tendenz dahin, daß die jungen, ausgebildeten Lehrer nicht in die Schule hineinkommen, wir dagegen alte Lehrer, die wir gerne aus der Schule herausbekommen würden, nicht rausbekommen. (DirektorIn D)

Die Lehrerausbildung ist ein zusätzliches Problem, speziell die AHS-Lehrerausbildung. Da passiert ja meistens eine fachwissenschaftliche Ausbildung und damit hat es sich. Zum Drüberstreuen noch ein bisserl Pädagogik und Didaktik. Aber daß man sich wirklich gründlich mit den Aufgaben und Zielen auseinandersetzt, was die Schule vermitteln soll - das ist eher die Ausnahme als die Regel. Bei der Lehrerfortbildung sieht es dagegen besser aus. Da bewegt sich schon ein bisserl was. Es ist halt schwer, ältere Kollegen, die dagegen Vorbehalte haben und sich schon seit 20 Jahren auf „gesicherten Terrain befinden", da hinzubringen. (DirektorIn A)

Manche meinen, daß das Auswendiglernen wichtig ist, um den Stoff zu beherrschen. Diese Meinung vertrete ich nicht. Wichtig ist für mich, daß sich die jungen Menschen weiterentwickeln, entfalten können. Es ist leider so, daß manche Lehrer fälschlicherweise glauben, daß sie nur dazu da sind, um Stoff zu vermitteln und abzuprüfen. Was man aus jedem Fach macht, hängt vom Lehrer ab ... man muß den Lehrern die Angst nehmen. Die sind in da in einer Hierarchie, wo sie glauben, wenn sie das verlangte nicht erfüllen sind sie schlecht. Man muß ihnen viel Angst nehmen und ihnen auch den Horizont öffnen, daß die rein kognitiven Inhalte nicht das wichtigste sind. (DirektorIn G)

Die Lehrer fühlen sich von der zusätzlichen Verantwortung, die ihnen von den Eltern aufgebürdet wird, überfordert. Es gibt einzelne Lehrer, die aus Überzeugung versuchen, Defizite klar zu sehen und zu übernehmen. Es gibt aber auch die anderen, die sagen, sie haben eine Tochter mit fünfzehn Jahren und können deren Probleme nicht lösen ... wie soll ich es dann mit einer Klasse zusammenbringen? Diese Lehrer ziehen sich aus eigener familiärer Betroffenheit dann aus dieser Situation zurück. Die Schule ist im Bereich der Konflikte einfach überfordert. (DirektorIn I)

Ein Problem besteht darin, daß wir einfach viel zuwenig Zeit zur Förderung der Persönlichkeit von Schülern haben. Ich habe ja einen gewissen Stoff vorgeschrieben und kann daher bei manchen Sachen, die interessant sind, nicht so lange verweilen, wie ich es mir eigentlich vorstellen würde. Das ist der Zeitdruck, den wir alle haben. Wir haben einen Rahmenlehrplan. Ein gewisser Kernstoff muß einfach durchgenommen werden. Denn was passiert mit einen Schüler, der an eine andere Schule wechselt ohne Kenntnisse des Kernstoffes? Es ist ein Lehrplan in Ausarbeitung. Aber wir fürchten, daß der Kernstoff wieder so groß ist, daß man wieder nicht sehr viel machen kann. (DirektorIn J)

Für einige Lehrer ist es schwerer geworden. Für jene, die sich jahrelang hinter der institutionalisierten Autorität Lehrer versteckt haben. Jetzt sind sie als Persönlichkeit gefordert; sie müssen sich gefallen lassen, daß sie und ihre Inhalte hinterfragt werden. Damit haben sie Probleme. Was ihnen noch großen Kummer macht, ist die zunehmende Irritierung der Kinder durch die Elternhäuser. Das macht den Lehrern wahnsinnig zu schaffen, daß Autorität nicht mehr als etwas Gottgebenenes bzw. von einer Institution legitimiertes ist. (DirektorIn K)

Die Schule könnte viel mehr umsetzen, als sie es derzeit tut, z.B. indem sie ein bißchen von einem Lehrstil weggeht, der heute immer noch im Vordergrund steht: der Erwerb von Faktenwissen. Die Lehrer müßten da meiner Meinung nach gewaltig umdenken. Im traditionellen Schulsystem wird immer noch viel zuviel frontal unterrichtet. Fast so schlimm wie auf der Universität. Im Extremfall wird auch noch über die Köpfe der Schüler unterrichtet. Die Lehrer versuchen aus einer gewissen Tradition heraus den Lehrstoff „durchzubringen". Auch mit einer gewissen Legitimität, weil man sich sagt, wenn der Schüler die Schule wechselt, sollte er eine gewisse Mindestausstattung an Inhalten haben, um in der anderen Schule weiterzukommen. Nur wird das halt sehr häufig übertrieben. (DirektorIn A)

Lehrer sollten mit Schülern gemeinsam verschiedene Projekte durchführen, auf Interessen der Schüler eingehen, versuchen neue Lernformen in neue Lernkultur umzusetzen. Offene Lernformen, soziales Lernen u.ä., Projektunterricht ... Ich glaube, daß sehr viele Aktivitäten in den verschiedenen Schulen laufen. Daß da manchmal der Eindruck entsteht, daß zuwenig geschieht, liegt vielleicht daran, daß der Lehrer oft fünf bis zehn Klassen betreut und nicht in allen Klassen Projekte laufen lassen kann. Wenn das also Hand und Fuß haben soll, wird sicher nur in einigen Klassen etwas gut Vorbereitetes laufen. Ich glaube, daß diese neuen Lernformen, die Lernkultur gar nicht so langsam in den Schulen Eingang findet. Das ist aber natürlich wieder von Lehrer zu Lehrer verschieden. (DirektorIn L)

Die nächste Generation braucht eine Vorbereitung bezüglich Flexibilität. Das, denke ich, ist eine der wesentlichen Fähigkeiten, die wir den jungen Leuten mitgeben müssen. Da haben wir selber aber nicht sehr viel Routine damit. (DirektorIn H)

Wir haben immer noch einen sehr starren Fächerkanon, einen sehr starren Stundenplan. Ein Projekt durchzuführen ist unglaublich schwierig, weil ich dadurch sehr viele Kollegen in ihrem normalen Arbeitsrhythmus mit der Klasse störe. Da wird z.B. ein Projekt in Bildnerischer Erziehung in der 5.Klasse durchgeführt, aber der Anglist und der Lateiner fallen über mich her und beschweren sich darüber, daß sie zuwenig Unterrichts-

zeit mit den Schülern verbringen können. Die Schüler fliegen in Englisch durch oder kriegen in Latein auf die Schularbeit einen Fleck ... die Eltern kommen dann zu mir und sagen: „Das geht nicht, unser Kind hat in Latein einen Fleck bekommen, nur weil ihr da dieses Projekt machts". Die Wertigkeit dieses neuen Unterrichts, wie z.B. Teamarbeit oder Zusammenwirken bei fächerübergreifenden Projekten, ist also bei den Eltern noch nicht voll realisiert. Also hier herrscht derzeit eine große Unruhe unter der Kollegenschaft und den Direktoren. Einerseits haben wir immer noch das starre Schulunterrichtsgesetz und auf der anderen Seite kommt alles ins Gleiten - es wird also alles nicht mehr so ernst genommen. (DirektorIn D)

1.3.3.3 Der Schüler als passives Objekt?

Der Schüler wird in der bisherigen Betrachtung eher als passives Objekt gesehen, das einer entsprechenden Erziehung bedarf. In Ermangelung entsprechender Ausbildungsstrategien durch das Elternhaus wird immer mehr Verantwortung auf die Schule abgeschoben. Die Wirtschaft wiederum fordert von den Schulabsolventen den Nachweis von Schlüsselqualifikationen, um im Berufsleben erfolgreich zu sein. Die Rolle des Schülers als eigenverantwortliches Subjekt bleibt bei der bisherigen Schulkritik eher auf der Strecke.

Mitbestimmung und -gestaltung von Unterricht und Schulleben durch Schüler ist in vielen Schulen zur Bedeutungslosigkeit verkommen. Soziales Lernen bedeutet auch, daß die Schülerrolle aufgewertet werden muß. Für Bönsch (1994, S 74) ist es wichtig, daß die Schüler auch in der Lage sind, Interessen und Bedürfnisse gegen Institutionen und ihre Repräsentanten vertreten und gegebenenfalls auch durchsetzen zu können. Das setzt voraus, daß es in den Schulen Klassen- und Schulvertretungen mit entsprechend ausformulierten Rechten gibt. Weiters hängt der soziale Lernprozeß und die Entwicklung von Eigenverantwortung und Selbständigkeit auch davon ab, wie die Nutzungsrechte von Räumen und Materialien formuliert sind und wie groß der Freiraum der Schüler bei der Mitgestaltung von Lehrveranstaltungen ist.

Diese Gestaltungsfreiräume, die erst die Erziehung zu Verantwortung und Eigeninitiative ermöglichen, sind in den Schulen weitgehend eingeschränkt. Konventionelle Lernmethoden dominieren. Laut Umfrage des IFS (Zeitpunkte 2/96, S 37) haben deutsche Schüler eine schlechte Meinung bezüglich ihrer Mitbestimmungsmöglichkeiten an der Schule. Nur acht Prozent sind der Meinung, daß ihre Lehrer sie mitbestimmen lassen, wie im Unterricht vorgegangen wird. Dagegen sind drei Viertel der Meinung, daß die Lehrer im großen und ganzen die Unterrichtsgestaltung bestimmen.

Auch die Ergebnisse der österreichischen Studie (Profil-Extra 3/94, S 49-52) bestätigen diese Bild. Knapp ein Viertel aller Schüler hat den Eindruck, daß an der Schule nicht nur Bildung, sondern auch Verständnis für andere, Selbstvertrauen und Teamarbeit vermittelt wird. Ähnlich gering wird die Wahrscheinlichkeit eingeschätzt, Vorschläge zum Lehrstoff machen zu können. Gerade ein Drittel der Schüler hat die Möglichkeit, Lehrstoffe selbständig und gemeinsam zu erarbeiten.

Aufgrund der Bildungsexplosion und der daraus resultierenden Entwicklung zur Massenschule sind die Möglichkeiten der Schule gering. Dazu kommt, bedingt durch die Verschärfung der Situation am Arbeitsmarkt, ein zunehmender Leistungsdruck. Die wachsende Bedeutung von Zeugnissen und Dauer der Schul- und Hochschulbildung als Voraussetzung für eine günstige Ausgangsposition bei der Arbeitssuche hat die Konkurrenz unter den einzelnen verstärkt. Die Leistung des Einzelnen wird immer mehr in den Vordergrund gestellt. Teamarbeit, Kreativität und Flexibilität werden kaum gefördert.

Die Verschärfung des Wettbewerbs um Ausbildungsplätze und die prekärer gewordenen Karrierechancen führen für Heitmeyer (1995 S 52) zu einer tendenziellen Entwertung des Ausbildungsabschlusses. Unter den gegenwärtigen Bedingungen müssen Heranwachsende höhere Bildungsinvestitionen tätigen, um den gleichen Status wie ihre Eltern zu erreichen.

Die Schule kann allerdings, so Kühn (1992, S 154), nur jene Spielräume bieten bzw. akzeptieren, die auch in der Gesellschaft vorfindbar sind. Wenn das allerdings so wäre, dann stimmt der von Schönweiss (1994, S 215) aufgezeigte Widerspruch besonders nachdenklich. Er weist auf die Tendenzen zu intellektueller Verkümmerung hin, zur Reduktion geistiger Lebendigkeit, die aus dem mechanistischen und erfolgsorientierten Lernprinzip heraus entstehen. Andererseits wird zur selben Zeit der Ruf immer lauter, die Schüler zu selbständig denkenden Persönlichkeiten zu erziehen, die imstande sind, souverän mit den Anforderungen neuer, komplexer Problemlagen umzugehen. Damit stellt sich die Frage: warum ist die schulische Bildung so, wie sie ist? Ist es womöglich gar nicht im gesellschaftlichen Interesse, die Jugendlichen insgesamt zu entsprechend entwickelten Persönlichkeiten heranzubilden? Gelten die wirtschaftlichen Anforderungen, der Ruf nach Schlüsselqualifikationen womöglich nur einer elitären kleinen Gruppe von gesellschaftlichen Aufsteigern?

1.3.4 Gesundheitliche Belastung durch Schulangst

Die verschärfte Wettbewerbssituation erhöht die gesundheitliche Belastung für die Schüler. Vor allem Ängste können zu einer Häufung psychosomatischer Erkrankungen führen. Diese entstehen zwar nicht erst im Unterricht; der Boden dafür wird schon frühzeitig in der innerfamilialen Sozialisation bereitet. Kinder mit Beziehungsstörungen haben es aber schwerer, mit den Anforderungen der Schule fertig zu werden. Der schulische Leistungsdruck wird von Rahmenbedingungen wie Jahrgangsklassen verschärft. Unterschiedliche Persönlichkeitstypen und Lernniveaus werden nicht berücksichtigt. Psychosomatische Krankheitssymptome bei starkem Schulstreß sind die Folge.

Der Zwang zur Entwicklung einer eigenen individuellen Lebensbiographie führt zur Verunsicherung der betroffenen Jugendlichen. Herausgelöst aus familialen Strukturen, die bisher eine wesentliche Entscheidungshilfe in der Entwicklung einer eigenen Lebensbiographie dargestellt haben, stehen die jungen Erwachsenen vor neuen Herausforderungen. Scheinbar gewonnene Freiheit wird rasch durch institutionelle Zwänge abgelöst.

Die gewonnene Chance zur Wahl bestimmter individueller Lebenslagen verwandelt sich durch wirtschaftliche Anforderungen zum Entscheidungszwang. Die Abhängigkeit von Bildungsinstitutionen, die jene, von der Arbeitswelt gewünschten, Fertigkeiten vermitteln, steigt. In der Öffentlichkeit wird es aber so dargestellt, daß jedes Individuum für die Entwicklung seiner eigenen Lebensbiographie selbst zuständig ist. In der individualisierten Gesellschaft wird jeder für seinen Erfolg, aber auch für sein Scheitern selbst verantwortlich gemacht.

In der Pubertät ist der Jugendliche an sich schon einer Reihe von spezifischen Ängsten ausgesetzt. Die Ursachen dafür sieht Loddenkemper (1979, S 58/59) in der Ablösung aus der Geborgenheit der Kindheit, dem Bemühen um Ich-Findung und Autonomie, sowie der Suche nach der richtigen Geschlechtsrolle. Die Entwicklung der eigenen Persönlichkeit ist von der erlebten familialen Sozialisation abhängig. Viele Eltern sind allerdings durch berufliche Anforderungen überlastet und sind bei der Erziehung ihrer Kinder verunsichert. Das erschwert den Jugendlichen die Entwicklung eines eigenen Wertesystems. Die Suche nach der richtigen Geschlechtsrolle wird durch die Auflösung der traditionellen Rollenbilder nicht gerade einfacher. Dazu kommt die Freisetzung aus familialen Strukturen, die damit als Orientierungsrahmen an Einfluß verlieren. Unter dem Eindruck der steigenden Massenarbeitslosigkeit verstärkt die verlängerte Schulausbildung den Erfolgsdruck und führt zu Versagensängsten. Daß jeder einzelne selbst für Erfolg oder Mißerfolg verantwortlich gemacht wird, führt auch nicht gerade zu einer Verringerung der Ängste.

1.3.4.1 Angst durch innerfamiliale Sozialisationsprobleme

Schulangst entsteht nicht erst im Unterricht; der Boden dafür wird schon frühzeitig in der innerfamilialen Sozialisation bereitet. Eine Reihe von Wissenschaftern weist darauf hin, daß der Grundstein für spätere schulische Probleme schon im Elternhaus gelegt wird. Olechowski (1983, S 20) zitiert aus einer Vielzahl von Untersuchungen, die den elterlichen Erziehungsstil in einen signifikanten Zusammenhang zu höherer Ausprägung von Schulangst setzen. Strenge Eltern, die unerwünschte Verhaltensweisen bestrafen, erhöhen Schul- und Versagensängste. Familiäre Unterstützung sowie Offenheit und Differenziertheit der Kommunikation zwischen Eltern und Kind scheinen dagegen mit geringerer Schulangst einherzugehen.

Hinter den jeweiligen Erziehungsstilen stecken Väter und Mütter. Erwachsene, die selbst versuchen, mit ihren eigenen Ängsten fertigzuwerden. In der Regel werden Ängste, vor allem nach Außen hin, verdrängt, da eine Angstäußerung nicht dem Idealtyp eines erfolgreichen Menschen entspricht. Überängstliche Eltern hemmen für Innerhofer (1988, S 367) die Entwicklung des kindlichen Selbstvertrauens. Ohne Selbstvertrauen reagiert schließlich das Kind auf alles Fremde und Unbekannte mit Angst. Eltern, die ständig Kritik an den Verhaltensweisen ihres Kindes üben, können ein unsicheres und ängstliches Auftreten noch fördern. Die soziale Isolation des Kindes wird dadurch verstärkt.

Für Loddenkemper/Schier (1979, S 60/61) hat der Erwachsene von klein auf gelernt, Angst zu verdrängen, die Angstäußerungen den erlaubten Mustern seiner Gesellschaft und Kultur anzupassen. Die Ängste des Erziehers, die im Unterbewußtsein stets vorhanden sind, wirken sich direkt auf die Befindlichkeit des Kindes aus. Das Kind erfährt nicht nur eine Summe von äußerlichen Maßnahmen, Regeln und Verboten, sondern wird auch von elterlichen Ängsten und Konflikten beeinflußt.

Je mehr Eltern unter dem Druck eigener ungelöster Konflikte leiden, um so eher pflegen sie - wenn auch unbewußt - danach zu streben, dem Kind eine Rolle vorzuschreiben, die vorzugsweise ihrer eigenen Konfliktentlastung dient. Die Rolle des Kindes kann darin bestehen, Ersatz für eine Elternfigur, für einen Gatten oder eine Geschwisterfigur, als Abbild des elterlichen Selbst oder als Ersatz des idealen oder negativen Aspektes des elterlichen Selbst zu dienen. Für das Kind bedeutet es eine emotionale Belastung, in eine inadäquate Rolle gedrängt zu sein, die schlimmstenfalls zur Bildung von Neurosen beim Kind führt. (Loddenkemper /Schier 1979, S 61)

Das Kind wird in die Rolle eines „idealen Selbst" gedrängt; es soll so sein wie der Elternteil selbst gerne geworden wäre. Das Kind soll mehr leisten, als die Eltern selbst geschafft haben. Damit wollen sie sich für das eigene Scheitern entschädigen und die eigenen Schuldgefühle in den Griff bekommen. Allzu ehrgeizige Eltern sind für Innerhofer (1988, S 367) eine der Ursachen für das mangelnde Selbstvertrauen der Kinder. Das Kind wird auf diese Weise oft überfordert und in Leistungs- bzw. Minderwertigkeitsängste verwickelt. Der Einfluß der elterlichen unbewußten Aggressionen und Ängste ist bedeutend für die Angstentwicklung des Kindes. Die Eltern geben sich nach außen hin selbstbewußt und mutig, auch wenn sie unter unbewußten Ängsten leiden. Die Kinder ahmen wohl die mutigen Gebärden nach, die Persönlichkeit des Kindes bildet sich jedoch nach dem Unterbewußtsein der Eltern.

Weiters beeinflußt auch der soziale Status der Eltern das Angstverhalten der Kinder. Eine wichtige Rolle fällt dabei laut Spandl (1979, S 63) der Schulbildung und beruflichen Position des Vaters zu. Kinder, deren Väter eine akademische Bildung vorweisen, bewältigen die Schule angstfreier als die von Geschäftsleuten, Angestellten oder Arbeitern. Das wird nicht zuletzt auch auf den Einfluß schichtspezifischer Erziehung zurückgeführt. Kinder, die der Mittelschicht entstammen, werden von ihren Eltern früher zu selbständiger Arbeit ermutigt, haben öfter Gelegenheit, mit Erwachsenen zu sprechen, und werden von diesen weit mehr gefördert als Unterschichtkinder. Die Zugehörigkeit zu einer unteren Einkommensschicht, zu einer Minderheit wie z.B. Ausländer als auch die Wohngegend beschreibt Spandl als weitere Faktoren, die negativ auf das Angstverhalten einwirken.

Die für Spandl offensichtlichen Vorteile für Kinder aus Oberschicht-Verhältnissen werden von Knott (1994, S 22) und Loddenkemper/Schier (s.o.) widerlegt. Für sie steigt mit der Höhe der Schicht die Erwartungshaltung im Hinblick auf die Leistungsfähigkeit der Kinder. Das Kind soll mehr leisten, als die Eltern selbst geschafft haben. Dadurch erhöhen sich der Erfolgsdruck, aber auch die Versagensängste der Kinder. Elterliches Erziehungsverhalten wirkt sich nachhaltig auf die Persönlichkeitsentwicklung des Kindes aus, bevor es noch die Schule aufsucht. Viele der dort auftretenden Ängste, die in diesem Rahmen erstmals „öffentlich" werden, haben ihren Ursprung in innerfamilialen Sozialisationsproblemen.

1.3.4.2 Streßfaktor Schule: Angst wird öffentlich

Die Sozialisation in der Familie entscheidet im allgemeinen über die Beziehungsfähigkeit eines Kindes. Ist dieser familiale Prozeß gestört, so ist es für das Kind schwieriger, mit den intellektuellen und sozialen Anforderungen der Schule zurechtzukommen. Obwohl sich die Schule als Schonraum zur Entfaltung der Persönlichkeit versteht, wie von vielen AHS-DirektorInnen betont wird, entwickelt sie sich in der Realität immer mehr zur Leistungsschule. Anforderungen wie die Befähigung zur Eigenverantwortung und Selbständigkeit wurden früher eher außerschulisch, in der Familie vermittelt. Durch die verlängerten Besuchszeiten und die gleichzeitige inhaltliche Erweiterung der Aufgaben wird der Schule als Erziehungsinstitution eine weitaus höhere Bedeutung zugemessen.

Damit gewinnt aber auch die Leistungsbeurteilung an Bedeutung. Die zunehmende Verantwortung des Individuums bei der Gestaltung seiner eigenen Lebensbiographie wird auch am schulischen Erfolg gemessen. Für Schröder (1995, S 86) strukturiert Schule für Jugendliche mögliche berufliche Handlungsfelder und Berufsidentitäten vor. Durch steigende Qualifikationsanforderungen infolge der rasanten technischen Entwicklung einerseits (z.B. Computertechnologie) und der damit zusammenhängenden Verknappung der Arbeit durch Rationalisierung andererseits wird der Leistungsdruck bis in die Schule übertragen.

Da die schulischen Leistungen in unserer Gesellschaft in einem hohen Maß über den späteren sozialen Status entscheiden, verwundert es Loddenkemper/Schier (1979, S 10, 62/63) kaum, daß vor allem die Prüfungssituation den Schülern am meisten Angst macht. Für sie steht aber die Prüfungsangstsituation im Zusammenhang mit bestimmten Elterneinflüssen.

Das Kind erlebt unbewußt im Lehrer die Abhängigkeit von den Eltern wieder, und damit im Zusammenhang kann es Angst und unterdrückte Aggressionen empfinden. Elterliche Sanktionsdrohungen bei negativen schulischen Leistungen wecken beim Kind feindseliges Verhalten. Da aggressives Verhalten gegenüber den Eltern bestraft wird, entwickelt das Kind statt dessen Schuldgefühle und richtet die Aggressionen gegen sich selbst. Damit tritt eine Verminderung des Selbstwertgefühls ein. Das Kind wird ängstlicher und zweifelt zunehmend an seinen Fähigkeiten. Die Angst vor Noten oder Zeugnissen in der Schule ist vor allem bei jenen Schülern stark ausgeprägt, die damit eng eine Wertschätzung oder Zuneigung durch die Eltern verknüpfen.

Vermindertes Selbstwertgefühl durch mangelnde positive Rückmeldungen aus dem Elternhaus und Leistungsangst bedingen zumeist einander. Die stark zunehmende Leistungsorientierung an den Schulen erschwert Schülern mit geringem Selbstbewußtsein die Bewältigung der an sie gestellten Leistungsanforderungen. Dazu kommen für Spandl (1979, S 18 ff.) schulische Lebensbedingungen, die eine Vermeidungs- oder Fluchtreaktion für betroffene Schüler erheblich einschränken. Sie müssen sich den Anforderungen stellen und können sich diesen höchstens vorübergehend, z.B. durch Krankheit, entziehen. Der leistungsängstliche Schüler glaubt, die Forderungen, die er an sich gestellt sieht, nicht erfüllen zu können. Er neigt in allen leistungsthematisierten Situationen dazu, mit Angst vor Mißerfolg zu reagieren und die Ursachen des Mißerfolgs nicht auf äußere Fakten zurückzuführen, sondern auf seine eigene Unzulänglichkeit.

Der Leistungsdruck für ängstliche Schüler wird noch durch spezifische schulische Rahmenbedingungen verschärft. Die Gliederung der Schule in Jahrgangsklassen führt dazu, daß die Anforderungen der Lehrer sich jeweils an die gesamte Klasse richten. Innerhalb einer Klasse gibt es allerdings unterschiedliche Lernniveaus; Schüler mit höherem oder geringerem Lerntempo. Die Orientierung des Lehrers am Durchschnitt führt dazu, daß leistungsschwächere Schüler durch Überforderung leichter Versagensängste entwickeln. So kann auch das Lehrerverhalten zur Angstauslösung führen.

Die Verhaltensäußerungen des Lehrers beeinflussen laut Spandl (1979, S 66) weitgehend das individuelle Lernverhalten und Erleben des Schülers. Klassenklima, Lernbereitschaft und Lernerfolg werden dadurch geprägt. Vor allem stark autoritäres Lehrerverhalten führt zu einem gespannten, mißtrauischen Verhältnis mit den Schülern. Die Lernmotivation liegt allein in der Angst der Schüler vor Bedrohungen und Strafen. Lehrer, die ihre Schüler durch dominanten Führungsstil gängeln und Druck durch vorgegebenes Lerntempo und ungemäße Arbeitsweisen ausüben, erzeugen Angst. Die Lernspontanität wird dadurch gehemmt und Versagensängste gefördert.

Ulich (1983, S 40) weist darauf hin, daß neben Leistungs- und Prüfungssituationen auch alltägliche Beziehungskonflikte zwischen Lehrern und Schülern, sowie innerhalb der Klasse angstauslösend sein können. Schließlich betont er den engen Zusammenhang zwischen Schulversagen und Schulangst. Durch die Individualisierung der Gesellschaft und der damit verbundenen höheren Selbstverantwortung für die eigene Lebensbiographie, schreiben Schüler die Gründe des Versagens vorwiegend sich selbst zu. Sie fühlen sich für die Leistungsergebnisse alleine verantwortlich und werden in dieser Hinsicht noch von Eltern und Lehrer bestärkt. Dadurch wird das subjektiv empfundene Krisengefühl, ausgelöst durch Versagenserlebnisse, noch verschlimmert.

Streß entsteht aber nicht nur durch den Schulalltag und die Prüfungsbedingungen an sich, sondern schon durch den für die meisten Schüler notwendigerweise voll durchorganisierten Tagesablauf, der kaum noch eine freie Stunde für Selbstentfaltung bereit hält. Eine Studie des Profil/IMAS (Profil-Extra 3/94) hält alarmierende Ergebnisse bereit: Schon in der Unterstufe der AHS sind die 10 bis 14jährigen durchschnittlich mit einer 50-Stunden Woche konfrontiert. Darin sind 34 Stunden Unterricht, fast zehn Stunden Arbeitszeit zu Hause, sowie die Zeit für den Schulweg enthalten. Für die Oberstufe der AHS verlängert sich diese Zeit nochmals um fünf Stunden auf eine 55-Stunden Woche, vor allem bedingt durch den zusätzlichen Lernaufwand.

Da bleibt nur noch wenig Zeit, souverän über eigene Bedürfnisse oder Interessen zu bestimmen. Dazu werden noch oft die verbliebenen Zeiträume mit Tätigkeiten verplant, die für die fürsorglichen Eltern wichtig erscheinen, um die verborgenen Talente und Fähigkeiten der Kinder, die in der Schule zu kurz kommen, zusätzlich zu fördern. So werden noch wöchentlicher Musikunterricht, Reitstunden, Schachkurse, Tanznachmittage u.ä. eingeplant. Zumindest in Mittelschichtfamilien gilt die kindliche Talentförderung mittlerweile als Muß. Für leistungsschwächere Schüler gibt es natürlich entsprechenden Nachhilfeunterricht, der in dem ohnehin schon vollgepreßten Tagesablaufplan noch zusätzlich Platz finden muß.

1.3.4.3 Die Schule als geschlossene Anstalt ohne Bewegungsspielraum

Streß- und Spannungsabbau wird ebenso verunmöglicht, wenn die Bewegungsmöglichkeiten von Kindern und Jugendlichen eingeschränkt werden. Die meisten Schulen haben ausgedehnte Gänge, die (aufgrund finanzieller Sparmaßnahmen?) schlecht beleuchtet sind. Das ist um so bedauerlicher, als sich die Schüler nur in wenigen Ausnahmefällen zumindest in den großen Pausen in Schulhöfen aufhalten „dürfen". Diese sind, vor allem im innerstädtischen Bereich, vorwiegend Betonbunker. Dieser mangelnde Freigang wird vorwiegend mit organisatorischen Problemen begründet. Vor allem in der kälteren Jahreszeit müßte dafür gesorgt werden, daß die Kinder richtig bekleidet sind, daß Garderobenräume zur Verfügung stehen, daß eine Aufsichtsperson vorhanden ist, etc. In einer der wenigen Schulen mit Grünanlage wird auch die Arbeitsüberlastung beklagt. Früher hätte es einen eigenen Gärtner gegeben, jetzt müsse der Portier die Pflege der Grünanlage mitbetreuen. Die Schulautonomie hat die Schule zu dieser Sparmaßnahme gezwungen.

Der mangelnde Freigang ist ein zusätzlicher Nachteil, als nach meiner eigenen Erfahrung gerade die Kinder der ersten Klassen in der AHS noch einen ausgeprägten Bewegungsdrang haben. So sind sie gezwungen, ihre körperlichen Betätigungen in den kurzen Pausen, in schlecht beleuchteten großen Gängen „auszuleben". Dazu sind sie aber auch kaum in der Lage, da aufgrund des vielfältigen Stundenplans immer wieder Klassenzimmer gewechselt werden müssen. Das bedeutet: Schulsachen einpacken, die Klasse verlassen, vor einem anderen Klassenzimmer warten, bis der Lehrer kommt bzw. bis die andere Klasse es verlassen hat, usw. Im Rahmen der Feldforschung bin ich auch der Frage nachgegangen, wie sich diese mangelhaften Bewegungsspielräume und das stundenlange Sitzen in Klassenzimmern mit schlechter Luft und mangelhaften Sesseln und Tischen auf die körperliche Befindlichkeit der Schüler auswirkt.

Im Zuge dessen konnte ich auch vielfältige Eindrücke über die unterschiedlichsten Schulgebäude sammeln. Eines haben alle gemeinsam: sie sind geschlossene Anstalten. Schulfremde Personen dürfen die Gebäude nicht betreten, Eltern oder außerschulischen Bezugspersonen ist nach Anmeldung nur der Aufenthalt im Bereich der Direktion bzw. der Lehrerzimmer gestattet. Dieser Bereich befindet sich in der Regel im ersten Stock des Schulgebäudes. Es sind also einmal eine Reihe von Stufen zu überwinden, bevor man zum „offiziellen Aufenthaltsbereich" gelangt.

Auffallend weiters, daß noch in vielen Schulen an prominenter Stelle des Schulaufganges steinerne Soldatendenkmäler dominieren, die mich eher an faschistische Kriegerdenkmäler erinnern als an Mahnmale der grausamen Auswirkungen des Krieges. Zudem auch in der Regel eine erklärende Erläuterung, neben dem Denkmal angebracht, fehlt.

Hentig (1993, S 238/239) kritisiert ebenfalls die Gebäudestruktur der Schulen. In diesen Bienenwaben mit den genormten, geschlossenen Räumen läßt sich seiner Meinung nach nicht leben. Auch in der Innenstadt sollte ein Schulgarten, statt ein gepflasterter Schulhof, möglich sein. Die Flure sind in den Schulen zu 90% toter Raum, der durch Ausstellungsvitrinen, Bibliothek, Kaffeemaschine, Videogerät etc. zu einem Stück Lebenskultur verwandelt werden könnte. Die Sicherungsvorschriften der Feuerwehr könnten durch gemeinsame Absprachen reduziert werden.

1.3.4.4 Auswirkungen der Belastungen

Die Belastungen des Schulalltags hinterlassen körperliche und seelische Spuren bei Kindern und Jugendlichen. Laut Profil/Imas (1994, S 56/57) benötigen bereits neun Prozent der Taferlklaßler eine Brille, in der achten Schulstufe steigt dieser Anteil auf 19, in der zwölften Schulstufe auf 39 Prozent der Schüler. In der ersten Klasse Volksschule registrieren die Schulärzte noch bei fünf Prozent Wirbelsäulenschäden aufgrund falscher Haltung. Bei den

Zehnjährigen sind schon 20 Prozent gekrümmter, als es die Mediziner gerne sehen. Einer von vier Maturanten verläßt schließlich die Schule mit schweren Haltungsschäden.

Innerhofer (1988, S 354) geht bei der Definition sozialer Ängste mehr ins Detail. Für ihn hängt Angst im physischen Bereich unmittelbar mit dem Ausmaß der Aktivierung des sympathischen Nervensystems zusammen. Beim Auftauchen eines Gefahrensignals reagiert der Körper mit einer erhöhten Adrenalinausschüttung, welche sich unmittelbar auf die organischen Funktionssysteme auswirkt. Zu den vegetativen Veränderungen zählt Innerhofer die Erhöhung der Gehirnaktivität, der Herzschlagfrequenz, der Atemfrequenz und des Blutdrucks. Diese vegetativen Veränderungen werden weiters häufig von motorischen Störungen wie der Verkrampfung der Muskulatur, Zittern oder von Koordinationsstörungen begleitet. Zugleich lassen sich beim Kind subjektive Begleiterscheinungen wie erhöhtes Herzklopfen, Frösteln, feuchte Hände, bis hin zu Magenschmerzen, Schwindelgefühl, Hitzegefühl, Übelkeit und Durchfall erkennen.

Angst im psychischen Bereich kann das Verhalten von Kindern und Jugendlichen entscheidend beeinflussen. Verhaltensstörungen wie Aggressionen durch innere Spannung und Zwanghaftigkeit zum „Klassenkaspar", um Aufmerksamkeit zu gewinnen, können die Entwicklung sozialer Fähigkeiten behindern. Nicht selten erscheint Angst für Innerhofer auch in der Form von Schüchternheit und Hemmung. Merkmale dafür sind mangelnder Sozialkontakt, unsicheres Umherschauen, verlegenes Lächeln, Zappelbewegungen, oder Festhalten an Sicherheitssignalen (Trennangst).

Für Spandl (1979, S 49/50) tendiert der ängstliche Schüler zu der Annahme, daß seine Mitschüler ein negatives Bild von ihm haben. Sein geringes Selbstwertgefühl kann ihn daran hindern, von sich aus ein positives Verhalten gegenüber seinen Mitschülern zu zeigen. Angst wirkt sich aber auch auf die Leistungsmotivation aus. Aus Furcht vor dem Mißerfolg meidet der Ängstliche alle Situationen, die zu entsprechend negativen Ergebnissen führen können. Er ist nicht motiviert, Leistungen zu erbringen, sondern bemüht sich, allen Leistungsanforderungen aus dem Weg zu gehen. Die ausgeprägte Vorsichtshaltung Ängstlicher führt weiters dazu, daß Spontanität und Kreativität gehemmt werden. Die Vermeidungshaltung des ängstlichen Schülers läßt es nicht zu, daß er es bei speziellen Aufgaben mit einer originellen Lösungsidee riskiert, um nicht den Spott des Lehrers oder der Mitschüler auf sich zu ziehen.

1.3.5 Allgemeinbildende höhere Schule versus Arbeitswelt

Die bisherige Analyse über die Anpassungsprobleme der Schule an die gesellschaftliche Realität läßt nichts Gutes erwarten, wenn es um eine möglichst praxisnahe Vorbereitung auf die Arbeitswelt geht. Auch heute noch sind viele Direktoren der Ansicht, daß die AHS vor allem auf die Hochschulreife vorbereitet. Damit werden andere Beschäftigungs- bzw. Weiterbildungsoptionen erst gar nicht in Betracht gezogen, wiewohl die Jugendlichen daran sicher interessiert wären. Ein informationsreicher, aber handlungsarmer Unterricht steht im Vordergrund. Trotz aller Schwierigkeiten gibt es immer wieder Versuche von Schuldirektoren, die Wirtschaft zur Zusammenarbeit mit der Schule zu bewegen.

Husèn (1980, S 109) bezeichnet die Sieb- und Sortierfunktion der Schule als Haupthindernis für eine praktische Umsetzung der schönen Worte vom Sozialen Lernen und gemeinsamen Arbeiten. Diese Funktion, die der Schule im wachsenden Maße aufgenötigt werde, verzerre auch Versuche, die Schüler durch eine Kombination von Unterricht und Sammeln von Arbeitswelterfahrungen entsprechend auf den Arbeitsmarkt vorzubereiten.

Die allgemeinbildende höhere Schule steht heute vor dem Dilemma, daß sie die Schüler vorwiegend für den Besuch von Universitäten qualifiziert. Das Problem daran ist, daß diese Bildungsform zu einer Masseneinrichtung geworden ist. Vor allem in der Bundeshauptstadt Wien ist im Vergleich zu ganz Österreich die Übertrittsquote von der vierten Volksschule in die AHS deutlich höher und im Zunehmen begriffen. Die Hauptschule wurde, vor allem in den Ballungszentren, zur Restschule degradiert (Huber 1993, S 99). Während österreichweit die Zahl der Übertritte auf ein Drittel angewachsen ist, beträgt dieser Anteil in Wien bereits knappe sechzig Prozent.

Sechzig Prozent aller Wiener Schüler werden auf eine Bildungsinstitution geschickt, deren Bildungsziel das Erreichen der Hochschulreife ist. Selbst wenn nach der vierten Klasse der AHS zahlreiche Schüler noch in andere Schulformen wechseln, bleibt doch der Anteil an Maturanten unverhältnismäßig hoch. Viele Absolventen versuchen sich dann, in Ermangelung besserer Jobaussichten, an den Universitäten. Die Hälfte davon scheitert und hat schlechte Aussichten, am Arbeitsmarkt in einer adäquaten Position unterzukommen. Aber auch bei den Akademikern steigt die Zahl der Arbeitslosen rapide an. Wie kam es zu diesem Mißverhältnis zwischen der zunehmenden Zahl an Höhergebildeten und deren mangelnder Integrationsfähigkeit auf dem Arbeitsmarkt?

1.3.5.1 Vier Illusionen zur Bildungsförderung (Brezinka)

Brezinka (1986, S 146 ff.) kritisiert, wie schon o.a. die frühere mangelnde Differenzierung zwischen höherer Berufsbildung und höherer Allgemeinbildung. Statt dessen wurde die Matura mit ihrer Qualifikation zur Hochschulreife als Leitideal betrachtet. Das hing mit der Annahme zusammen, es komme in der Arbeitswelt der Zukunft vor allem auf möglichst vielseitiges Wissen, formale Denkfähigkeit und intellektuelle Beweglichkeit an, also auf Eigenschaften, die besonders die allgemeinbildenden höheren Schulen zu vermitteln versprachen.

Trotz großer Irrtümer bei der Vorausschätzung des Bedarfs an Absolventen von Gymnasien und Hochschulen war bei jenen Personen, die aus wirtschaftlichen Gründen für die Expansion des höheren Schulwesens eingetreten sind, eines unbestritten: das Schulwesen sollte sich am voraussichtlichen Bedarf der beruflichen Arbeitswelt orientieren. Man hatte die Interessen der Gesellschaft vor Augen und wollte deren Bildungssystem besser auf das Beschäftigungssystem abstimmen.

1.3.5.1.1 *Illusion 1: Gleichheit und Bildung als Bürgerrecht*

Moralische Gründe, wie der Ruf nach *Gleichheit* und *Bildung als Bürgerrecht*, hätten dazu geführt, daß es heute mehr Bewerber denn je für eine gleichbleibend geringe Anzahl an höher qualifizierten Positionen gebe. Die Ausleseverfahren werden immer härter, der Konkurrenzkampf nimmt zu. Mehr Chancengleichheit bedeutet mehr und härtere Konkurrenz um (wenige) gute Jobs.

Das japanische Bildungswesen ist dafür ein Beispiel. Bis zum neunten Schuljahr ist der Unterricht für alle Schüler fast einheitlich, aber dann folgen drei Jahre härtester Lernbelastung und Konkurrenz als Vorbereitung auf die Hochschulzulassung: eine furchtbare „Prüfungshölle", in der viele psychisch gebrochen werden oder mit Selbstmord enden. Dabei geschieht die Auslese objektiv und fair. Aber der Preis der Leistungsgesellschaft wird im Bildungssystem zwangsläufig immer höher, je weiter die Expansion des höheren Schulwesens geht. (Brezinka 1986, S 151)

In Österreich ist das Ausleseverfahren während der acht Jahre AHS noch nicht so streng. Vieles spitzt sich hier auf die Absolvierung der Matura zu, bei der der Schüler innerhalb weniger Tage durch vielfältige Leistungsnachweise auf mehreren Gebieten seine Qualifikation zur Hochschulreife unter Beweis stellt. Der Zugang zur Universität ist danach aber „offen". Jeder

Maturant kann die Universität ohne zusätzliche Aufnahmsprüfung besuchen. Heimliche Ausleseverfahren bestehen hier allerdings darin, daß gerade bei den Einführungsfächern in den verschiedenen Studienrichtungen eine hohe Durchfallsquote selbstverständlich ist.

1.3.5.1.2 Illusion 2: Der erhöhte Akademikerbedarf

Die Propaganda für ein sogenanntes „Bürgerrecht nach Bildung" habe, so Brezinka die Illusion begünstigt, daß dieses Recht zum Besuch der höheren Bildungsanstalten für deren Absolventen auch ein Recht auf Arbeitsplätze mit sich bringt. In Österreich ist die Zahl der Studenten von 55.000 im Jahr 1970/71 auf über 220.000 im Jahr 1993/94 angestiegen, sie hat sich also vervierfacht. Die Zahl der Absolventen hat sich in dem selben Zeitraum von 6.000 auf 13.500 aber nur verdoppelt (Östat 1995, S 28/68).

Trotz der Vielzahl an Studienabbrechern steigt die Akademikerarbeitslosigkeit rapide an. Für Brezinka (1986, S 148) wuchert aber dieser Krisenherd an der Spitze nach unten weiter. Das liege daran, daß die überschüssigen Akademiker mit weniger hochrangigen Arbeitsplätzen vorliebnehmen müssen und dadurch andere geeignete, aber niedriger qualifizierte Bewerber verdrängen. Diese Verhältnisse tragen dazu bei, daß die Menge der Unzufriedenen in der Gesellschaft zunehme.

1.3.5.1.3 Illusion 3: Finanzierungsmöglichkeit der Bildungsexpansion

Die Illusion von Chancengleichheit und erhöhtem Akademikerbedarf sind zwei der vier Kritikpunkte von Brezinka (1986 S 147 ff.), die bei der Expansion des allgemeinbildenden höheren Schulwesens übersehen wurden. Als weitere Illusion bezeichnet er die Vorstellung über die Finanzierungsmöglichkeit dieser Expansionspolitik. Es wurde zu Beginn der Siebziger Jahre eine gesellschaftliche Bildungspolitik entwickelt, die auf einem „status quo" des damalig vorherrschenden Wohlstandes in den Industrieländern basierte.

Rohstoffverknappung, Erhöhung der Personalkosten durch Steigerung der Sozialversicherungsbeiträge sowie eine zunehmende Rationalisierung in den Betrieben veränderten jedoch die Situation bald dramatisch. Es kam zu einer strukturbedingten Dauerarbeitslosigkeit, die die öffentlichen Haushalte stark belastete. Die hohen Ausgaben für Bildung und Wissenschaft mußten wieder zurückgenommen werden. Nicht zuletzt die massiven Kürzungen bei den öffentlichen Ausgaben, die aus dem Sparpaket der österreichischen

Bundesregierung 1996 resultierten, führten zu Einschränkungen des universitären Lehrbetriebs und zu massiven Protesten der Universitäten und Hochschulen.

1.3.5.1.4 Illusion 4: Die Belastbarkeit der Schüler

Als vierte Illusion bezeichnet Brezinka (1986, S 152 ff.) die Vorstellungen über Belastbarkeitsgrenzen bei Schülern. Das Bildungsziel der AHS von hochschulreifen Schulabsolventen führte zu einer Verwissenschaftlichung und Akademisierung des schulischen Alltags. Damit gehe, so Brezinka, eine gesteigerte Entfremdung großer Schülermassen vom außerschulischen Leben, von der Arbeitswelt einher.

Die Verschulung bewirkt, daß unsere Jugendlichen entgegen ihrem natürlichen Drang zur Selbständigkeit und zu einem tätigen Leben in Ernstsituationen künstlich in einem Zustand der Abhängigkeit und der Armut an Möglichkeiten zur praktischen Bewährung festgehalten werden. Das führt zu einer gefährlichen Absonderung der ganzen Altersgruppe von den Erwachsenen und den Realitäten des Lebens. (Brezinka 1986, S 153)

Eine AHS-Studie untersuchte anhand von Zeitprotokollen, wieviele Stunden 200 Schüler von neun verschiedenen Gymnasien in der 10. Schulstufe für Hausübungen aufwenden. Mehr als 14 Stunden sitzen die Wiener Gymnasiasten in einer Woche, Mädchen noch länger als Burschen, bei ihren Hausaufgaben oder der Vorbereitung von Schularbeiten und Prüfungen. Die meiste Zeit wurde dabei auswendig gelernt, nur ein geringer Bruchteil für aktive Lerntätigkeiten verwendet. Christine Spiel, die Autorin der Studie, kritisiert die Herangehensweise der Lehrer an den Unterrichtsstoff. Statt Übungsphasen einzulegen, wird bisweilen Stoff, Stoff und noch einmal Stoff durchgezogen. (KURIER, 16.11.96, S 23)

Damit beschäftigen sich die Schüler oft mehr als 50 Stunden in der Woche mit der Schule. Es ist anzunehmen, daß in den siebenten und achten Klassen, insbesondere bei der Maturavorbereitung, noch erheblich mehr Zeit investiert wird. Einerseits werden die AHS-Schüler mehr belastet, als man jedem Arbeitnehmer zumuten würde, andererseits hat der Unterrichtsstil wenig mit dem Erwerb jener Fähigkeiten zu tun, die von der Wirtschaft aber auch von den Zielvorstellungen der Schule selbst gefordert werden.

1.3.5.2 Die informationsreiche, handlungsarme Schule

Die Auswirkungen der längeren Schulzeit auf die sozialen Kontakte der Schüler wurde schon beschrieben. Für Husén (1980, S 78) geht mit dieser Erweiterung der Schülerrolle aber auch die Abschirmung der Schüler von Erwachsenenverantwortlichkeiten einher. Die Trennung der Jugendlichen von Erwachsenen führt auch zu einer Trennung von deren Arbeitswelt. In der Schule können zwar kognitive Kompetenzen vermittelt werden, zum Erwerb von sozialen Fähigkeiten kann in dieser Institution aus seiner Sicht allerdings nur ein beschränkter Beitrag geleistet werden.

Dazu kommt, daß die Lehrer, wie schon erwähnt, besonders an den AHS kaum eigene Berufserfahrung haben. Zumeist haben sie nach Matura und Lehramtsstudium gleich mit dem Unterricht an der Schule begonnen. Ein positives Beispiel, wie diese Trennung etwas gemindert werden könnte, ist der von einem Direktor vorgeschlagene „Lehrerkindertag". Lehrerkinder erleben dabei den Berufsalltag von ihren Eltern. Wenn dieses Beispiel Schule machen würde und die Kinder den betrieblichen Arbeitsplatz von Vater und/oder Mutter kennenlernen könnten, wäre ein Schritt getan, um einen Bezug zur Arbeitswelt herzustellen. Die Wirklichkeit sieht anders aus. Tochter und Sohn werden, wenn überhaupt, nur einmal in den Betrieb mitgenommen: Wenn sie als süße, kleine Babys präsentabel sind und von den stolzen Eltern herumgereicht werden. Fast hat man den Eindruck, daß sich Eltern und Schule ängstlich bemühen, Kinder und Jugendliche möglichst lange von beruflichen Erfahrungen fern zu halten.

Husén zitiert Coleman (1980, S 82), der in den USA Anfang der siebziger Jahre den Ausschuß für Jugendfragen leitete. In einer Studie sollte der Ausschuß erforschen, welche Art Lernumwelten in unserer Gesellschaft die besten Möglichkeiten bieten, reif, das heißt erwachsen zu werden. Coleman kam zu dem Ergebnis, daß Jugendliche, die in der modernen Gesellschaft zu 80-95 Prozent der Fälle in anderen als den elterlichen Berufen landen, einer langen und spezialisierten Vorbereitungszeit bedürfen, um ihre Erwachsenenfunktion befriedigend ausfüllen zu können. Die Schule, der diese Aufgabe großteils anvertraut wurde, sei zwar zu bestimmten Ausbildungszwecken geeignet, andererseits sei aber konkretes Handeln nur in geringem Maße möglich. Coleman prägte das Schlagwort von der „informationsreichen aber handlungsarmen" Schule.

Dem Erwerb sozialer Fähigkeiten ist zumeist noch durch den Frontalunterricht eine natürliche Grenze gesetzt. Die Schüler haben nur wenig Gelegenheit zum gemeinsamen Handeln, sei es nun durch Gruppenarbeit oder durch projektübergreifenden Unterricht. Der Auslesemechanismus der

Schule für das Beschäftigungssystem führt zu einer Verstärkung des Individualismus, der Vereinzelung des Schülers.

Vorrang sollte im Unterricht nicht das Auswendiglernen von Inhalten, sondern die Entwicklung der Fähigkeit zum selbständigen Lernen haben. Vorrang haben dabei für Husén (1980, S 102/103) die Fähigkeiten im kommunikativen Bereich. Entscheidungsfähigkeit in komplexen Situationen und die Fähigkeit zum Umgang mit bürokratischen Organisationen verlangen nicht nur ein Orientierungswissen über die Gesellschaft, etwa bezüglich potentieller Informationsquellen und des Zugangs zu ihnen. Es wird vielmehr auch die Fähigkeit verlangt, in der erforderlichen Art mit sprachlichem und begrifflichem Werkzeug umzugehen. Die Schule müßte daher, so Husén, ihren Schülern das Bewußtsein vermitteln, daß das Schul- und Hochschulwissen nicht ausreichen wird, um das ganze Berufsleben damit zu bestreiten. Lernen sollte als lebenslanger Prozeß begriffen werden.

Die Lust aufs Lernen wird den Schülern aber im Verlaufe ihrer Schulzeit zunehmend ausgetrieben. Statt Appetit auf Weiterbildung entwickelt ein beträchtlicher Teil der Jugendlichen eine gründliche Abneigung gegen die Schule. Aufgrund von amerikanischen Studien weist Brezinka (1986, S 153) darauf hin, daß Schulverdrossenheit, Lernunlust, Disziplinverfall und Aggressivität bis zum Vandalismus unter den Schülern gewaltig zugenommen haben. Je höher die Schulstufe, desto negativer sei die Einstellung zur Schule.

Hensel (1993, S 196 - 210) führt die negative Einstellung der Schüler auf die unwirksame Schule zurück. Die Unzufriedenheit der Schüler steht in einer Wechselwirkung zur Erfolglosigkeit der Schule. Den Schülern ist die Bedeutung und Nützlichkeit der Schule durchaus bewußt; wenn sie kritisieren, dann weil sie der Meinung sind, daß die Schule ihrer Aufgabe nicht gerecht wird.

Fast alles, was den Schülern wichtig wäre, bekommen sie kaum - und umgekehrt. Neun von zehn Schülern wünschen sich spannenden Unterricht, nur einer von vier gibt an, daß dieser Wunsch im Schulalltag in Erfüllung geht. 86 Prozent wünschen sich Unterricht mit Bezug zum konkreten Leben, nur 27 Prozent geben an, daß sie auch so unterrichtet werden. Projektunterricht steht bei 82 Prozent der Schüler ganz oben auf der Prioritätenliste, doch nur 37 Prozent können diese moderne Unterrichtsform genießen. Drei von vier Schülern möchten Vorschläge zum Lehrstoff machen, aber nur ein Viertel darf das auch. (Profil-Extra 3/94, S 50)

Für die Unwirksamkeit der Schule nennt Hensel (1993, S 199/200) einige Beispiele: er zitiert aus einer Studie von Klaus Hurrelmann, die zeigt, daß zwanzig Prozent aller deutschen Schüler pro Woche zwei Stunden Nachhilfeunterricht erhalten. Bei sogenannten „schlechten" Schülern (definiert unter anderem durch einmal Sitzengebliebensein) steigt der Anteil auf 50 Prozent. Die Kenntnisse von Physik- und Geschichtsunterricht sind, so Hensel,

schon wenige Monate nach dem Abschluß der Schule nur noch vage und verworren vorhanden. Neun Jahre benötigen die Schüler (in Deutschland) um schlecht Englisch zu lernen. Ein einziger Aufenthalt in den USA von einem halben Jahr blamiert dagegen alle Lehrkünste.
Die Unwirksamkeit drückt sich aber auch im konkreten Handeln aus. Was nützt es, so Hensel, wenn den Schülern die Auswirkungen des Waldsterbens sinnlich nahegebracht werden, wenn sich diese Erfahrungen nicht im alltäglichen Leben auswirken? Der Lehrer kann den Schülern nahebringen, daß 3000 qm Wald, der innerhalb einer Sekunde auf der Erde vernichtet wird, einer Fläche entspricht, die der Größe eines Schulgeländes gleich kommt. Was nützt das aber, wenn weiters in deutschen Wohnungen alle zehn Jahre das Mobiliar ausgetauscht wird und als Sperrmüll auf der Straße steht? Wer lebt ihnen das asketische Leben vor, das wir leben müßten, damit diese Wälder nicht abgeholzt werden? Es geht nicht nur um mehr Belehrung über die Übel dieser Welt, sondern um die Einübung in das Verhalten und die Mittel der Überwindung - in Verantwortungsbereitschaft, Tatkraft, Zuversicht; um neue vorausschauendele Lebensformen zu entwickeln und zu leben.

1.3.5.3 Zusammenarbeit zwischen Schule und Wirtschaft aus der Sicht von AHS-DirektorInnen

Die befragten Schuldirektoren erleben die Schwierigkeiten, die sich aus den gewachsenen Schulstrukturen ergeben am eigenen Leib. Es ist schon sehr viel Eigeninitiative erforderlich um als allgemeinbildende höhere Schule Projekte mit der Wirtschaft abschließen zu können. Negative und positive Erfahrungen halten sich dabei die Waage. Einige DirektorInnen lehnen diese auch aus ihrem eigenen Selbstverständnis einfach ab.

DirektorInnen, die eher negative Erfahrungen bezüglich Zusammenarbeit mit der Wirtschaft gemacht haben:
Es ist fast nicht mehr möglich, trotz aller Beteuerungen der Wirtschaft, Praxisplätze zu bekommen. Meinl hat z.B. ein Betriebspraktikum mit Lehrern gemacht, wo diese in der Wirtschaft gearbeitet haben. Das ist heute fast nicht mehr möglich, weil man sagt, das kommt uns zu teuer. Ich hatte z.B. große Schwierigkeiten, trotz bester Beziehungen zu Meinl, für die sechsten Klassen wirtschaftskundlich eine Woche lang in Filialen etwas zu bekommen. Es wird damit argumentiert, daß die Schüler nur herumstehen. Die Filialleiter haben mit einem Viertel des Personalabbaus fertigzuwerden, da bleibt keine Minute Zeit, etwas zu erklären. (DirektorIn C)

Wir hatten eine Partnerschaft mit ASEA-BROWN-BOWERI und haben eine Schnupperwoche für die sechsten Klassen aufgezogen. Die Schüler wurden für eine Woche in den Betrieb geschickt, um in verschiedenen Abteilungen Arbeiten zu verrichten. Das ist eine Zeitlang sehr gut gegangen, bis der Betrieb leider übersiedelte. In dem modernen Großraumbüro hatten sie dann keinen Platz mehr für zusätzliche Schnupperschüler. Sie wußten einfach nicht mehr, wo sie die Leute hinsetzen hätten sollen. Es zeigt sich leider auch immer mehr, daß die Arbeit in diesen Betrieben immer höher qualifiziert ist (z.B. Computer) und immer spezifischer, so daß die Schüler in einer Woche keinen Einblick mehr in Arbeitsprozesse bekommen. Deshalb haben wir jetzt mit der Schnupperlehre aufgehört. Es kommen zwar immer wieder Angebote, wenn es aber konkret wird, schaut wenig dabei heraus. Es scheitert einfach daran, in so kurzer Zeit, die Freistellung beträgt nur eine Woche, etwas Sinnvolles in einem Betrieb zu machen. (DirektorIn D)

Das betriebliche Angebot läßt zunehmend zu wünschen übrig. Der Unternehmer muß ja jetzt viel Profit machen. Wenn er da ein, zwei oder mehrere Schüler betreut, macht er nicht nur weniger Profit, sondern verliert auch eine Arbeitskraft, die sich mit den Schülern beschäftigen muß. (DirektorIn G)

Andere DirektorInnen können aber durchaus auch über positive Erfahrungen berichten:

Wir haben eigentlich eine sehr gute Beziehung zur Wirtschaft, die uns sehr oft unterstützt und hilft. Mit Bank und Sparkasse habe ich eine gute Verbindung, da wurden schon gemeinsame Projekte durchgeführt. Wir waren aber z.B. auch schon in der Ottakringer Brauerei. Da wurden Fässer gewaschen, in der Buchhaltung mitgeholfen, Bier ausgeliefert ... da lernen die Kinder das Leben, die Arbeitswelt kennen mit all ihren wirtschaftlichen Vorzügen aber auch mit ihren Schwierigkeiten. Außerdem gibt es die Volkswirtschaftliche Gesellschaft, die dann die Verbindung zwischen der Wirtschaft und dem normalen Leben herstellt. Die Gesellschaft hat eine Menge von Betrieben, zu denen man dann hingehen kann. Und dabei haben wir noch keine Schwierigkeiten gehabt, wir machen das so schon etliche Jahre. (DirektorIn E)

Die Lehrer gehen oft, in Zusammenhang mit Geographie und Wirtschaftskunde z.B. in Banken aber auch andere Betriebe. Wiederholt wurden mit Schülern der Oberstufe sogenannte „Schnupperwochen" durchgeführt, wo die Schüler eine Woche lang in verschiedenen Betrieben der unmittelbaren Umgebung, z.B. bei Meinl gearbeitet haben. Eine Woche lang haben so die Schüler die Arbeit „hautnah" miterlebt. Sie sind davon fast „geheilt" wieder zurückgekehrt, in dem sie meinten „na eigentlich ist es in der Schule ja eh ganz schön". In den Betrieben mußten sie ja doch Arbeiten machen, die ihnen größtenteils weniger zugesagt hatten. Aber danach wurden die Ergebnisse präsentiert, mit den Eltern diskutiert, auch von den Betrieben waren Leute anwesend. (DirektorIn B)

Wir haben in Zusammenarbeit mit der E-Wirtschaft und Schülergruppen der 7. Klassen hier an der Schule Solarzellen am Dach, in Verbindung mit dem Physiksaal eingerichtet. Ein Projekt, gemeinsam mit Verbund, E-Wirtschaft und Wienstrom. Das war

eine sehr schöne Arbeit. In diesem Zusammenhang wurde auch vereinbart, in Zukunft verstärkt zusammenzuarbeiten. (DirektorIn A)
Wir machen jetzt ein Projekt in Physik über Solartechnik. Da gibt es eine Kooperation eines Physikers von ASEA-BROWN-BOWERI mit der Klasse. Heuer wurde mit ANKERBROT ein weiteres Projekt durchgeführt. Dabei wurde ein Film über das Brotbacken gedreht, der ist dann sogar vom Unterrichtsministerium als Lehrfilm übernommen worden. (DirektorIn D)
Wir machen da sehr viel. Das Yin-Yang Eis von Eskimo/Iglo hat z.B. eine Schülerin von uns entwickelt. Das Projekt lief über ein Jahr. Wir arbeiten mit der PSK zusammen etc. Nur muß ich sagen, daß die Wirtschaft damit total überfordert ist. Der Gesetzgeber hat in seiner Naivität gesagt, sucht euch einen Sponsor. Das ging ein, zwei Tage gut und jetzt kommt die Wirtschaft und sagt: wie kommen wir dazu, das Schulsystem zu finanzieren? Wo steht, daß die Wirtschaft jetzt die Schulen bezahlen soll? Die Zusammenarbeit funktioniert, aber zunehmend hat die Politik die Privatwirtschaft überfordert, die jetzt abblockt.
Das Yin-Yang Eis war ein Projekt, das von Eskimo als Produzent und der Schule als Controlling-Instanz durchgeführt wurde. Da wurden Umfragen gemacht, wir haben die Auswertung hier im Haus gemacht. Wir haben das Know-how bekommen, wie solche Prozesse laufen. Das wurde zwar von der Geschäftsführung sehr positiv aufgenommen, sie haben aber auch gesagt, daß sie eine solche Geschichte kein zweites Mal mehr machen können; die Zeit um die Kinder einzuschulen, die dann auch überall im Weg herumrennen ... auch mit Opel-Austria. Wir versuchen auch das Potential der Eltern und Berufsumfelder nutzbar zu machen. (DirektorIn K)

Einige DirektorInnen lehnten eine Zusammenarbeit mit der Wirtschaft aus prinzipiellem Selbstverständnis ab, oder sehen Schwierigkeiten, diese unter den gegebenen Rahmenbedingungen durchzuführen:

Wir haben keine Anknüpfungspunkte mit der Wirtschaft. Ich habe jetzt versucht, meine Bildungsberaterin verstärkt dazu zu bringen, daß Vorträge über Fachhochschulen und Betriebe gehalten werden; aber immer nur zu den achten Klassen. Die Schüler kriegen diese Information, aber die Lehrer nicht. Wir haben da auch keine Debatten darüber, was wir anstellen müßten, um andere Forderungen zu erfüllen, um die Schüler mit größerer Kompetenz aus der Schule zu entlassen. Das Hauptziel, die Hinführung zur Hochschulreife, ist das Selbstverständnis der Schule hier. (DirektorIn F)
Kooperationen der Schule mit der Wirtschaft gibt es nur punktuell. Schnupperwochen sind eher nicht vorgesehen. (DirektorIn I)
Es gibt z.B. Kollegen die in den zwölften Bezirk mit den Schülern in kleine Betriebe gehen, damit sie das kennenlernen; Tischlereien, etc. Wo der Wirtschaftstreibende den Schülern die Praxis im eigenen Betrieb vorführt; größere Kooperation haben wir nicht. (DirektorIn L)

Schnupperwochen haben wir hier nicht. Das machen sie eher in berufsbildenden Schulen. Wir haben nur in der 4. Klasse ein Berufsinformationsveranstaltung angeboten. Praktische Berufserfahrung bieten wir nicht an ... auch aus Zeitmangel. (DirektorIn J)
Projekte mit der Wirtschaft sind primär auf den Schulversuch Mittelschule beschränkt. Im Regelschulwesen kommt das zwar auch immer wieder vor, ist aber aufgrund der strukturellen Rahmenbedingungen nicht so leicht möglich. Die Lehrer haben ihre Lehrverpflichtung und unterrichten häufig nebeneinander. Vernetztes Denken oder fächerübergreifender Unterricht oder Projektunterricht kommt sehr selten vor. Wenn es vorkommt bleibt es mehr oder weniger der Initiative der Lehrer überlassen. (DirektorIn A)

EinE DirektorIn stellt eine Beziehung zwischen der Arbeitswelt der Eltern und der mangelnden Berufserfahrung der Schüler her und macht einen interessanten Vorschlag:

D: Schüler haben oft nicht einmal Einblick in die Arbeitswelt der Eltern. Wenn man dort anfangt, dann kann man allerhand erreichen, dazu brauche ich dann keine Unternehmen. Es ist interessant, wenn man bei Erstklaßlern einmal deren Eltern dazulädt und sie bittet, ihre Arbeitswelt zu beschreiben. Es ist überraschend, wie wenig die Kinder vom Berufsalltag ihrer Eltern wissen.

I: Die Erfahrungen von der Arbeitswelt der Eltern bewirken ihrer Ansicht nach also mehr als eine einwöchige Schnupperlehre?

D: Ja, das kann man auch bei den Lehrern anwenden. Wir machen einmal im Jahr einen Lehrerkindertag, d.h. die Lehrerkinder lernen den Arbeitsplatz ihrer Eltern kennen. Wie schaut denn eigentlich die Schule aus, in der die Mama, der Papa ist? Was ist denn das überhaupt für eine Arbeitswelt, in der ihr da daheim seid? Das würde ich mir z.B. für die Jugendlichen an den Arbeitsplätzen ihrer Eltern auch wünschen. Da kann man dann auch viel mehr nachfragen und wird auch persönlicher betreut. (DirektorIn H)

1.3.6 Zusammenfassung: Ist die Schule überfordert?

Die Dynamisierung der Gesellschaft führt zu einer Kenntnisexplosion in Wissenschaft und Forschung durch modernere Forschungs- und Kommunikationsmethoden. Nicht zuletzt durch den Siegeszug der Medien, im speziellen des Internet, verliert die Schule ihr Monopol auf Wissensvermittlung. Die Schüler erhalten damit eine Fülle von Informationen, die allerdings nicht mehr im Kontext von Raum und Zeit stehen. Eine fundierte Allgemeinbildung erhält durch ständig von Datenbanken abrufbaren Informationen Konkurrenz. Dadurch entsteht für die Jugendlichen der irrtümliche Eindruck, jederzeit auf jenes Wissen zurückgreifen zu können, das sie benötigen.

Erschwerend kommt hinzu, daß durch die Ausweitung des Schulbesuchs die Jugendlichen immer länger von der Erwachsenenwelt ferngehalten werden. Besonders extrem ist die Situation an den AHS, die ja laut Lehrplan die Hochschulreife ihrer Absolventen anstreben, d.h. daß die Jugendlichen nach zumindest zwölf Bildungsjahren im Durchschnitt weitere 6 – 7 Jahre an der Universität verbringen.

Die Erziehung zur Lernfähigkeit und zur Entwicklung einer Persönlichkeit wird dabei von Schule und Universität vernachlässigt. Statt dessen werden individuelle Bedürfnisse kollektiviert, Erfahrungen und Kenntnisse des Jugendlichen negiert und die Auseinandersetzung mit Inhalten auf abprüfbares Wissen reduziert. Persönlichkeitsförderung wird zugunsten eines Unterrichtsstils, der auf den verwissenschaftlichten universitären Alltag vorbereiten soll, betrieben.

An die Schule, und damit an die betroffenen Lehrer, werden vielfältige Forderungen gestellt, wie sie die Jugendlichen am besten auf das kommende Arbeitsleben vorzubereiten haben. Dabei wird aber vielfach übersehen, daß den Pädagogen diese Berufserfahrung oftmals fehlt, da sie sich selbst immer nur in Bildungsinstitutionen aufgehalten haben. Außerdem sind Lehrer heute auch als Persönlichkeit viel mehr gefordert: sie sollen sich ein kritisches Hinterfragen ihres Lehrstoffes nicht nur gefallen lassen, sondern dies auch noch fördern. Trotzdem haben Pädagogen weiterhin eine wichtige Vorbildfunktion – wie die Schüler Lehrerverhalten wahrnehmen, trägt entscheidend zu deren Persönlichkeitsentwicklung bei.

Die Eigenverantwortlichkeit des Jugendlichen, Mitbestimmungs- und Gestaltungsmöglichkeiten kommen laut Schulkritik vielfach zu kurz. Nur eine Minderheit der österreichischen Schüler (25 %) hat den Eindruck, daß an den Schulen nicht nur Bildung sondern auch Verständnis für andere, Selbstvertrauen und Teamarbeit vermittelt wird. Die Schüler selber spüren aber auch den Leistungsdruck, der auf ihnen lastet. Insbesondere Jugendliche mit geringem Selbstwertgefühl haben es schwerer, die vielfältigen schulischen Anforderungen zu bewältigen. Eine Zunahme psychosomatischer Beschwerden ist die Folge.

Technologische Umwälzungen lassen keinen Stein auf dem anderen und es scheint, daß die Schule diesen Veränderungen nicht gewachsen ist. Anstelle von vernetztem, fächerübergreifendem Denken steht vielfach noch ein informationsreicher aber handlungsarmer Unterricht. Mangelnde außerschulische Berufserfahrung von Lehrern und Direktoren verunsichert dieselben und führt zum Festhalten an überholten Lehrzielen. Immer noch ist ein Teil der AHS-Direktoren der Ansicht, daß das vorrangige Ziel der Schulausbildung die Erlangung der Hochschulreife darstellt und lehnen mit diesem Argument außerschulische Initiativen ab. Viele Schulleiter beginnen aber, die

Zeichen der Zeit zu erkennen, und setzen auf verstärkte Zusammenarbeit mit der Wirtschaft.

1.4 DIE ROLLE DER SCHULE BEI DER VERMITTLUNG VON SCHLÜSSELQUALIFIKATIONEN

Vielfältige Anforderungen werden an junge Menschen gerichtet, die nach der Ausbildungszeit in das Berufsleben eintreten. Die Zeitdiagnose analysiert die Auswirkungen der industriellen Entwicklung, die zu einer Globalisierung der Gesellschaft führen. Das Individuum, im speziellen die heutigen Jugendlichen, sind besonders davon betroffen. Selbstbewußtsein und Eigenverantwortung sind erforderlich, um sich eine eigene Lebensbiographie zusammenzustellen. Dabei gilt es, für die wirtschaftlichen Anforderungen bestens gerüstet zu sein; ohne dabei persönliche und familiale Bedürfnisse zu vernachlässigen.

Die unterschiedlichen Forderungen der einzelnen Interessensgruppen an die Schule lassen sich treffend als Schlüsselqualifikationen definieren. Schule soll die Jugendlichen gezielt beim Erwerb von Fähigkeiten unterstützen, die kognitiven Wissenserwerb, soziale Kompetenz und Selbstkompetenz beinhalten. Für die betroffenen Direktoren und Lehrer ist es nicht leicht, auf die Globalisierung der Gesellschaft angemessen zu reagieren. Auf die Kenntnisexplosion in Wissenschaft und Forschung wird vielfach mit einem Unterrichtsstil reagiert, der ohne Rücksicht auf die Persönlichkeit der Jugendlichen rein inhaltlich orientiert ist. Es geht aber auch anders. Dieser Abschnitt soll nun der Frage nachgehen, welche Möglichkeiten die Schule bei der Vermittlung von Schlüsselqualifikationen hat.

1.4.1 Die drei Kompetenzebenen von Freundlinger

Bei dem Versuch, alle Ausbildungsvorstellungen in eine Definition einfließen zu lassen, die in der Folge für den Forschungsprozeß auch operationalisierbar ist, greife ich auf ein Modell zurück, das schon bei der Vorstellung der wirtschaftlichen Anforderungen eine wichtige Rolle gespielt hat. Das Anforderungsprofil von Freundlinger (1992, S 61) mit den drei Bereichen *Sachkom-*

petenz, Sozialkompetenz und *Selbstkompetenz* ermöglicht es, die Vorstellungen der verschiedenen Interessensgruppen weitgehend zu integrieren.

Das Anforderungsprofil von Freundlinger

- Sachkompetenz: die Fähigkeit zum theoretischen Denken soll es dem Berufstätigen ermöglichen, die komplexer werdenden Arbeitsabläufe und - techniken zu verstehen und zu meistern. Gemeinsam mit einer erhöhten Lernfähigkeit und Problemlösefähigkeit ist damit der kognitive Bereich angesprochen.

- Sozialkompetenz: Denken in moralischen Kategorien als Ausdruck sozialer Urteilskompetenz verbunden mit Kommunikations- und Kooperationsfähigkeit, um der zunehmenden Bedeutung von Teamarbeit und Kommunikation im Berufsleben zu entsprechen

- Selbstkompetenz: ein gefestigtes und gut ausbalanciertes Identitätskonzept sowie alle weiteren auf sich selbst gerichteten Fähigkeiten, wie die Fähigkeit, Verantwortung zu übernehmen, Selbständigkeit, Konzentrationsfähigkeit, Frustrationstoleranz, Kreativität etc.

Das Modell vereint mehrere Vorteile in sich:

- Es ist nur in drei Dimensionen gegliedert und dadurch leichter verallgemeinerbar.
- Es entspricht den von der Wirtschaft geforderten Schlüsselqualifikationen.
- Die Förderung der genannten Qualifikationen durch Schule kann gemessen werden.

Nachteile:

- Es ist wirtschaftsorientiert.
- Es vernachlässigt gesellschaftlich relevante Persönlichkeitselemente.

Um die Nachteile auszugleichen, habe ich bei der Entwicklung eines quantitativen Fragebogens zusätzliche Fragen aufgenommen, die sich mit der persönlichen Selbsteinschätzung, der Beziehung zu Familie und Freunden und dem Gesundheitsbild der betroffenen Jugendlichen befassen. Näheres dazu im Abschnitt über den Forschungsprozeß.

1.4.2 Was kann die Schule tun?

Welche Möglichkeiten hat jetzt die Schule, innerhalb dieser drei Kompetenzebenen positiv auf die Entwicklung der Schüler einzuwirken? Dazu ist es einmal generell wichtig zu erkennen, daß der Schulbesuch nicht auf mechanistisches, erfolgsorientiertes Auswendiglernen von Inhalten reduziert werden darf. Die Pflichtschulzeit beträgt 9 Jahre, Maturanten sind sogar zumindest 12 Jahre ihres Lebens in einer ganztägigen Ausbildung. Der Schulbesuch fällt in eine Zeit, in der aus den Kindern pubertierende Jugendliche werden, die als junge Erwachsene die Ausbildung abschließen. Dieser Zeitraum ist enorm wichtig für die Persönlichkeitsentwicklung. Davon profitieren oder leiden die Erwachsenen ihr ganzes späteres Leben. Die Basis zu Lernlust oder –frust wird bereits in der Schule gelegt.

Im Rahmen meiner Diplomarbeit habe ich mich mit den Belastungsfaktoren für Erwachsene im zweiten Bildungsweg beschäftigt. Erwachsene Bildungsteilnehmer wurden in einer empirischen Studie zur Bildungsinstitution, zu ihrer Selbsteinschätzung und zu ihrer Lebenswelt befragt. Die Ergebnisse weisen darauf hin, daß Erwachsene mit positiven Erinnerungen an den ersten Bildungsweg über ein höheres Selbstwertgefühl verfügen und den Unterricht im zweiten Bildungsweg positiver empfinden. Damit steigt auch die Lernlust; die Bereitschaft, sich weiterzubilden. Erwachsene mit negativen Erinnerungen an den früheren Schulbesuch haben ein weniger entwickeltes Selbstwertgefühl und stehen dem Lernprozeß an sich eher negativ gegenüber. Die Lernmotivation ist weniger stark ausgeprägt. (Zuba 1996, S 93-99)

Wenn man bedenkt, daß in der heutigen Gesellschaft ohne lebenslanges Lernen keine Chance mehr besteht, wird klar, daß eine bestmögliche Nutzung der eigenen Ressourcen und die kritische Verwendung von Werkzeugen wie z.B. dem Internet immer wichtiger werden. Zur Entwicklung eben dieser Ressourcen kann Schule beitragen.

1.4.2.1 Kognitive Kompetenz: Förderung durch Informationstechnologien

Neue Organisationsmodelle verlangen die Fähigkeit, sich mit komplexen Arbeitsprozessen auseinandersetzen zu können. Dabei sind Arbeitnehmer gefragt, die in der Lage sind, ihr Erfahrungswissen im Rahmen der innerbetrieblichen Mitgestaltung für die Verbesserung von Produktions- und Verwaltungsprozessen einzusetzen. Der gezielte und möglichst effiziente Einsatz von Informationstechnologien wird dabei vorausgesetzt.

Ein Verständnis komplexer Zusammenhänge wird erleichtert, wenn schon in der Schule dazu die Voraussetzungen gelegt werden: die durch die Globalisierung voranschreitende wirtschaftliche Vernetzung sollte schon im Unterricht anschaulich vermittelt werden. Ein fächerübergreifender Projektunterricht zum Thema könnte dabei eine Reihe von Fragen ethnischer, historischer, kultureller und wirtschaftlicher Natur behandeln.

Die kompetente Nutzung von Informationsnetzen wie z.b. dem Internet, kann durch eine kritische Auseinandersetzung mit diesem Medium am ehesten erreicht werden. Dem Schüler muß vermittelt werden, daß das Abrufen von Daten noch nicht mit Wissen gleichzusetzen ist. Anhand der CD-Rom „Sophies Welt" könnten z.b. philosophische Fragen aufgeworfen werden, die dann gemeinsam im Unterricht in Kleingruppen analysiert werden.

Über das Internet ließe sich auch eine Zusammenarbeit zu einem Projekt mit einer Klasse mit großer räumlicher Entfernung (z.B. in Kalifornien/USA) organisieren. Eine Problemstellung könnte der regionale Umweltschutz sein. Dabei werden Informationen und Anregungen zur Problemlösung ausgetauscht. Die gewonnenen Informationen wie z.b. Werbekampagnen oder richtiges Lobbying werden klassenintern diskutiert und an einem konkreten Projekt angewendet.

Mit diesen Projekten wird zweierlei erreicht: einerseits wird das Medium auf die Funktion eines Werkzeuges reduziert, und andererseits wird ein zeitlicher und räumlicher Kontext zur bereitgestellten Information erarbeitet. Schließlich wird den Schülern die Fähigkeit vermittelt, die Informationen kompetent und zielgerichtet zu nutzen.

1.4.2.2 Soziale Kompetenz: Klassengemeinschaft und Mitbestimmung

Soziale Kompetenz kann dann am besten vermittelt werden, wenn die Schule als Lebensraum begriffen wird, an dem lebensnotwendige Erfahrungen vermittelt werden. Für Hentig (1993, S 214 ff.) sollte die Schule zur geistigen und moralischen Selbständigkeit und die Schüler zur Übernahme von Verantwortung erziehen. Das beginnt meiner Meinung nach schon dabei, daß die vorhandenen gesetzlichen Möglichkeiten der demokratischen Schülermitbestimmung ernst genommen werden. Schul- oder Klassensprecher sollten zur extensiven Ausübung ihres Mitspracherechts ermutigt werden.

Die Übernahme von Verantwortung sollte aber eine Erfahrung sein, die für jeden Jugendlichen in der Klassengemeinschaft erfahrbar wird. Für Hentig (1993, S 214 ff.) sollten die Jugendlichen die Möglichkeit haben, die Regeln für das Zusammenleben innerhalb der Klasse mitzugestalten. Außerdem sollen sie über bestimmte Kurse und Unterrichtszeiten durch Debatte und Abstimmung verfügen können; ohne jedoch den Unterricht an sich in Frage zu stellen. Darüber könne man zwar reden, aber nicht abstimmen – der Unterricht bleibt eine Sache der Erwachsenen.

Der anstehende Auslandsaufenthalt oder Skikurs könnte durch Projekte mitfinanziert werden, die von der Klasse gemeinsam durchgeführt werden. Jeder einzelne Schüler hätte dabei eine Aufgabe zu übernehmen – die alle gemeinsam zum Gelingen des Gesamtprojekts beitragen. Da könnte am Elternsprechtag von den Schülern ein Buffet angeboten werden, die Garderobe betreut werden, etc. Die anfallenden Spenden kommen den Interessen der Klasse zugute. Durch positive Erfahrung bei der Durchführung von Projekten wird auch die Klassengemeinschaft gefördert. Schließlich trägt ein positives Gemeinschaftsverhalten auch dazu bei, einen Gegenpol zur Individualisierung und ihrer Ich-Bezogenheit aufzubauen.

In der Feldstudie kam deutlich zum Ausdruck, daß eine positiv empfundene Klassengemeinschaft wesentlich den Gesamteindruck des Lebensraumes Schule beeinflußt. Das Lerninteresse ist höher, Außenseiter werden besser integriert, und das gesundheitliche Wohlbefinden ist signifikant besser. Der klasseninterne Interaktionsprozeß könnte durch die Schule z.B. durch längere Pausenzeiten gefördert werden. Eine individuelle Gestaltung des Klassenzimmers trägt ebenso zum besseren Lebensgefühl bei und sollte forciert werden. In einer Schule wurde es einer Klasse z.B. erlaubt, eine Kaffeemaschine im Unterricht, sowie einen Kassettenrecorder in der Pause zu nutzen. Anderswo durfte sich die Klasse ihren Unterrichtsraum selbständig ausmalen und durch ein Sofa schmücken.

1.4.2.3 Selbstkompetenz: Wahrnehmungslernen und Karriereinformation

Die neuen Arbeitsorganisationsformen besinnen sich wieder der lebendigen Arbeitskraft als wesentliches Element des Arbeitsprozesses ... die Wahrnehmung und die damit verbundene Aufwertung des Wissens und der Fähigkeiten der Beschäftigten führt aber keineswegs automatisch zu einer Verbesserung der Arbeitsbedingungen. Die neuen Organisationskonzepte beinhalten eine mehr oder weniger starke Beteiligung der Beschäftigten an der Gestaltung von Arbeitsprozessen in Form von Verantwortungsdelegation, Gruppenarbeit und kontinuierlicher Verbesserung. (ÖGB 1997, S 35/36)

Das Anforderungsprofil an künftige Arbeitnehmer verlangt eine gehörige Portion an Selbstkompetenz. Eine positive Einschätzung der eigenen Fähigkeiten und die Vertretung der eigenen Interessen wird in der Schule entscheidend geprägt. Das Selbstwertgefühl der Jugendlichen wird durch Wahrnehmungslernen beeinflußt. Ermutigt der Lehrer seine Schüler und achtet er sie als Persönlichkeiten mit Interessen und Bedürfnissen, so steigen die Unterrichtsleistungen signifikant an. Die Schüler trauen sich mehr zu und haben weniger Ängste und Leistungsblockaden.

Positives Wahrnehmungslernen beeinflußt auch die Klassengemeinschaft. Schüler des ersten Schuljahres, deren Klassenlehrerinnen sich im hohem Ausmaß ermutigend und belobigend äußerten, ermutigten und lobten ihre Mitschüler bei der Kleingruppenarbeit bedeutsam häufiger als Schüler von Lehrern mit seltener Ermutigung und Belobigung (Tausch/Tausch, 1991, S 33)

Zu einer gefestigten Selbstkompetenz gehört aber auch eine Ausstattung der Schüler mit entsprechenden Informationen über ihre beruflichen Zukunftsaussichten. Darüber sollen einerseits externe Experten informieren, andererseits sollte auch das Schulziel adaptiert werden: Hochschulreife alleine ist keine ausschließliche Weiterbildungsoption mehr. Daneben gibt es Fachhochschulen, aber auch der berufliche Direkteinstieg ist möglich: Siemens bietet AHS-Maturanten nach einer einjährigen, speziellen Lehrlingsausbildung an, direkt in den Betrieb übernommen zu werden. Über diese vielfältigen Karrieremöglichkeiten nach der Schule sollte ebenfalls informiert werden. Außerdem könnte über eine Zusammenarbeit mit den Eltern deren beruflicher Arbeitsplatz besucht werden; die Erfahrungen werden danach im Unterricht diskutiert.

Eine Förderung der Selbstkompetenz impliziert aber auch verstärkt neue Unterrichtsformen: mehr Teamarbeit und Projekte, die eine Gemeinschaftsarbeit ermöglichen; die kooperative Entwicklung von Problemlösungen z.B. im Rahmen eines Physikwettbewerbs steigert die Fähigkeit zur Zusammenarbeit.

2 DER FORSCHUNGSPROZESS

2.1 DATENERHEBUNG UND EVALUATION

Die Feldstudie führte ich an sechzehn Wiener AHS-Schulen, quer durch alle Bezirke verteilt, durch. Schüler der siebenten und achten Jahrgänge wurden anhand eines standardisierten Fragebogens (siehe Anhang) interviewt. Insgesamt 1.142 Schüler und Schülerinnen stellten sich dieser Befragung. Beeindruckt von der bekannten Studie „*Die Arbeitslosen von Marienthal*" wollte ich es allerdings nicht bei einer rein qualitativen Untersuchung bewenden lassen. Lazarsfeld/Zeisel /Jahoda weckten mit ihrer Arbeit trotz internationaler Massenarbeitslosigkeit weltweite Betroffenheit, weil es ihnen gelang, die menschlichen Schicksale, die sich hinter statistischen Zahlen verbergen, ans Licht zu bringen.

Neben der quantitativen Erhebung versuchte ich daher, anhand von Tiefeninterviews die statistischen Ergebnisse mit Leben zu füllen. Deshalb wurden bereits für den theoretischen Teil der Studie Interviews mit 12 AHS-Direktoren durchgeführt und in die jeweiligen Teilbereiche integriert. Die empirischen Ergebnisse der Feldstudie führten schließlich zu einer deutlichen Differenzierung zwischen den Schulen und wodurch sie sich unterscheiden.

Den Hintergründen für so unterschiedliches Erleben von Schulatmosphäre versuchte ich schließlich durch Interviews mit den Klassenvorständen der am besten bzw. am schlechtesten beurteilten Schulen auf den Grund zu gelangen. Dazu wurden insgesamt 17 LehrerInnen befragt.

2.1.1 Operationalisierung des Begriffs „Effizienz"

2.1.1.1 Effiziente Schulen: eine Begriffsdefinition

Der Begriff *Effizienz* hat einen Bezug zur Wirtschaft, der auch in der Studie eine Rolle spielt. Schließlich soll als ein Teilaspekt erhoben werden, inwieweit die schulische Ausbildung den wirtschaftlichen Anforderungen entspricht. In einer wissenschaftlichen Publikation aus den 70iger Jahren wird dieser Begriff noch ziemlich eindeutig wirtschaftsorientiert besetzt:

Die Ermittlung der Effizienz (Wirtschaftlichkeit) einer Maßnahme erfolgt durch Vergleich der zielbezogenen Ergebnisse (Output) dieser Maßnahme mit dem durch sie bedingten Verbrauch an Ressourcen, d.h. Gütern und Diensten (Input). Die Kenntnis der Effizienz der in einer Entscheidungssituation zur Auswahl stehenden Handlungsmöglichkeiten ist Voraussetzung dafür, daß die (im Sinne des ökonomischen Prinzips) optimale Alternative bestimmt werden kann. (Weiss 1975, S 5)

Die wirtschaftsorientierte Auslegung dieses Begriffes verwundert nicht, wenn man weiß, daß Taylor schon um die Jahrhundertwende mit seiner wissenschaftlichen Betriebsführung die Grundsteine für eine bessere Auslastung von Arbeitnehmern und Betriebsmitteln legte. Vor Taylor arbeitete ein jeder einfach nach einer individuellen Methode, die ihm als die beste erschien, um ein vorgegebenes Ziel zu erreichen. Mit der Hilfe von „Zeit- und Bewegungs-Studien" sollten Arbeitsabläufe vereinheitlicht und effizienter gestaltet werden. Effizienz wurde für Taylor zu einem Schlüsselbegriff, der von Wirtschaftsexperten in der Folge allgemein verwendet wurde. Allmählich entwikkelte sich daraus ein Rationalisierungsprozeß, der tendenziell auf wachsende Effizienz, Vorhersagbarkeit, Berechenbarkeit und Kontrolle sämtlicher Produktionsabläufe hinauslief.

In der Sozialwissenschaft hat sich die Evaluationsforschung etabliert, die sich mit unterschiedlichen Methoden um die Wirksamkeit sozialer Interventionsprogramme kümmert. Hier wird der Begriff Effizienz vornehm wissenschaftlich umschrieben. Im Wörterbuch der Soziologie zählt Hoffmann (1989, S 172) die Aufgabenschwerpunkte der Evaluationsforschung auf: Konzeption und Planung, Ausgestaltung und Umsetzung der Programmplanung sowie die Bestimmung des Programmnutzens stehen dabei im Vordergrund:

Letztlich zielen alle Bemühungen des Evaluationsforschers darauf ab, ... die (Netto-)Wirkung einer Maßnahme möglichst genau zu bestimmen bzw. die Frage zu beantworten, ob und inwieweit eine Maßnahme die gesetzten Ziele erreicht hat oder nicht. (Hoffmann 1989, S 172)

Daran anschließend lassen sich Kosten/Wirkungs- oder Kosten/Nutzen-Analysen durchführen. Im zweiten Fall versucht man die Wirkung in Geldeinheiten auszudrücken - ein Modell das meinem Forschungsdesign nicht entspricht. Zugespitzt geht es mir um die Auswirkung der schulischen Bildung auf die Persönlichkeit des Schülers. Das entspricht eher dem Modell der **Kosten/Wirkungsanalyse**, bei der die relative Effektivität von zwei oder mehr Programmen mit gleicher Zielsetzung verglichen werden.

Effizienz in der schulischen Ausbildung bedeutet für mich aber mehr als nur eine Vorbereitung auf wirtschaftliche Leistungsfähigkeit. Dadurch sollen aus meiner Sicht dem Jugendlichen die bestmöglichen Voraussetzungen geschaffen werden, um zu einem vollwertigen Mitglied der Gesellschaft zu werden. Jene Schulen, die den Jugendlichen am besten bei dessen Persönlichkeitsentwicklung unterstützen, indem sie die entsprechenden Schlüsselqualifikationen fördern, werden in der Folge als *effizient* bezeichnet. Sie sind effizient in dem Sinne, daß sie für einen „Output" in Form von qualifizierten Persönlichkeiten sorgen, die sich in der globalen Welt zurechtfinden. Der dazu notwendige „Input" kam schon bei den Kapiteln *Analyse der Zeitdiagnose,* sowie *Rolle der Schule bei der Vermittlung von Schlüsselqualifikationen* zur Sprache.

Der empirische Teil der Studie zeigt die Unterschiede zwischen effizienten und ineffizienten Schulen auf. Welche Einsatzmöglichkeiten an Ressourcen es noch gibt, wie die schulischen Rahmenbedingungen den Kompetenzerwerb beeinflussen, wird vor allem im qualitativen Teil der Studie analysiert.

Die Verknüpfung von unterschiedlichen Forschungsansätzen, das Erschließen unterschiedlicher Quellen zur Datengewinnung bezeichnen Wissenschafter als „Triangulation". Im Anhang wird die historische Entwicklung unterschiedlicher wissenschaftlicher Weltbilder, kurz *Paradigmas* genannt, bis hin zur Triangulation detailliert dargestellt. Jetzt beschreibe ich die Operationalisierung des *Effizienz*-Begriffes, danach folgen die Ergebnisse der quantitativen und qualitativen Erhebung.

2.1.1.2 Der Operationalisierungsvorgang

Anhand einer Clusteranalyse werden zwei Dimensionen für effiziente und nicht effiziente Schulen gebildet. Die Operationalisierung des Begriffs lehnt sich am Anforderungsprofil von Freundlinger an und wird mit Hilfe von latenten und Validierungsvariablen durch Indexbildung vorgenommen. Die Eigenschaften von effizienten und nicht effizienten Schulen werden durch Trennung der Beurteilung pro Schule in Jahrgänge nochmals überprüft. Die beiden am besten bzw. am schlechtesten beurteilten Schulen werden einer neuerlichen Clusteranalyse unterzogen und als Extremgruppen dargestellt.

2.1.1.3 Vergleich: Indexvariablen und Clusteranalyse

Ein Vergleich der Indexvariablen mit der Clusteranalyse bestätigt die Zuordnung aufgrund der Datenmatrix. Die trennschärfsten Items wurden dafür herangezogen (Mindestdifferenz: 0,48). Damit ist es möglich, die Eigenschaften von effizienten und nicht effizienten Schulen genau zu definieren. In der Folge werden den drei Dimensionen die jeweiligen Items, geordnet nach Trennschärfe, zugewiesen. Damit wird herausgearbeitet, welche Eigenschaften eine „gute" bzw. eine „schlechte" Schule ausmachen.

Gemeinsam haben effiziente **und** nicht effiziente Schulen:

- ✓ Themenübergreifender Unterricht findet nur selten statt
- ✓ Aufwendige Speicherung von Wissen für die nächste Prüfung
- ✓ Mittlerer autoritärer Unterrichtsstil
- ✓ Wenig Zusammenarbeit in kleinen Arbeitsgruppen
- ✓ Erfolgreicher Abschluß von Prüfungen und Schularbeiten steht im Vordergrund
- ✓ Leistung des Einzelnen wird eher nicht in den Mittelpunkt gestellt

2.1.1.3.1 Eigenschaften von effizienten und nicht effizienten Schulen
(Reihung nach Differenz bei Clusteranalyse)

EFFIZIENTE SCHULE	NICHT EFFIZIENTE SCHULE
Kognitiv	**Kognitiv**
• Auf echtes Verständnis des Lehrstoffes wird Wert gelegt	• Auf echtes Verständnis des Lehrstoffes wird kein Wert gelegt
• Rücksichtnahme auf vorhandene Kenntnisse	• Wenig Rücksichtnahme auf vorhandene Kenntnisse
• Auswendiglernen steht nicht im Mittelpunkt	• Auswendiglernen wird forciert
• Es gibt öfters interessante Diskussionsthemen	• Interessante Diskussionsthemen sind selten
Kommunikation/Kooperation	**Kommunikation/Kooperation**
• Es gibt eine Klassengemeinschaft	• Es gibt keine Klassengemeinschaft
• Partnerschaftliches Arbeitsklima in der Klasse	• Arbeitsklima in der Klasse ist wenig partnerschaftlich
• Wenig Konkurrenzkampf und Egoismus	• Es herrscht Konkurrenzkampf und Egoismus
• Es wird Wert auf Teamarbeit gelegt	• Wenig Wert wird auf Teamarbeit gelegt
Selbstkompetenz	**Selbstkompetenz**
• Kreativität und Lust am Lernen wird gefördert	• Wenig Kreativität und Lust am Lernen
• Es wird Wissen für das spätere Berufsleben vermittelt	• Wissen für das spätere Berufsleben wird kaum vermittelt
• Auf persönliche Erfahrungen und Erlebnisse wird eingegangen	• Auf persönliche Erfahrungen und Erlebnisse wird nur wenig Rücksicht genommen
• Angenehme Unterrichtsatmosphäre	• Wenig angenehme Unterrichtsatmosphäre
• Mitgestaltung des Unterrichts durch die Schüler	• Schüler können den Unterricht nur wenig mitgestalten
• Wenig Schwierigkeiten mit der Erlernung des Unterrichtsstoffes	• Erlernung des Unterrichtsstoffes fällt eher schwer

2.2 PRÄSENTATION VON EMPIRISCHEN ERGEBNISSEN

2.2.1 *GESAMTERGEBNISSE (alle 16 AHS-Schulen)*

2.2.1.1 Schulischer Gesamteindruck als Kumulation verschiedener Einzelerfahrungen

Der Gesamteindruck, den Jugendliche von der Institution Schule mitnehmen, entsteht aus einer Fülle von Einzelerfahrungen. Um so besser die unterschiedlichen Persönlichkeitsebenen des Einzelnen in einer Schulatmosphäre zur Entfaltung kommen können, desto besser fällt die Wahrnehmung aus. Gemäß dem Anforderungsprofil von Freudlinger (1992, S 61) habe ich die Items in drei Dimensionen aufgeteilt.

2.2.1.1.1 Kognitive Dimension

Förderung von theoretisch, abstraktem Denken um komplexe Arbeitsabläufe verstehen und meistern zu lernen. Auf vorhandenen Kenntnissen der Schüler wird aufgebaut und auf das echte Verständnis des Lernstoffes Wert gelegt.

Items über die Förderung von kognitiven Denken (1=trifft zu, 5=trifft nicht zu)	Schulbeurteilung		
	nicht effizient	effizient	Differenz
Auf echtes Verständnis des Lehrstoffes wird kein Wert gelegt	2,70	3,68	0,98
Auf meine vorhandenen Kenntnisse wird Rücksicht genommen	3,75	2,89	0,86
Es wird das Auswendiglernen forciert	2,64	3,45	0,81
Wir haben öfters interessante Diskussionsthemen	3,75	3,00	0,75

Schüler, die ihre Schule als effizient beurteilen, sind der Auffassung, daß mehr Wert auf das echte Verständnis des Lehrstoffes gelegt und auf ihre vorhandenen Kenntnisse eingegangen wird. Statt Auswendiglernen wird die Diskussion von interessanten Themen gefördert.

2.2.1.1.2 Kommunikativ-kooperative Dimension

Denken in moralischen Kategorien als Ausdruck sozialer Urteilskompetenz verbunden mit Kommunikations- und Kooperationsfähigkeit. Partnerschaftliches Klassenklima und Teamarbeit statt Konkurrenzkampf und Egoismus.

Items über die Förderung von Kommunikation /Kooperation (1=trift zu, 5=trifft nicht zu)	Schulbeurteilung		
	nicht effizient	effizient	Differenz
Es gibt keine Klassengemeinschaft	2,91	4,21	1,30
Das Arbeitsklima in der Klasse ist partnerschaftlich	3,41	2,16	1,25
Es herrscht Konkurrenzkampf und Egoismus	3,32	4,27	0,95
Es wird Wert auf Teamarbeit gelegt	3,78	3,03	0,75

Schüler, die ihre Schule als effizient beurteilen, sind mit der Klassengemeinschaft und dem partnerschaftlichen Arbeitsklima deutlich zufriedener. Es wird mehr Wert auf ein Miteinander statt ein Gegeneinander gelegt.

2.2.1.1.3 Dimension der Selbstkompetenz

Auf sich selbst gerichtete Fähigkeiten, wie die Übernahme von Verantwortung, Selbständigkeit, Konzentrationsfähigkeit stehen im Mittelpunkt. Mitgestaltung im Unterricht, sowie Kreativität und Lust am Lernen wird gefördert. Erfahrungen und Erlebnisse werden in angenehmer Unterrichtsatmosphäre aufgearbeitet.

Items über die Förderung von Selbstkompetenz (1=trift zu, 5=trifft nicht zu)	Schulbeurteilung		
	nicht effizient	effizient	Differenz
Kreativität und Lust am Lernen wird gefördert	4,50	3,64	0,86
Es wird Wissen für das spätere Berufsleben vermittelt	3,97	3,28	0,69
Auf meine Erfahrungen und Erlebnisse wird eingegangen	4,20	3,51	0,69
Der Unterricht findet in angenehmer Atmosphäre statt	3,11	2,48	0,63
Wir können den Unterricht mitgestalten	3,82	3,19	0,63
Die Erlernung des Unterrichtsstoffes fällt mir leicht	2,88	2,30	0,58

Schüler aus effizienten Schulen haben mehr Mitgestaltungsmöglichkeiten im Unterricht. Lust am Lernen und Kreativität werden mehr gefördert. Das

Berücksichtigen von Erfahrungen und Erlebnissen der Schüler, sowie eine angenehme Unterrichtsatmosphäre verstärken den Eindruck, daß eine sinnvolle Vorbereitung auf das Berufsleben stattfindet.

Der Gesamteindruck über eine Schule ist tatsächlich von einer Fülle unterschiedlichster Erfahrungen geprägt. Bei der Beurteilung schneiden in effizienten Schulen alle positiven Kriterien deutlich besser ab. Die Kumulation von Erlebnissen drückt sich bei den betroffenen Schülern in einem positiven Gesamtbild aus, das sich auch auf sämtliche Einzelkriterien niederschlägt.

2.2.1.2 Schüler effizienter Schulen fühlen sich besser auf das Berufsleben vorbereitet

Die Schüler wurden befragt, ob aus ihrer Sicht ausreichend Wirtschaftswissen vermittelt wird, das auch im späteren Berufsleben einsetzbar ist. Außerdem wurde das generelle Interesse an diesem Thema erhoben.

Schule und Wirtschaft (trifft sehr zu, trifft zu)	nicht effiziente Schule	effiziente Schule	Quotient (effizient/ nicht eff.)
In der Schule erwerbe ich mir jene Fähigkeiten, die ich für eine erfolgreiche Berufskarriere benötige	7,3	26,1	3,58
In der Schule werden ausreichend wirtschaftliche Grundbegriffe vermittelt	17,4	38,6	2,22
Das, was man in der Schule lernt, kann man nur selten im täglichen Leben brauchen	64,9	30,9	2,10
In der Schule lernt man zuwenig für das Berufsleben	85,2	54,4	1,57
Das von der Schule vermittelte Wirtschaftswissen finde ich nicht ausreichend	59,8	39,2	1,53
In Geographie/Wirtschaftskunde beschäftigen wir uns hauptsächlich mit wirtschaftlichen Fragen	43,8	56,5	1,29

Insgesamt wird deutlich, daß bei beiden Gruppen mehr oder weniger deutlich die Mehrheit die Auffassung vertritt, daß man in der Schule zuwenig für das Berufsleben lernt. Das könnte am Selbstverständnis der AHS-Schulen liegen, die sich vorwiegend als allgemeine Ausbildungsform und als Vorbereitung auf die universitäre Ausbildung verstehen. Bei den einzelnen Fragestellungen differiert das Ausmaß an Zustimmung aber doch stark.

Am gravierendsten sind die Unterschiede im Hinblick auf die Bedeutung des Unterrichtsstoffes für das spätere Berufsleben. Der Anteil jener Schüler ist an effizienten Schulen dreieinhalb mal so hoch wie an nicht effizienten Schulen. Mehr als doppelt so viele Schüler sind der Meinung, daß im Unterricht ausreichend wirtschaftliche Grundbegriffe vermittelt werden.
Kritik am Fachwissen, das im Unterricht gelehrt wird, kommt vorwiegend von Schülern aus nicht effizienten Schulen. Fast zwei Drittel glauben, daß sie mit dem im Unterricht Gelernten nur wenig im täglichen Leben anfangen können. Bei einer Detailanalyse, bei der lediglich die beiden effizientesten bzw. nicht effizientesten Schulen herangezogen wurden, wird die Differenz noch deutlicher: mehr als drei Viertel (77,6%) aller Schüler aus nicht effizienten Schulen vertreten diese Meinung, dagegen nur ein knappes Drittel (29,3%) der Schüler aus effizienten Schulen.

Wie wirkt sich die Wahrnehmung der Schule als effiziente bzw. nicht effiziente Ausbildungsform auf das Interesse zu bestimmten Themen aus? Diese Frage wurde ebenfalls im Zusammenhang mit dem wirtschaftsbezogenen Unterricht erhoben.

VIII_2 Interesse an wirtschaftlichen Fragen

			Effizienz				
			1=niedrig	2	3	4=hoch	Gesamt
VIII_2	1=sehr hoch	Anzahl	38	38	43	24	143
		% von Effizienz	12,1%	10,6%	15,3%	13,0%	12,6%
	2	Anzahl	71	104	82	75	332
		% von Effizienz	22,6%	29,1%	29,2%	40,8%	29,2%
	3	Anzahl	103	99	83	47	332
		% von Effizienz	32,8%	27,7%	29,5%	25,5%	29,2%
	4	Anzahl	73	79	54	29	235
		% von Effizienz	23,2%	22,1%	19,2%	15,8%	20,7%
	5=sehr niedrig	Anzahl	29	37	19	9	94
		% von Effizienz	9,2%	10,4%	6,8%	4,9%	8,3%
Gesamt		Anzahl	314	357	281	184	1136
		% von Effizienz	100,0%	100,0%	100,0%	100,0%	100,0%

Anhand dieser Tabelle läßt sich die Entwicklung erst auf zweiten Blick erkennen. Ich habe daher die Kategorien der beiden ersten Zeilen der vorstehenden Tabelle nochmals in der untenstehenden Tabelle zusammengefaßt:

Item	wenig effizient (1)	(2)	(3)	sehr effizient (4)
Interesse an wirtschaftlichen Fragen ist (sehr) hoch	34,5	39,7	43,9	53,8

Jetzt ist es unschwer erkennbar, daß die Wahrnehmung der Schule als ein effizienter Bildungsbetrieb das Interesse für Unterrichtsthemen deutlich in die Höhe treibt. Ist nur ein Drittel der Schüler von wenig effizienten Schulen daran interessiert, steigt der Anteil an sehr effizienten Schulen um mehr als die Hälfte. Haben die Schüler das Gefühl, etwas Sinnvolles zu lernen, dann steigt das Interesse gewaltig.

Werden kognitive Fähigkeiten und aktive Unterrichtsbeteiligung gefördert, steigt das Interesse der Schüler an speziellen Themen. Insgesamt wird die mangelhafte Vermittlung von wirtschaftlichem Grundwissen kritisiert; an effizienten Schulen fällt diese Beurteilung aber wesentlich günstiger aus. Mit einer positiveren Unterrichtseinschätzung ist auch stärker das Gefühl verbunden, daß der gelernte Unterrichtsstoff sinnvoll für das spätere (Berufs-)Leben ist.

2.2.1.3 Schule als Gemeinschaftsmodell fördert prosoziales Verhalten

Die Schule als Sozialisationsraum hat für Hentig (1993, S 214 ff.) eine wesentliche Bedeutung für die Entwicklung der Persönlichkeit. Die wichtigsten Kommunikations- und Kooperationsformen werden an der Schule vermittelt. Für Kinder ohne Kindergartenerfahrung ist Schule vielfach überhaupt der erste Ort, in dem Kommunikation innerhalb einer großen Gemeinschaft geprobt wird. Vieles an Sozialkompetenz wird schon im Elternhaus vermittelt. Die Schule kann allerdings positiv bzw. negativ auf zwischenmenschliche Verhaltensformen einwirken.

Ich vertrete die Hypothese, daß ein bestimmtes Sozialverhalten von Unterricht und Schulatmosphäre mit beeinflußt wird. Schon bei der Überprüfung kumulativer Erfahrungen des schulischen Gesamteindrucks wird deutlich, daß die kommunikativ-, kooperative Dimension von Schulatmosphäre am trennschärfsten ist. Eine partnerschaftlich erlebte Klassengemeinschaft und Förderung von Teamarbeit als Unterrichtsstil haben positive Auswirkungen auf das Wahrnehmen von Schule.

Im Abschnitt über die *Operationalisierung von Effizienz* wurde überprüft, inwieweit unterschiedlich erlebte Klassenatmosphäre nicht eher auf die Zusammensetzung einer Klasse denn auf die Schulatmosphäre an sich zurückgeführt werden kann. In sieben von sechzehn Schulen tauchen Differenzen in der Beurteilung zwischen zwei Jahrgängen auf. In zwei dieser Schulen ist die unterschiedliche Bewertung tatsächlich auf die Zusammensetzung der jeweiligen Klassen zurückzuführen. In den übrigen fünf Schulen dürfte die Differenz weniger auf die Klassenzusammensetzung als eher auf die unterschiedlich erlebte Effizienz des Unterrichts zurückgeführt werden können. Mit Ausnahme von zwei Schulen dürfte daher die Wahrnehmung von mehr oder weniger partnerschaftlichen Kommunikations- und Kooperationsformen mit einer entsprechend erlebten Schulatmosphäre zusammenhängen. In der Folge wird der Zusammenhang zwischen dem Sozialverhalten von Schülern und der Effizienz der Schule überprüft.

2.2.1.3.1 Positives Sozialverhalten

Item (trifft sehr zu, trifft zu, in %)	nicht effiziente Schule	effiziente Schule	Quotient (effizient/ nicht eff.)
Ich schätze meine Mitmenschen	67,2	93,4	1,39
Ich habe genaue Vorstellungen darüber, was ich im Leben erreichen will	49,1	68,3	1,39
Andere akzeptieren mich, so wie ich bin	63,5	85,2	1,34
Ich bin auch bereit, die Interessen meiner Klassenkollegen gegenüber dem Direktor zu vertreten	47,3	60,7	1,28
Ich höre mir gern die Meinung meiner Mitmenschen an	75,9	89,0	1,17
Wenn andere meine Hilfe brauchen, bin ich für sie da	87,3	95,6	1,10
Mich interessiert, ob es meinen Bekannten gut geht oder nicht	83,2	89,0	1,07

Schüler aus effizienten Schulen fühlen sich mehr akzeptiert, wissen eher was sie wollen und haben genauere Vorstellungen darüber, was sie im Leben erreichen wollen. Die positive Selbsteinschätzung drückt sich auch in ihrem Verhalten gegenüber den KlassenkollegInnen aus. Sie zeigen mehr Interesse an ihren Mitmenschen, sind hilfsbereiter und interessieren sich eher dafür, ob es ihren Bekannten gut geht oder nicht.

Die Differenzen zwischen effizienten und nicht effizienten Schulen sind aber bezüglich des positiven Sozialverhaltens nicht sehr deutlich ausgeprägt. Schüler mit ausgeprägten Selbstbewußtsein und Interesse gegenüber ihren Mitmenschen lassen sich von einer negativen Schulatmosphäre wahrscheinlich nicht so stark beeinflussen. Diese Hypothese wird durch die folgende Tabelle verifiziert:

2.2.1.3.2 Negatives Sozialverhalten

Item (trifft sehr zu, trifft zu, in %)	wenig effiziente Schule	effiziente Schule	Quotient (nicht eff/ effizient)
Was mit anderen Leuten passiert ist egal, Hauptsache, mir geht es gut	13,6	4,9	2,78
Wenn es darauf ankommt, stehe ich meist alleine da	33,2	15,3	2,17
Man muß mißtrauisch sein, damit einen andere nicht hintergehen	47,9	29,0	1,65
Nur der Stärkste setzt sich durch	40,8	24,3	1,49
Andere haben es viel besser als ich	18,7	13,1	1,43

Die Unterschiede sind besonders deutlich beim negativen Sozialverhalten sichtbar. Dreimal so vielen Schülern aus nicht effizienten Schulen ist es egal, was mit anderen Leuten passiert; das Gefühl, sich auf niemanden verlassen zu können, tritt mit doppelter Häufigkeit auf. Mißtrauische Schüler sind in diesen Schulen häufiger anzutreffen: fast jeder zweite Schüler glaubt ansonsten von den anderen hintergangen zu werden. Dieser Anteil beträgt bei effizienten Schulen weniger als ein Drittel.

Das Sozialverhalten wird also wesentlich vom schulischen Effizienzgrad mitgeprägt. Besonders deutlich sind die Unterschiede im negativen Sinn. Um diese Differenzen noch deutlicher herauszuarbeiten, untersuche ich in einem weiteren Schritt eine Teildimension effizienter Schulen. Mich interessiert, wie sich Kommunikation/Kooperation auf die Integration von Außenseitern in die Klassengemeinschaft auswirkt.

Items (trifft sehr zu, trifft zu)	wenig Kommunikation/ Kooperation	viel Kommunikation/ Kooperation	Quotient (nicht eff/ effizient)
Mich versteht sowieso niemand	15,2	4,2	3,62
Wenn es darauf ankommt, stehe ich meist alleine da	37,4	13,7	2,73
Ich kenne in der Schule keinen, mit dem ich meine Probleme besprechen kann	21,9	8,5	2,58
Die meisten meiner Klassenkameraden beurteilen mich falsch	37,7	14,7	2,56
Man muß mißtrauisch sein, damit einen andere nicht hintergehen	52,0	26,5	1,96

Die Ergebnisse sprechen für sich: in nicht effizienten Schulen mit niedrigen Kommunikations- bzw. Kooperationswerten sind Außenseiter zumindest doppelt so stark vertreten. Sie fühlen sich mehr unverstanden, alleine gelassen, haben niemanden mit dem sie ihre Probleme besprechen könnten. Fast viermal so viele Schüler fühlen sich in nicht effizienten Schulen unverstanden, dreimal so viele glauben, im Ernstfall alleine dazustehen und kennen niemanden, mit dem sie ihre Probleme besprechen können. Immerhin mehr als die Hälfte der Schüler hat Angst, von anderen hintergangen zu werden; bei effizienten Schulen ist es nur jeder vierte Schüler.

Wie wichtig das Erleben der Schule als Gemeinschaftsmodell ist, zeigt sich vor allem beim negativen Sozialverhalten. In nicht effizienten Schulen wirkt sich dies besonders kraß im Umgang mit den Schulkollegen aus. Mißtrauen und Angst unter Schülern sind in diesen Schulen viel häufiger vertreten. Schüler mit Schwierigkeiten in ihrer Persönlichkeitsentwicklung leiden unter dieser Schulatmosphäre am meisten. In nicht effizienten Schulen ist der Anteil an Außenseitern deutlich höher. Integrationsmaßnahmen finden hier viel weniger statt.

2.2.1.4 Stärkung der Selbstachtung hilft bei der Förderung eines biographischen Selbstkonzepts

Die Selbstachtung einer Person wird, so Tausch/Tausch (1991, S 55), entscheidend durch andere Personen gefördert oder beeinträchtigt. Die fortlaufenden Erfahrungen, die mit Eltern und Lehrern gemacht werden, verdichten sich zu einem Selbstkonzept, die das Bild des einzelnen beeinflussen. Das

Bild, das jemand von sich selbst hat, prägt dessen Selbstwertgefühl und damit auch den Umgang mit den Mitmenschen. Durch das Wahrnehmungslernen erhält der Schüler nicht nur einen Eindruck von der Schule als Sozialisationsinstanz; er bekommt weiters auch Rückmeldungen über sich selbst als Person. Behandelt ein Lehrer seine Schüler mit Respekt und Achtung, versucht er sie zu verstehen und zeigt er sich ihnen gegenüber offen und ehrlich, erleben die Schüler nicht nur eine positive Schulatmosphäre, sondern bekommen auch ein höheres Selbstwertgefühl. Ich vertrete die Ansicht, daß sich eine positiv erlebte Schulatmosphäre nicht nur auf das Selbstwertgefühl, sondern auch auf die Leistungen der Schüler auswirkt. Diese Frage wird in der nächsten Tabelle genauer untersucht.

Item (stimme sehr zu, stimme zu, in %)	nicht effiziente Schule	effiziente Schule	Quotient (effizient/ nicht eff.)
Bei Schularbeiten kann ich mich sehr gut konzentrieren	36,4	64,2	1,76
Schwierige Aufgaben erfülle ich sorgfältig und verantwortungsbewußt	39,3	69,0	1,76
Wenn notwendig, kann ich übertragene Aufgaben ohne Probleme selbständig lösen	46,4	67,3	1,45
Ich weiß, was ich will, und wenn ich mir etwas vorgenommen habe, dann setze ich das auch durch	62,7	82,1	1,31
Ich kann mich ohne Schwierigkeiten schnell auf eine überraschende Situation einstellen	55,4	72,3	1,31
Vorschläge zu Treffen und/oder die Organisation von Veranstaltungen gehen oft von mir aus	27,3	33,1	1,21
Oft habe ich spontane Einfälle, die ich dann auch umsetzen kann	54,7	65,8	1,20
Ich arbeite gerne mit Menschen zusammen	66,2	78,1	1,18
Ich habe keine Schwierigkeiten, Freunde zu finden	62,5	77,0	1,15
Auf mich kann man sich verlassen	80,6	91,9	1,14

Der positive Einfluß effizienter Schulen auf das Selbstwertgefühl drückt sich vor allem in der doppelt so hohen schulischen Leistungsfähigkeit bzw. beim Verantwortungsgefühl aus. Die Gewißheit, sich gut auf (Schul-)Aufgaben konzentrieren zu können und die Verantwortung für schwierige Aufgaben übernehmen zu können, steigern das Selbstbewußtsein. Weiters sind Schüler effizienter Schulen stärker der Auffassung, daß sie sich rasch auf neue Situationen einstellen können, und können ihre Vorstellungen auch besser durchsetzen.

Untersucht man den Zusammenhang von Selbstwertgefühl mit den drei Teildimensionen von Effizienz, ergibt sich der stärkste Unterschied bei der Dimension Selbstkompetenz. In einer guten Schule werden auf sich selbst gerichtete Fähigkeiten verstärkt gefördert. Das hat Auswirkungen auf die Selbsteinschätzung der betroffenen Schüler.

Item (stimme sehr zu, stimme zu, in %)	wenig Selbstkompetenz	viel Selbstkompetenz	Quotient (viel/ wenig)
Bei Schularbeiten kann ich mich sehr gut konzentrieren	31,5	62,7	1,99
Schwierige Aufgaben erfülle ich sorgfältig und verantwortungsbewußt	35,4	67,9	1,92
Wenn notwendig, kann ich übertragene Aufgaben ohne Probleme selbständig lösen	42,7	68,4	1,60
Vorschläge zu Treffen und/oder die Organisation von Veranstaltungen gehen oft von mir aus	27,1	38,7	1,43
Ich weiß, was ich will, und wenn ich mir etwas vorgenommen habe, dann setze ich das auch durch	63,0	86,1	1,37
Ich kann mich ohne Schwierigkeiten schnell auf eine überraschende Situation einstellen	55,5	74,5	1,34
Oft habe ich spontane Einfälle, die ich dann auch umsetzen kann	55,3	71,5	1,29
Ich habe keine Schwierigkeiten, Freunde zu finden	68,1	78,1	1,15
Auf mich kann man sich verlassen	79,6	89,9	1,13
Ich arbeite gerne mit Menschen zusammen	74,4	78,9	1,06

Die Ergebnisse sind ähnlich jener Tabelle zuvor, allerdings sind bei dieser Teildimension die Unterschiede doch noch deutlicher ausgeprägt. Die Gewißheit, daß schwierige (Schul-) Aufgaben konzentriert, selbständig und verantwortungsbewußt gelöst werden können, beflügelt die Schüler. Doppelt so viele Schüler an effizienten Schulen sind davon überzeugt.

2.2.1.4.1 Karrierepläne nach der Schule

Dieses Selbstbewußtsein ist Ausdruck eines entwickelten Selbstkonzepts und setzt sich auch bei den Karriereplänen nach der Schule fort. Wie schon beim Sozialverhalten befragt, haben in „effizienten Schulen" knapp siebzig Prozent genaue Vorstellungen darüber, was sie im späteren Leben erreichen wollen. In wenig effizienten Schulen vertritt nur jeder zweite Schüler diese Meinung.

IV Karrierepläne nach der Schule

IV			Effizienz				Gesamt
			1=niedrig	2	3	4=hoch	
	Geld verdienen	Anzahl	16	15	14	4	49
		% von Effizienz	5,1%	4,2%	4,9%	2,2%	4,3%
	Studium	Anzahl	171	207	178	134	690
		% von Effizienz	54,1%	58,0%	62,7%	73,2%	60,5%
	Berufsspez. Weiterbildung	Anzahl	73	77	65	35	250
		% von Effizienz	23,1%	21,6%	22,9%	19,1%	21,9%
	Weiß ich nicht	Anzahl	56	58	27	10	151
		% von Effizienz	17,7%	16,2%	9,5%	5,5%	13,2%
Gesamt		Anzahl	316	357	284	183	1140
		% von Effizienz	100,0%	100,0%	100,0%	100,0%	100,0%

Die Förderung bei der Entwicklung eines Selbstkonzepts kommt bei effizienten Schulen deutlich zur Geltung. Die positive Schul- und Lernatmosphäre drückt sich bei fast drei Vierteln der Schüler im Wunsch aus, nach der Matura zu studieren. Bei nicht effizienten beträgt dieser Anteil nur die Hälfte. Dagegen weiß hier fast jeder fünfte Schüler noch nicht, was er nach der Matura tun soll, an effizienten Schulen hat nur noch jeder zwanzigste Schüler ein ähnliches Problem.

2.2.1.4.2   Interessensvertretung in der Schule

Ein positives Selbstkonzept und eine entsprechend positivere Beziehung zu den Mitschülern haben Auswirkungen auf den Wunsch, für Gemeinschaftsanliegen zu werben. Bei Schülern aus effizienten Schulen erhöht sich mit zunehmender Effizienz die Bereitschaft, die Interessen von Klassenkollegen gegenüber dem Direktor zu vertreten.

VI_6 Bereitschaft, die Interessen von Klassenkollegen zu vertreten

1=wenig Effizienz	Mittelwert	2,80
	N	315
	Standardabweichung	1,40
2	Mittelwert	2,63
	N	356
	Standardabweichung	1,27
3	Mittelwert	2,51
	N	283
	Standardabweichung	1,28
4=viel Effizienz	Mittelwert	2,24
	N	183
	Standardabweichung	1,22
Insgesamt	Mittelwert	2,58
	N	1137
	Standardabweichung	1,31

Das zunehmende Interesse, Gemeinwohl nach außen zu vertreten, soll hier noch in einer anderen tabellarischen Form dargestellt werden:

Bereitschaft, die Interessen der Klassenkollegen gegenüber dem Direktor zu vertreten	wenig Effizienz (1)	(2)	(3)	viel Effizienz (4)
trifft zu, trifft sehr zu	47,3	48,9	52,3	60,7

Weniger als die Hälfte der Schüler sind in nicht effizienten Schulen bereit, die Anliegen ihrer Kollegen vor dem Direktor wahrzunehmen, an effizienten Schulen sind es dagegen mehr als sechzig Prozent.

Effiziente Schulen fördern durch die Vermittlung von Schlüsselqualifikationen stärker die Entwicklung eines Selbstkonzepts. Der positive Einfluß auf das Selbstwertgefühl drückt sich vor allem in einer erhöhten schulischen Leistungsfähigkeit bzw. beim Aktivitätsgrad der Schüler aus. Schüler aus effizienten Schulen wissen eher was sie wollen, sind verläßlicher und können spontane Einfälle viel eher durchsetzen. Sie sind eher dazu bereit, Gemeinschaftsinteressen nach außen hin zu vertreten, und haben genauere Karrierepläne für das Leben nach der Schule.

2.2.1.5 Förderung von Schlüsselqualifikationen reduziert psychosomatische Krankheitserscheinungen

In den bisherigen Schritten wurden Auswirkungen einer positiv erlebten Schulatmosphäre auf das Gesamtbild Schule, auf die Förderung von Lernbereitschaft und des Gefühls, etwas Sinnvolles zu tun, beschrieben. Außerdem wurde die integrative Funktion eines Gemeinschaftsmodells Schule und der Einfluß auf Selbstachtung und Selbstkonzept eines Schülers untersucht. Ich denke, daß mit einem positiv empfundenen Unterrichtsstil Streßsituationen weniger negativ erlebt werden; daß in einer partnerschaftlichen Atmosphäre Leistungsängste geringer sind. Das damit einhergehende Wohlbefinden drückt sich meiner Meinung nach auch in der gesundheitlichen Situation der Schüler aus. In effizienten Schulen sollten psychosomatische Krankheitserscheinungen wesentlich weniger häufig auftreten.

2.2.1.5.1 *Effizienz (Gesamtindex)*

Psychosomatische Beschwerde (zumindest 1x die Woche)	nicht effiziente Schule	effiziente Schule	Quotient (nicht eff/ effizient)
allgemein schlecht	30,9	10,9	2,83
Kopfschmerzen	40,2	19,6	2,05
Rückenschmerzen	42,2	23,5	1,80
schwindlig, benommen	23,8	15,8	1,51
Magenschmerzen	18,3	12,5	1,46
reizbar, schlecht gelaunt	56,1	41,0	1,37

Insgesamt haben Schüler von effizienten Schulen ein wesentlich höheres Wohlbefinden. Nur zehn Prozent stehen fast ein Drittel an nicht effizienten Schulen gegenüber. Kopf- und Rückenschmerzen treten an effizienten Schulen nur halb so oft auf; aber auch alle anderen psychosomatischen Erscheinungen sind seltener zu beobachten.

In der Folge untersuche ich Teildimensionen der Effizienz, um herauszuarbeiten, welche Wahrnehmungen zu besonderen Beeinträchtigungen bei den Schülern und Schülerinnen führen.

2.2.1.5.2 Kognitive Dimension:

Psychosomatische Beschwerde (zumindest 1x die Woche)	nicht effiziente Schule	effiziente Schule	Quotient (nicht eff/ effizient)
allgemein schlecht	29,3	16,9	1,73
Kopfschmerzen	35,9	21,3	1,69
Magenschmerzen	18,4	11,0	1,67
Rückenschmerzen	37,5	26,5	1,42
reizbar, schlecht gelaunt	55,4	39,2	1,41
schwindlig, benommen	22,1	17,7	1,25

Die Förderung von Sachkompetenz verbessert das Wohlbefinden; Schüler haben wesentlich weniger Kopf- bzw. Magenschmerzen und fühlen sich seltener allgemein schlecht.

2.2.1.5.3 Kommunikative, kooperative Dimension

Psychosomatische Beschwerde (zumindest 1x die Woche)	nicht effiziente Schule	effiziente Schule	Quotient (nicht eff /effizient)
allgemein schlecht	32,6	16,5	1,98
schwindlig, benommen	24,6	15,6	1,58
Rückenschmerzen	41,8	27,0	1,55
reizbar, schlecht gelaunt	59,2	41,3	1,43
Kopfschmerzen	34,7	25,0	1,39
Magenschmerzen	15,5	12,7	1,22

Die Förderung der Sozialkompetenz halbiert das allgemeine negative psychosomatische Empfinden; Schwindelgefühle und Rückenschmerzen treten seltener auf.

2.2.1.5.4 Dimension der Selbstkompetenz

Psychosomatische Beschwerde (zumindest 1x die Woche)	nicht effiziente Schule	effiziente Schule	Quotient (nicht eff /effizient)
allgemein schlecht	31,1	9,6	3,24
Kopfschmerzen	38,4	17,5	2,19
Rückenschmerzen	43,3	20,6	2,10
schwindlig, benommen	27,1	14,6	1,86
Magenschmerzen	18,5	2,4	1,49
reizbar, schlecht gelaunt	53,4	41,9	1,27

Die Förderung von Selbstkompetenz wirkt sich besonders deutlich auf den Gesundheitszustand der betroffenen Schüler aus: das allgemeine negative Befinden reduziert sich auf ein Drittel; Kopf- und Rückenschmerzen treten nur halb so oft auf; ähnliches gilt für Schwindelgefühle und Benommenheit.

Das Erleben von schulischer Atmosphäre kann die Gesundheit des Schülers beeinträchtigen. Insgesamt klagen Schüler aus nicht effizienten Schulen dreimal so häufig über Unwohlsein; sie haben doppelt so oft Kopf- und Rückenschmerzen. Am stärksten wirkt sich die vernachlässigte Förderung von Selbstkompetenz auf die Krankheitssymptome der Schüler aus. Wenig Kreativität und Lust am Lernen, kaum Rücksichtnahme auf persönliche Erfahrungen und Erlebnisse, wenig angenehme Unterrichtsatmosphäre und wenig Mitgestaltungsmöglichkeiten führen dazu, daß psychosomatische Erscheinungen häufiger zu beobachten sind als im Gesamtdurchschnitt.

2.2.1.6 Herkunft und Effizienz: Einfluß der elterlichen Bildungsschicht auf die Effizienzbeurteilung der Schüler

Die Herkunft der Schüler ist aus meiner Sicht ebenfalls für die Beurteilung der schulischen Effizienz mitverantwortlich. Im Rahmen meiner Diplomarbeit habe ich mich schon mit den schichtspezifischen Ausbildungsvorstellungen der Eltern beschäftigt. In der Studie, die die Belastungsfaktoren für Teilnehmer am zweiten Bildungsweg zum Thema hat, wurden die elterlichen Karrierepläne bis zur Matura abgefragt. Väter und Mütter mit „Arbeiterstatus" (Pflichtschule/Lehre) hatten nur zu 40% die Matura als Ausbildungsziel für ihre Kinder genannt. Eltern aus dem Bildungsbürgertum (Matura/Hochschule) vertraten diese Pläne dagegen mit mehr als 80% (Zuba 1996, S 28).

Die Ausbildungsvorstellungen der Eltern prägen die Lebenspläne der Jugendlichen: mit zunehmendem elterlichen Bildungsniveau steigt der Wunsch nach dem Studium. Umgekehrt sind Jugendliche aus der Unterschicht besonders an berufsspezifischen Weiterbildungsmodellen interessiert. Nun vertrete ich die Hypothese, daß den unterschiedlichen Karriereplänen der Jugendlichen, die vom Bildungsstand der Familie mitgeprägt wurden, in effizienten Schulen mehr Rechnung getragen wird.

Außerdem bin ich der Auffassung, daß effiziente Schulen dem sozialisationsbedingt unterschiedlichen Bildungsniveau durch ein besseres Anknüpfen an Vorkenntnisse mehr gerecht werden. Unterschichtabsolventen sollte daher das Lernen in effizienten Schulen leichter fallen als in nicht effizienten Schulen. Mehr bedürfnisorienterter Unterricht und weniger Leistungsdruck müßten sich in der Folge auch auf das persönliche Empfinden auswirken. Ängste und psychosomatische Erkrankungen sollten unter sozial benachteiligten Schülern in effizienten Schulen weniger verbreitet sein. Schließlich könnte damit ein weiterer Indikator nachgewiesen werden, der die Effizienz schulischer Ausbildung nachweist: die Integration sozial schwächerer Schüler in den Unterricht. Die Schichtzugehörigkeit wurde folgendermaßen definiert:

Unterschicht: (zumindest ein Elternteil hat nur Pflichtschulausbildung bzw. Lehre absolviert)

Mittelschicht: (zumindest ein Elternteil hat nur Fachschulausbildung bzw. Mittelschule ohne Matura)

Oberschicht: (beide Elternteile haben zumindest Matura; z.T. einer oder beide sogar Hochschulausbildung)

Obwohl die Ergebnisse großteils nicht signifikant sind, läßt sich doch ein Einfluß der elterlichen Bildungsschicht auf die Karrierepläne der Sprößlinge nachweisen. Den schichtspezifischen Bedürfnissen der Schüler wird in effizienten Schulen mehr entgegengekommen. Schülern aus dem „Arbeitermilieu" haben klarere Vorstellungen bezüglich ihrer Lebenspläne. Deutlich mehr von ihnen sind an einem Studium nach der Schule interessiert, aber auch der Anteil der an berufsspezifischer Weiterbildung Interessierten ist größer. Das hat Auswirkungen auf die Zahl der Unentschlossenen. Sechs Prozent an effizienten Schulen stehen 21 Prozent bei der Vergleichsgruppe gegenüber.

Die konkreteren Lebenspläne können unter anderem auch darauf zurückgeführt werden, daß die individuellen Bedürfnisse Jugendlicher an effizienten Schulen besser berücksichtigt werden. Das äußert sich dadurch, daß es kaum schichtspezifische Unterschiede bei der Beurteilung dieser Schulen gibt. An nicht effizienten Schulen haben dagegen Schüler aus Unterschichtverhältnissen mehr Schwierigkeiten beim Lernen. Sie beklagen viel häufiger, daß auf ihre Kenntnisse weniger eingegangen und auf das Verstehen des Lernstoffes nicht so sehr geachtet wird. Auf ihr sozialisationsbedingt größeres Interesse an berufsspezifischen Weiterbildungsmodellen wird weniger Rücksicht genommen.

Damit stelle ich einen wechselseitigen Einfluß der Herkunft auf die Schüler und deren Beurteilungskriterien fest. Schüler mit Oberschichtsozialisation haben generell weniger Lernprobleme und können mit widrigen Umständen in nicht effizienten Schulen besser fertig werden. Bei ihnen gibt es daher kaum schichtspezifische Beurteilungsunterschiede. Schüler, die dagegen ohnehin durch ihre Herkunft eher benachteiligt sind, fühlen sich in nicht effizienten Schulen sichtlich unwohler als in der Vergleichsgruppe. Das wirkt sich auch in deren Beurteilung aus.

Die schichtspezifische Zusammensetzung der Schulen hängt davon ab, in welchem Einzugsgebiet sie zu Hause sind. In Arbeiterbezirken wie Simmering, Meidling oder Ottakring ist der Anteil an „Arbeiterkindern" sicherlich höher als in Bezirken mit einem hohen Anteil an Bildungsbürgern. Notwendigerweise bedeutet das aber nicht, daß Schulen in Arbeiterbezirken weniger effizient sind. Immerhin befindet sich in beiden Vergleichsgruppen je eine Schule mit einen hohen Anteil von Schülern aus der untersten, bzw. aus der obersten Bildungsschicht. An der Frage der Herkunft und wie Kinder aus unteren sozialen Schichten in eine Schule integriert werden, läßt sich allerdings unter anderem auch feststellen, wie effizient eine Schule tatsächlich ist.

Mangelnde Integration drückt sich schließlich auch in Ängsten und psychosomatischen Erkrankungen aus. Generell wurde anhand der Gesamterhebung festgestellt, daß mit zunehmendem Bildungsniveau die Ängste der betroffenen Schüler abnehmen. An nicht effizienten Schulen sind die Versagensängste von Unterschichtschülern viel größer als von Oberschichtschülern. Diese doch recht deutlichen Differenzen innerhalb dieser Vergleichsgruppe gibt es an effizienten Schulen nicht. Hier können kaum schichtspezifische Beurteilungsunterschiede festgestellt werden. Ähnliches gilt für psychosomatische Krankheitserscheinungen. An nicht effizienten Schulen sind Schüler mit Unterschichtsozialisation dagegen vermehrt nervös, fühlen sich allgemein schlecht und leiden unter Rücken- bzw. Kreuzschmerzen.

An der Frage der Herkunft läßt sich erkennen, wie die Schulen mit den unterschiedlichen Grundkenntnissen und Interessen der Schüler umgehen. In effizienten Schulen werden sozial benachteiligte Schüler besser integriert; es gibt daher kaum Unterschiede in der Beurteilung der eigenen Schule. An nicht effizienten Schulen sind diese Unterschiede dagegen signifikant. Damit ist es auch nicht verwunderlich, daß drei Viertel aller Unterschichtschüler den Unterricht an effizienten Schulen auch als effizient bezeichnen. In der Vergleichsgruppe beträgt dieser Anteil nur ein Viertel.

2.2.2 Zusammenfassung der empirischen Ergebnisse

Was zeichnet effiziente Schulen aus?

- Schüler haben ein größeres Lerninteresse (auch in wirtschaftlichen Fragen).
- Schüler fühlen sich besser auf ihr späteres Berufsleben vorbereitet.
- Berufspläne sind schon viel konkreter (Hauptwunsch: Universität; nur 5 % Unentschlossene).
- Schüler fühlen sich mehr von der Klassengemeinschaft akzeptiert und interessieren sich mehr für ihre Kollegen.
- Außenseiter werden besser integriert.
- Höheres Wohlbefinden der Schüler und weniger psychosomatische Erkrankungen.
- Höhere schulische Leistungsfähigkeit (Konzentration, Lösen schwieriger Aufgaben).
- Mehr Kompetenz bei Schlüsselqualifikationen (Organisation, Flexibilität, Kreativität, Einstellung auf neue Situationen).
- Sozial benachteiligte Schüler werden besser integriert; auf ihre berufsspezifischen Interessen wird mehr Rücksicht genommen.

ENTSCHEIDEND für diese Unterschiede zwischen effizienten und nicht effizienten Schulen ist die POSITIVE ATMOSPHÄRE in der Unterricht stattfindet. Auf die Bedürfnisse der Schüler wird Rücksicht genommen, sie werden partnerschaftlich statt autoritär behandelt und sie werden als Persönlichkeit respektiert und geachtet. Das ist die Grundlage für die Förderung von Schlüsselqualifikationen.

Die Schüler effizienter Schulen sind eher der Auffassung, daß auf ihre individuellen Bedürfnisse Rücksicht genommen wird. Sie erleben Unterricht als sinnvolle Vorbereitung auf das spätere Berufsleben. Das Individuum fühlt sich bei der Planung seiner eigenen Lebensbiographie, die über die Schule hinausgeht, unterstützt. Damit steigt auch naturgemäß das Interesse am Lehrstoff. Schließlich haben Schüler aus effizienten Schulen konkretere Berufspläne und sind mit drei Viertel aller Befragten auch stärker an einer universitären Weiterbildung interessiert. Damit wird an effizienten Schulen der gesellschaftliche Bildungsauftrag besser wahrgenommen.

Die Integrationsmechanismen sind an nicht effizienten Schulen schwächer. Mißtrauen und Angst unter Schülern sind in diesen Schulen viel häufiger vertreten. Schüler mit Schwierigkeiten in ihrer Persönlichkeitsentwicklung leiden unter dieser Schulatmosphäre am meisten. In nicht effizienten Schulen ist der Anteil an Außenseitern deutlich höher. Negatives Erleben der schulischen Atmosphäre führt zu einem erheblich höheren Anteil an psychosomatischen Erkrankungen der Schüler. Das gesundheitliche Wohlbefinden leidet unter einem Unterrichtsstil, der zuwenig auf die Persönlichkeit der Schüler Rücksicht nimmt.

An der Frage der Herkunft läßt sich erkennen, wie die Schulen mit den unterschiedlichen Grundkenntnissen und Interessen der Schüler umgehen. In effizienten Schulen werden sozial benachteiligte Schüler besser integriert; es gibt daher kaum Unterschiede in der Beurteilung der eigenen Schule. An nicht effizienten Schulen sind diese Unterschiede dagegen signifikant. Damit ist es auch nicht verwunderlich, daß drei Viertel aller Unterschichtschüler den Unterricht an effizienten Schulen auch als effizient bezeichnen. In nicht effizienten Schulen beträgt dieser Anteil nur ein Viertel.

Die Wahrnehmung einer positiven Schulatmosphäre fördert eine günstige Persönlichkeitsentwicklung. Der positive Einfluß auf das Selbstwertgefühl drückt sich vor allem in einer erhöhten schulischen Leistungsfähigkeit, bzw. beim Aktivitätsgrad der Schüler aus. Schüler aus effizienten Schulen wissen eher was sie wollen, sind verläßlicher und können spontane Einfälle viel eher durchsetzen. Schlüsselqualifikationen wie Konzentrationsfähigkeit, Organisationstalent, Flexibilität, Durchsetzungsfähigkeit, Verläßlichkeit und Kreativität werden durch Achtung der Persönlichkeit gefördert. Das Verantwortungsbewußtsein der Schüler drückt sich auch darin aus, daß sie eher dazu bereit sind, Gemeinschaftsinteressen nach außen hin zu vertreten.

Wenn die Schüler von den Lehrern als eigenständige Persönlichkeiten behandelt werden, die den Unterricht mitgestalten, die Verantwortung übernehmen und mit ihren eigenen Erfahrungen und Kenntnissen ernst genommen werden, hat das auch Vorbildwirkung auf das Sozialverhalten gegenüber den Mitschülern, aber auch auf die Bereitschaft, sich mit Unterrichtsinhalten auseinanderzusetzen. Damit wird weiters das Gefühl bestärkt, daß der Schulbesuch eine sinnvolle Vorbereitung auf das spätere Berufsleben darstellt.

2.3 QUALITATIVE ZWEITERHEBUNG BEI DEN EXTREMGRUPPEN

2.3.1 Forschungsdesign

2.3.1.1 Motive für die Zweiterhebung

Warum gibt es zum Teil so gravierende Differenzen zwischen einzelnen Schulen? Ich führe dies in der Analyse der bisherigen Ergebnisse auf die positive bzw. negative Atmosphäre zurück, in der Unterricht stattfindet. Dieser Ansicht liegt die Annahme zugrunde, daß die Persönlichkeitsentwicklung in effizienten Schulen stärker gefördert wird als an nicht effizienten Schulen, bei denen die Stoffvermittlung im Vordergrund steht.

2.3.1.2 Methode

Mit Hilfe von Interviews mit den Klassenvorständen jener Klassen, die sich aus den beiden effizientesten, bzw. nicht effizienten Schulen rekrutieren, sollte herausgearbeitet werden, ob für die Lehrer ein Konkurrenzverhältnis zwischen Ausbildung (Wissensvermittlung) und Persönlichkeitsbildung besteht. Deshalb wurden im Kriterienkatalog bewußt Fragen gestellt, die eine Präferenz des Lehrers in die eine bzw. andere Richtung erkennen lassen. Dem Interview liegt ein Leitfaden zugrunde, der zunächst die Vorlage von Meinungen auf Kärtchen vorsieht, die die Lehrer bewerten sollten. Danach wurden persönliche Unterrichtsvorstellungen, die Rolle der Persönlichkeitsbildung an den Schulen, außerschulische Angebote, sowie die Zusammenarbeit zwischen Lehrern untereinander bzw. mit dem Direktor abgefragt.

2.3.1.3 Erste Eindrücke aus den Interviews

Bei den Lehrern ist weniger Zeit und Raum als bei den Direktoren vorhanden, um zufriedenstellende Tiefeninterviews durchführen zu können. Da ist es schon viel schwerer, überhaupt mit den Lehrern telefonisch Kontakt aufzunehmen, wenn z.B. für 100 Lehrer im Lehrerzimmer nur ein Telefon vorhanden ist. Wenn der Kontakt noch dazu nur in der Pause zwischen zwei

Unterrichtseinheiten möglich ist, ist man als Interviewer schon sehr vom Goodwill der Lehrer, sich untereinander abzusprechen, abhängig. Deren durchwegs positive Kooperationsbereitschaft hat es mir erst ermöglicht, sämtliche Interviews mit den gewünschten Klassenvorständen durchzuführen.

Schließlich waren auch die Raummöglichkeiten begrenzt. Als Außenstehender wird einem da erst bewußt, wie schlecht eigentlich die Arbeitsbedingungen für Lehrer an den Schulen sind. Da gibt es Lehrerzimmer mit 50-60 aneinandergereihten Tischen, die von den einzelnen Lehrern bereits mit Büchern und Unterrichtsmaterialien vollgepackt wurden. Es gibt auch Lehrer, die gar keinen eigenen Arbeitsplatz haben. Die Interviews wurden in den beiden effizienten Schulen in eher größeren Aufenthaltsräumen abgehalten, wobei in einem Fall die Schüler auch Zutritt haben. In den nicht effizienten Schulen mußten dafür winzige Zimmer herhalten, die eher die Funktion einer Abstellkammer erfüllten.

Im Vergleich zu den Interviews mit den Direktoren hatte das Zeit/Raum-Problem auch Auswirkungen auf die Aussagebereitschaft der Lehrer. Antworten auf die gestellten Fragen wurden eher knapp gehalten; lediglich ein Lehrer einer effizienten Schule, der auch Personalvertreter ist, gab ein ausführliches, fast einstündiges Interview. Bei den anderen Lehrern lag die durchschnittliche Interviewzeit bei ca. 15-20 Minuten. Dazu im Vergleich die Direktoren: sie waren wesentlich auskunftsfreudiger und standen, zumindest während des Interviews, unter wesentlich geringerem Zeitdruck. Im Umfeld eines eigenen Büros wurde aus dem Interview eigentlich zumeist eine längere Plauderei, die im Schnitt eine knappe Stunde in Anspruch nahm.

Wie schon erwähnt, verlangen die im Kriterienkatalog formulierten Äußerungen eine Festlegung dahingehend, was für den Lehrer wichtiger ist: die Persönlichkeitsentwicklung oder die Wissensvermittlung (Ausbildung). Von einigen Lehrern wurde deshalb auch die Ausschließlichkeit der Äußerungen kritisiert; sie wollten sich nicht in allen Fällen festlegen.

2.3.2 *Ergebnisse*

2.3.2.1 Kriterienkatalog: Realistischere Einschätzung an effizienten Schulen

Zunächst verglich ich die Beurteilungen der vorgelegten Kärtchen mit Hilfe einer Clusteranalyse. Dabei ergaben sich zwei Cluster, die den vier ausgewählten Schulen zugeordnet wurden (zur Erinnerung: die Schulen G und N sind die beiden effizientesten, die Schulen H und L jene mit der geringsten Effizienz).

Zuordnung der Schulen nach Clustern:

	Cluster 1	Cluster 2
Schule G:	4 Lehrer	1 Lehrer
Schule H:	1 Lehrer	3 Lehrer
Schule L:	1 Lehrer	3 Lehrer
Schule N:	4 Lehrer	0 Lehrer

In Cluster 1 sind fast alle Lehrer aus effizienten Schulen zu finden (8 von 9); aus nicht effizienten Schulen ist jeweils nur ein Lehrer in diesem Cluster. In Cluster 2 sind bis auf eine Ausnahme pro Schule nur Lehrer aus nicht effizienten Schulen enthalten (6 von 8). Nun stelle ich die durchschnittliche Lehrerbeurteilung/Cluster den einzelnen vorgelegten Aussagen gegenüber.

Die Ergebnisse waren für mich überraschend. Ich war von der Annahme ausgegangen, daß Lehrer in effizienten Schulen die Persönlichkeitsentwicklung der Schüler in den Vordergrund stellen. Damit ist für mich eine Mitgestaltung des Unterrichts durch die Schüler, kreativer Unterricht, Gruppenarbeit, Förderung des Gemeinschaftsgeistes innerhalb der Klasse u.v.m. verbunden. Auf erstem Blick schien das Gegenteil der Fall zu sein.

Lehrermeinung an effizienten Schulen	Lehrermeinung an nicht effizienten Schulen
• Unterricht mit Disziplin und Ordnung ist wichtig.	• Unterricht mit Disziplin und Ordnung wird eher abgelehnt.
• Nicht allen Schülern kann der Lehrstoff verständlich vermittelt werden, bei Bedarf sollen sie ihn zumindest auswendig lernen.	• Lehrer als Autorität tritt zu Gunsten eines höheren Gestaltungsspielraumes für Schüler zurück (Unterrichtsablauf, Gruppenarbeit, Mitgestaltung durch Schüler, Kreativität)
• Kreativität, Gruppenarbeit und Mitgestaltung des Unterrichts ist aufgrund der aktuellen Unterrichtssituation eher nicht möglich	• Alle Schüler sollen den Lehrstoff verstehen
• Förderung des Individuums	• Klassengemeinschaft ist wichtig

Lehrer aus effizienten Schulen legen scheinbar den Schwerpunkt auf eine entsprechende Wissensvermittlung (Ausbildung), während Lehrer nicht effizienter Schulen mehr Wert auf die Persönlichkeitsentwicklung legen.

Nach einer genaueren Analyse vertrete ich die Hypothese, daß die Lehrer effizienter Schulen eine scheinbar realistischere Einschätzung der schulischen Wirklichkeit haben. Bei nicht effizienten Lehrern dürften dagegen eher Wunschvorstellungen über den „idealen Unterrichtsstil" dominieren. Eine eher traditionelle Unterrichtsform innerhalb der gegebenen Rahmenbedingungen erscheint den effizienten Lehrern erfolgversprechender zu sein. Andererseits könnten stärker ausgeprägte Wunschvorstellungen in nicht effizienten Schulen auf eine eher unbefriedigende Arbeitssituation der Lehrer zurückgeführt werden.

Um diese Hypothese bekräftigen zu können, vergleiche ich in der Folge die Lehrermeinungen von effizienten und nicht effizienten Schulen zu den folgenden Themenkomplexen: Ziel schulischer Ausbildung, Änderungswünsche der Lehrer, Zusammenarbeit der Lehrer untereinander, Zusammenarbeit mit dem Direktor, Klassengemeinschaft aus der Sicht der Lehrer, außerschulische Angebote.

2.3.2.2 Ziel schulischer Ausbildung

Persönlichkeitsentwicklung steht für alle Lehrer im Vordergrund. Unterschiede lassen sich hier nur in Nuancen feststellen. Bei Lehrern effizienter Schulen steht der disziplinierte, selbständige Schüler im Vordergrund, der, mit dem nötigen Fachwissen ausgestattet, sich im Leben zurechtfindet. An den beiden nicht effizienten Schulen wird dagegen laut Lehrerauskunft besonderer Wert auf das Gruppenverhalten gelegt.

Lehrermeinung an effizienten Schulen	Lehrermeinung an nicht effizienten Schulen
• Schüler sollen gelernt haben, sich zu disziplinieren • Schaffung einer heilen Persönlichkeit • Grundstock an Wissen soll vermittelt werden • Fähigkeit, selbständig weiterzulernen • Lebensvorbereitung: Berufs- und Persönlichkeitsentwicklung • Vermittlung von Allgemeinbildung und Fachwissen; ohne auf Menschliches ganz zu vergessen	• Gruppen- bzw. Teamarbeit lernen • Allgemeinwissen sollte vorhanden sein • Festigung der Persönlichkeit • Lernen von Gruppenverhalten • Erfahrungen für Persönlichkeit sammeln • Entrümpeln des Lernstoffes

2.3.2.3 Änderungswünsche von LehrerInnen

Bei den Änderungswünschen werden erstmals größere Differenzen deutlich. Interessanterweise sind Lehrer an effizienten Schulen bezüglich des Unterrichtsstils doch nicht so traditionsbewußt, wie ursprünglich angenommen. Sie stehen offenen Schulformen und fächerübergreifendem Unterricht durchaus aufgeschlossen gegenüber. Deren Änderungsvorschläge haben für mich eher einen positiven Grundton; man ist mit der derzeitigen Situation durchaus nicht unzufrieden. Lehrer nicht effizienter Schulen sind dagegen mit den unmittelbaren Unterrichtsbedingungen viel unzufriedener; das Klima der Lehrer untereinander und das Lernumfeld werden kritisiert. Bei ihnen schlägt sich bei den Änderungswünschen die derzeit negativ empfundene Arbeitssituation stärker nieder.

Lehrermeinung an effizienten Schulen	Lehrermeinung an nicht effizienten Schulen
• mehr Kleingruppen für den Sprachunterricht	• bessere Abstimmung des Stundenplans - verwandte Fächer an einem Tag
• Auslandsreisen steigern die Motivation	
• für Leistungsbeurteilung - gegen Matura	• größere Klassenräume, hellere Schule
• Administratoren für jede Klasse	• Fächerübergreifender Unterricht
	• Verbesserung des Lehrerklimas
• mehr Doppelstunden, fächerübergreifenden Unterricht und offenere Schulformen	• weniger Bürokratie
• mehr finanzielle Mittel für Schulautonomie	• Schulhof gewünscht (schlechte Schulumgebung)
• mehr Geld vom Staat	• Freizeitraum für Schüler als Ersatz für Kaffeehaus während Religionsunterricht

2.3.2.4 Zusammenarbeit der Lehrer untereinander

Hier scheint für mich eine wesentliche Ursache dafür zu liegen, ob eine Schulatmosphäre von den Schülern als positiv empfunden wird. Bei den effizienten Schulen wird die Zusammenarbeit zwischen den Lehrern als durchwegs positiv beschrieben; bei den beiden nicht effizienten Schulen gibt es jeweils zumindest zwei Gruppen von Lehrern, die sich zumindest mißtrauisch, wenn nicht sogar feindselig gegenüberstehen. Um die Polarisierung innerhalb des Lehrkörpers deutlicher zu machen, werden in der Folge einige Aussagen von Lehrern aus nicht effizienten Schulen (H,L) zitiert:

INTERVIEWER: *Gibt es eine fächerübergreifende Zusammenarbeit mit den Lehrerkollegen?*

L: *Es kommt immer darauf an, welche Lehrer in der Klasse sind. Wenn es Lehrer sind, die dazu bereit sind, dann funktioniert das sehr gut, wenn das Lehrer sind, die den Unterricht nur für sich alleine machen, dann geht es natürlich überhaupt nicht.* (AHS H/LehrerIn A)

INTERVIEWER: *Wie ist die Atmosphäre zwischen den Lehrern in dieser Schule?*

L: Es gibt immer wieder Probleme und da wäre es gut, wenn man mehr darüber spricht. Daß man z.B. Nachmittage irgendwo hin fährt. Das wäre für mich wichtig. Beim Projektunterricht gibt es zwischen den Lehrern verschiedene Ansichten. Die einen finden, das ist wichtig, die anderen, das ist nicht wichtig. (AHS H/LehrerIn B)

INTERVIEWER: *Wie würden Sie eigentlich die Zusammenarbeit mit den Lehrern beurteilen?*

L: Natürlich gibt es auch immer wieder Reibereien. Da gibt es Gruppierungen, die einmal mehr und einmal weniger auffallen, aber im allgemeinen glaube ich, auch wenn es sich nicht immer dokumentieren läßt, habe ich doch das Gefühl, daß sich alle (...) als Gemeinschaft empfinden. Auch wenn es manchmal nicht so gut geht, wie man gerne möchte und manchmal auch Äußerungen, die man gut gemeint hineinwirft, da auch nicht so gut ankommen ... (AHS L/LehrerIn A)

INTERVIEWER: *Wie würden Sie das Klima im Lehrkörper beurteilen?*

L: Momentan ist es sehr negativ. Wobei ich sagen muß, daß ich mich mit einer Gruppe von Lehrern sehr gut verstehe, da ist es toll. Aber leider gibt es momentan eine Polarisierung, die ich sehr stark spüre. **Mich beschäftigt dabei schon sehr stark, daß durch die Polarisierung innerhalb der Lehrer die Aggressivität innerhalb bestimmter Schülergruppen schon sehr stark zunimmt. Weil ich glaube, daß man das Gespaltensein im Umgang mit den Jugendlichen ... manche sind zu ihnen nett und manche fahren sie nur an ... daß das für viele Jugendliche ein Hammer ist, wo sie phasenweise nur aggressiv reagieren können.**

Diese Polarisierung ist meiner Meinung nach politisch motiviert. Es gibt einen relativ großen, konservativen Kern ... nein der Kern ist gar nicht mehr so groß, sondern einfach laut. Wir haben einen kleinen aber lauten konservativen Kern, der alles überschreit und alles miesmacht, was man anders, offener und liberaler versucht. Oder wo man versucht, neue Lernmethoden oder eine neue Lernkultur einzubringen. Das ist ein Leben an der Zeit vorbei, wenn ich weiter wie vor zwanzig Jahren unterrichte ... die Polarisierung ist halt schon ein Hammer. (AHS L/LehrerIn D)

In den beiden nicht effizienten Schulen gibt es eine Lagerbildung im Lehrkörper, die von manchen Lehrern beschönigt, von anderen aber doch unverhüllt bestätigt wird. Interessant sind vor allem die Aussagen des letzten Interviews. Hier stellt eine Lehrerin einen Zusammenhang zwischen einer polarisierten Lehrerschaft und der zunehmenden Aggressivität von Jugendlichen her. Das wäre eine mögliche Erklärung, warum die Schüler dieser Schule, was schulische Atmosphäre und Effizienz betrifft, schlechte Noten gegeben haben.

Lehrermeinung an effizienten Schulen	Lehrermeinung an nicht effizienten Schulen
• Zusammenarbeit ist positiv	• Lagerbildung
• keine großen Konflikte	• Polarisierung im Lehrkörper

2.3.2.5 Zusammenarbeit Lehrer - Direktor

Aufgrund der Arbeitssituation (ein Direktor für 70 bis 100 Lehrer) besteht eher eine gewisse Distanz gegenüber der Direktion. Organisatorische und sonstige Probleme werden eher innerhalb des Lehrkörpers geregelt. Der deutliche Unterschied zwischen effizienten und nicht effizienten Schulen setzt sich hier fort. Lehrer von effizienten Schulen sind mit der Arbeit des Direktors durchwegs zufrieden.

In nicht effizienten Schulen sieht die Situation schon anders aus. Unabhängig davon, daß Direktoren unterschiedlich fachlich und menschlich qualifiziert sind, bleiben sie von der Lagerbildung innerhalb der Lehrerschaft in nicht effizienten Schulen nicht unberührt. Sie werden, ob sie wollen oder nicht, in den schwelenden Konflikt hineingezogen.

Über die Frage der Zusammenarbeit mit dem Direktor tritt auch bei jenen Lehrern, die die Arbeitsatmosphäre innerhalb der Lehrerschaft eher beschönigen, eine Unzufriedenheit mit dem herrschenden Zustand zutage. Wird in der ersten Schule (H) auch die fachliche Qualifikation des Direktors kritisiert, so wird im zweiten Fall (Schule L) deutlich, daß der Direktor einfach zwischen die Fronten geraten ist. Das Mißtrauen gegenüber dem Direktor, der vielleicht doch eher die „andere Seite" unterstützen könnte, dominiert bei vielen Lehrern. Das angespannte Klima zwischen den Lehrern belastet in beiden Schulen auch die Beziehung zwischen den Lehrern und der Direktion.

Lehrermeinung an effizienten Schulen	Lehrermeinung an nicht effizienten Schulen
• Distanz gegenüber dem Direktor; Probleme werden untereinander gelöst • keine negativen Eingriffe durch die Direktion • Direktor ist sehr menschlich und entgegenkommend • Zusammenarbeit ist positiv; Direktor vielleicht etwas zu locker • viel Verständnis	• mangelhafte Informationskultur • Direktor ist bei Entscheidungen stur • Mißtrauen wegen Lagerbildung • Distanz gegenüber Direktor - Unterstützung im Unterricht wird nicht gebraucht

2.3.2.6 Die Klassengemeinschaft aus der Sicht der Lehrer

Meine ursprüngliche Annahme, daß in effizienten Schulen generell eine bessere Klassengemeinschaft herrscht als in nicht effizienten wurde nicht bestätigt. Es überwiegen zwar aus der Sicht der Klassenvorstände die positiven Klassengemeinschaften an effizienten und negative in nicht effizienten Schulen. In beiden Vergleichsgruppen gibt es aber auch gegenteilige Wahrnehmungen.

Einige Aussagen weisen aber doch darauf hin, daß die Folgewirkungen beim Zusammenlegen von Klassen unterschätzt werden. Es mag oft organisatorisch unumgänglich sein, kleine Klassen zu einer größeren zusammenzulegen. Für Schüler, die sich in der Pubertät befinden, kann sich aber eine plötzlich geänderte Klassenzusammensetzung, wie sie vor allem nach der Unterstufe oft stattfindet, negativ auswirken. Welche Auswirkungen schließlich eine negative Klassenatmosphäre auf die Leistungsbereitschaft von Jugendlichen haben kann, wurde schlußendlich bereits im empirischen Teil der Studie festgestellt.

Lehrermeinung an effizienten Schulen	Lehrermeinung an nicht effizienten Schulen
• früher katastrophal; nach gemeinsamem Auslandsprojekt positiv	• keine einheitliche Klassengemeinschaft
• Gros der Klasse hält zusammen	• sehr inhomogene Klasse
• Klasse ist gut und nett	• sehr liebe, recht soziale Klasse
• nicht sehr ausgeprägte Klassengemeinschaft; eher inaktive Schüler	• Gruppenbildung innerhalb der Klasse; Konflikte durch Schulwettkämpfe
• recht gute Klassengemeinschaft	• ganz gute Klassengemeinschaft
• grundsätzlich gute Klassengemeinschaft	• schwierig durch unterschiedliche Lehrpläne
	• aus schwierigen 4. Klassen zusammengewürfelt; verbessertes Zusammengehörigkeitsgefühl

2.3.2.7 Außerschulische Angebote

Außerschulische Angebote zur Förderung der Klassengemeinschaft werden von den Lehrern individuell angeboten. Hier gibt es allerdings keine Differenzen zwischen Lehrern von effizienten und nicht effizienten Schulen. In beiden Vergleichsgruppen gibt es Klassenvorstände, die es generell ablehnen, sich noch zusätzliche Arbeit außerhalb des Unterrichts anzutun.

Der enorme bürokratische Aufwand neben dem tatsächlichen Unterricht wird als Hauptargument dafür gebracht, warum sich viele Lehrer außerhalb des Lehrplanes keine zusätzliche Arbeit mit Schülern mehr antun möchten. Die Mehrheit der Klassenvorstände in beiden Gruppen bietet aber auch Veranstaltungen an, die erst außerhalb des Unterrichts von den Schülern konsumiert werden. Dazu gehören häufig Theater- und Kinobesuche.

Dabei hängt es wahrscheinlich aus meiner Sicht auch davon ab, ob sich diese Angebote auch in den jeweiligen Lehrplan des Lehrers integrieren lassen. Für einen Deutsch- bzw. Englischlehrer ist das wahrscheinlich leichter als für einen Turnlehrer. Weitere Angebote: Eisessen im Sommer, Heurigenbesuche, Sprachkurs vor Auslandsaufenthalt.

2.3.3 Zusammenfassende Analyse der Zweiterhebung

Es gibt eine Reihe von Indikatoren, die die Vermittlung von Schlüsselqualifikationen an einer Schule beeinflussen. Die wesentlichsten Unterschiede sollen hier nochmals aufgelistet und grafisch zusammengefaßt werden.

2.3.3.1 Unterschiedliche Unterrichtsmotive an effizienten und nicht effizienten Schulen

Aus den bisherigen Ergebnissen der Zweiterhebung können wertvolle Schlüsse gezogen werden. Sowohl an effizienten als auch an nicht effizienten Schulen sind Lehrer durchwegs positiv gegenüber neuen Unterrichtsformen eingestellt. Allerdings dürfte das Motiv etwas unterschiedlich sein. An effizienten Schulen steckt eher der Beweggrund dahinter, die Schüler möglichst gut auf das spätere (Berufs-)Leben vorzubereiten. Die Lehrer dieser Gruppe haben aber eine eher realistische Einschätzung darüber, was unter den derzeitigen Unterrichtsverhältnissen möglich ist und was nicht. Lehrer an nicht effizienten Schulen haben dagegen diesbezüglich eher idealisierte Vorstellungen. Die ausgeprägten Wunschvorstellungen dieser Lehrer könnten auf eine unbefriedigende Arbeitssituation der Lehrer zurückgeführt werden.

2.3.3.2 Belastete Arbeitsatmosphäre an nicht effizienten Schulen

Lehrer aus nicht effizienten Schulen sehen alternative Unterrichtsformen eher als Wunschvorstellung, um einen Ausweg aus bisher eher unbefriedigenden Arbeitsbedingungen zu finden. Sie beklagen mangelnde räumliche Voraussetzungen bzw. das schulische Umfeld, mit dem sie unzufrieden sind. Ein wesentlicher Faktor für die Unzufriedenheit in dieser Gruppe ist allerdings die Lagerbildung innerhalb der Lehrerschaft.

Damit bin ich auch bei den aus meiner Sicht entscheidenden Unterschieden bezüglich des subjektiven Lehrerempfindens der beiden Vergleichsgruppen. Lehrer aus nicht effizienten Schulen leiden unter der Polarisierung im Lehrkörper. Sie stehen sich zum Teil mißtrauisch, wenn nicht sogar feindselig gegenüber. Darunter leidet auch die Beziehung zum Direktor, dem ebenfalls eher Mißtrauen entgegengebracht wird („Wird er auch nicht meine Einstellung verraten?"; „Welche Seite unterstützt er mehr?").

Daraus entwickelt sich für mich eine interessante These: die Polarisierung innerhalb der Lehrerschaft und Mißtrauen zwischen den Lehrern und dem Direktor wirken sich unmittelbar auf die Schulatmosphäre aus. Nicht zuletzt die Schüler, als Hauptbetroffene, leiden darunter. Für eine Lehrerin schlägt sich die Aggressivität innerhalb des Lehrkörpers auch unmittelbar auf eine Aggressivität innerhalb bestimmter Schülergruppen nieder.

Bei effizienten Schulen wird die Zusammenarbeit zwischen den Lehrern als durchwegs positiv beschrieben, wiewohl man auch der Direktion eher distanziert gegenübersteht. Das ist meiner Meinung nach bei einer so großen Anzahl von Lehrern auch nicht anders möglich. Ein Direktor kann nicht für 70-100 Lehrer ausreichend zur Verfügung stehen. Da ist Eigeninitiative der Lehrer untereinander gefragt. Wenn der Lehrkörper sich allerdings feindselig gegenübersteht, leidet darunter das gesamte Schulklima.

M. Ruttner u.a. haben sich in ihrer bemerkenswerten Untersuchung „15.000 Stunden" mit der Wirkung von Schulen auf die Kinder befaßt. Dabei sind sie zu dem Ergebnis gekommen, daß das „Schulethos" als kumulierender Effekt verschiedener Aspekte der Schulsituation einen wesentlichen Einfluß auf den Lernerfolg hat (1980, S 216 ff.). In den Ergebnissen der Studie wird davon ausgegangen, daß es nützlich sein könnte, Schulen als soziale Organisation mit verschiedenen typischen Merkmalen zu betrachten.

Individuen neigen aus Sicht der Autoren im allgemeinen dazu, sich den Regeln, Wertvorstellungen und Verhaltensnormen einer Mehrheit anzupassen. Deshalb wirkt sich der in einer Schule praktizierte Führungsstil auch nachhaltig auf das Gruppenverhalten von Schülern aus. Wenn nun für Schüler deutlich wird, daß es innerhalb eines Lehrerkollegiums einen Richtungsstreit über Wertvorstellungen und Unterrichtsstile gibt, führt das zu einer Verunsicherung. Die Wirkung des Lehrers als „Modell" für die Schüler beschreiben die Autoren folgendermaßen:

Der Lehrer wirkt mit seinem Verhalten, nicht nur im Unterricht, als ein Modell, das die Schüler mehr oder weniger stark - in positiver oder negativer Richtung - beeinflußt. „Modelle" sind Lehrer dabei wiederum nicht nur in ihrer Art, mit Schülern umzugehen, sondern auch in ihrem internen Interaktionsstil und ihrer Einstellung gegenüber der Schule. (Ruttner u.a. 1980, S 222)

Der Lehrer hat nun eine Vorbildfunktion, an der sich Schüler häufig orientieren und dessen Verhalten sie nachzuahmen versuchen. Ist der Lehrer nun aufgrund der herrschenden Polarisierung in der Schule verunsichert oder aggressiv, so wirkt sich das auch auf das Gruppenverhalten innerhalb der Klassen aus. Auch Lehrer brauchen, ebenso wie die Schüler, das Gefühl, mitverantwortlich zu sein, anerkannt zu werden und sich mit der Schule identifizieren zu können. Fühlt sich der Lehrer innerhalb seiner Kollegen nicht akzeptiert, so fehlt es ihm an Selbstwertgefühl.

2.3.3.3 Klasseninternes Leistungsniveau beeinflußt Arbeitsklima

Eine Klassengemeinschaft bleibt von den Auswirkungen der Polarisierung im Lehrkörper nicht unbeeinflußt. Damit steht ein wichtiger, wenn auch nicht der einzige Einflußfaktor fest. Weiters spielt sicherlich der Faktor eine Rolle, aus welchen zusammengewürfelten Unterstufenklassen die Oberstufen bestehen. Ein sehr stark differierendes Leistungsniveau in den neu gegründeten fünften Klassen sorgt für zusätzliche Spannung und erschwert die Entwicklung einer Klassengemeinschaft. Aus den Befragungen mit den Klassenvorständen wurde doch deutlich, daß bei Klassen mit guter Klassengemeinschaft zumeist eine große Gruppe mit ähnlichem Leistungsniveau existiert. Dadurch werden dann auch die übrigen Schüler mitgerissen, bzw. versuchen sich danach zu orientieren. Mehrere gleich große Gruppen mit unterschiedlichem Niveau erschweren den Schülern, sich als Klassengemeinschaft zu fühlen und sorgen für Konflikte.

2.3.3.4 Helle, individuell gestaltbare Arbeitsräume erleichtern Identifikation mit der Schule

Ebenfalls nicht unbedeutend sind die Arbeitsbedingungen für Schüler und Lehrer. Für Schüler sind große und helle Klassenzimmer, die sie individuell gestalten können, wichtig zur Identifikation mit der Schule. Für die ersten zwei bis drei Klassen der Unterstufe ist es von besonderer Bedeutung, daß der Bewegungsdrang ausgelebt werden kann. Dazu sind entsprechend gestaltete Schulhöfe besonders wichtig.

2.3.3.5 Außerschulisches Engagement der Lehrer prägt Klassengemeinschaft

Das außerschulische Engagement der Lehrer, kann einen starken Einfluß auf die Entwicklung einer Klassengemeinschaft haben. Für eine befragte Lehrerin war die Vorbereitung auf eine gemeinsame Auslandsreise entscheidend. Durch einen außerschulischen Sprachkurs, an dem der Großteil der Klasse teilnahm, gelang es ihr, aus einem zerstrittenen Haufen von Schülern eine Klassengemeinschaft zu formen, die durch den Auslandsaufenthalt noch zusätzlich verstärkt wurde. Daß für das Engagement der Lehrer eine zufriedenstellende Arbeitsatmosphäre nicht ohne Bedeutung ist, kann dabei vorausgesetzt werden.

3 Analyse und Konsequenzen

3.1 DAS ERFOLGSGEHEIMNIS EFFIZIENTER SCHULEN

Die signifikanten Beurteilungsdifferenzen der Schüler bei der empirischen Erhebung sind auf Faktoren zurückzuführen, die eine Förderung von Schlüsselqualifikationen entscheidend verbessern bzw. beeinträchtigen können. Darunter fallen die Arbeitsbedingungen der Lehrer, die Rolle der Schulleitung, das Gemeinschaftsgefühl in einer Klasse, sowie die Gestaltung des Lebensraumes Schule.

Die Schule ist nur ein Teilsystem der menschlichen Gesellschaft - allerdings ein sehr bedeutsames. Hier werden Kinder und Jugendliche auf ein Leben außerhalb ihrer familialen Primärsozialisation vorbereitet. Die Schule stellt sich für den Schüler im Idealfall als ein in sich geschlossenes System mit eigenen Normen- und Wertvorstellungen dar. Hier wächst das Kind zum jungen Erwachsenen heran. In der AHS wird das besonders deutlich. Schüler der ersten Schulstufe toben durch die Schulgänge; mit unbändigem Bewegungsbedürfnis und mit kindlicher Ausgelassenheit. Aus Staniolkugeln wird ein kleiner Ball gebastelt und damit Fußball gespielt - zwischen den Beinen von 17 und 18jährigen hindurch. In der achten Klasse stehen die Jugendlichen dagegen schon vor der mit Spannung erwarteten Matura; haben vielfach schon Berufserfahrung durch Ferialjobs, einen Freund/Freundin und konkrete Karrierepläne. Diese acht Jahre an der AHS beeinflussen die Persönlichkeitsentwicklung wesentlich.

Dazu gehören eine Leitung der Schule, die auch pädagogische Funktionen wahrnimmt, ein beständiger Lehrkörper, der in den demokratischen Entscheidungsprozeß eingebunden ist, sowie eine intensive Kommunikation zwischen Schulleitung, Lehrern, Eltern und Schülern.
Ein Mangel meiner Studie liegt darin, daß die Mitwirkung der Herkunftsfamilie am schulischen Bildungsprozeß nur indirekt, über die Schüler, zur Sprache kommt. Die Eltern selbst wurden dazu nicht befragt. Befragt wurden aber immerhin mehr als 1.100 Schüler in 16 Wiener AHS-Schulen, 12 Direktoren und 17 Lehrer aus den beiden effizientesten bzw. nicht effizientesten Schulen. Aus der empirischen Erhebung lassen sich signifikante Un-

terschiede zwischen den Schulen herauslesen, die die Entwicklung von Schlüsselqualifikationen stark beeinflussen.

Der ursprüngliche Forschungsansatz lag darin, die Wirtschaftlichkeit der schulischen Ausbildung an AHS-Schulen zu messen. Effizienz im Sinne von Erfüllung des Lehrzieles der „Hochschulreife" einerseits, sowie im Sinne der Vorbereitung auf das Berufsleben durch die Vermittlung entsprechender Schlüsselqualifikationen andererseits. Dabei kam ich im Zuge der Feldforschung sehr schnell darauf, daß hinter den stark differierenden Wahrnehmungen der Schüler unterschiedliche schulische Rahmenbedingungen stekken. Den stärksten Einfluß auf den Lernerfolg haben dabei Faktoren, die sich durch den zwischenmenschlichen Umgang miteinander ausdrücken.

3.1.1 Faktor 1: Arbeitsbedingungen für Lehrer

Die schönsten Schulen, die besten Lernmethoden sind nutzlos, wenn die Beziehungen zwischen Lehrern und Schülern in einer Schule unbefriedigend sind. Tausch/Tausch (1991, S 12) weisen darauf hin, daß der Mitmensch die wesentlichste Umweltbedingung für den Menschen ist. Jugendliche werden durch das Verhalten beeinflußt, das sie bei ihren Erziehern wahrnehmen. Lehrer mit günstigem Selbstkonzept haben somit auch einen positiven Einfluß auf das Selbstkonzept der Schüler (1991, S 58/59).

Der zwischenmenschliche Umgang miteinander sollte aber in einem größeren Zusammenhang betrachtet werden. Das Selbstkonzept der Lehrer resultiert nicht nur aus dem unmittelbaren Umgang mit den Jugendlichen, sondern wird auch stark durch die Arbeitsbedingungen in einer Schule, bzw. durch den Umgang mit den Lehrerkollegen, dem Administrator, bzw. dem Direktor geprägt.

In Schulen mit schlechter Schülerbeurteilung habe ich erlebt, daß es eine Polarisierung innerhalb des Lehrkörpers gibt. Zumindest zwei Lager von Lehrern stehen sich da gegenüber. Unter dem Vorwand unterschiedlicher Unterrichtsansichten bekriegen sich Lehrer, die sich in ihrem Einflußbereich bedroht fühlen. Die Lehrer vertreten kein einheitliches Normen- und Wertesystem; vielfach werden sogar die Schüler indirekt in diese Auseinandersetzungen mit hineingezogen. Von positivem Wahrnehmungslernen, der Achtung des Mitmenschen ist hier nicht mehr viel zu spüren.

Kommen dagegen die Lehrer im großen und ganzen gut miteinander aus, hat das umgekehrt positive Auswirkungen auf die Schulatmosphäre. Dazu muß man noch einige Besonderheiten des Systems Schule berücksichtigen. Auf einen Direktor und einen Administrator kommen zwischen 70 und 100 Lehrer. Bei Exkursionen, Klassenausflügen, fächerübergreifender Projektarbeit und der jetzt möglichen Fachbereichsarbeit ist guter Wille zur Zusammenarbeit gefragt. Die Lehrer sind daher untereinander auf eine gute Kooperationsfähigkeit angewiesen. Die Vermittlungsmöglichkeiten der Schulleitung sind hier gering.

Das wurde auch an den nicht effizienten Schulen mit Lagerbildung im Lehrkörper deutlich. Die Schulleitung steht dieser Auseinandersetzung mehr oder weniger hilflos gegenüber. Mal wird sie von der einen, mal von der anderen Seite verdächtigt, einseitig Lehrer zu bevorzugen. Es entsteht ein Mißtrauen und bei vielen Lehrern ein negatives Selbstkonzept, das auch die Schüler zu spüren bekommen.

3.1.2 Faktor 2: Vorbildwirkung der Schulleitung

Direktor und Administrator können aber sehr wohl die Wahrnehmung der Schüler günstig bzw. ungünstig beeinflussen. Welche Wirkung der Direktor als oberster Repräsentant auf Lehrer und Schüler haben kann, zeigen die folgenden Beispiele. Als ich eine achte Klasse mit Fragebögen besuchte, begleitete mich der Direktor in das Klassenzimmer. Alle 17- und 18 jährigen Jugendlichen mußten aufstehen und wurden quasi von oben herab ausdrücklich darauf hingewiesen, daß sie nur dann den Fragebogen ausfüllen dürften, wenn sie auch eine schriftliche elterliche Erlaubnis vorweisen könnten. Ich hatte den Eindruck, daß diese Jugendliche noch wie unmündige Kinder behandelt wurden.

In einer anderen Schule konnte ich die Klassen direkt, d.h. ohne elterliche Erlaubnis, während einer Supplierstunde besuchen. In einer der achten Klassen war die Atmosphäre besonders angenehm. Das Klassenzimmer war individuell mit Poster und einer Sitzbank gestaltet. In einem Eck stand eine Kaffeemaschine und ein Radiorecorder. Während der Supplierstunde holten sich die Jugendlichen immer wieder frischen Tee. In der darauffolgenden Pause wurde auch der Radiorecorder aufgedreht. In dieser Schule wird seitens der Direktion auch eine Aktion „Schule zum Wohlfühlen" durchgeführt. Schüler können die individuelle Gestaltung des Schulcafes mitplanen. Hier werden die Schüler als heranwachsende Persönlichkeiten mit ihren Bedürfnissen ernst genommen.

Wichtig ist aber auch der Umgang der Schulleitung mit den Lehrern. In einigen Schulen habe ich es erlebt, daß mich der Administrator, ohne Kontaktaufnahme mit den Lehrern, einfach in deren Unterricht eingeteilt hat. Das hatte für mich den Vorteil, daß ich in diesen Schulen gleich an einem Tag in vier benötigten Klassen meine Fragebögen austeilen konnte. Für die

Lehrer hatte das den Nachteil, daß über sie hinweg entschieden wurde, ohne auf ihre Arbeitssituation Rücksicht zu nehmen. In anderen Schulen war es für mich dagegen mühsam, zu den gewünschten vier Klassen zu kommen, da ich direkt mit dem jeweiligen Klassenvorstand Kontakt aufnehmen mußte. Da lag es im Ermessen und der Eigenverantwortung der Lehrer, meine Erhebung zu einem für sie möglichst günstigen Zeitpunkt einzuteilen.

In einer von den Schülern sehr gut beurteilten Schule machte ich auch die Erfahrung, daß auf demokratische Entscheidungsprozesse großen Wert gelegt wird. Die Lehrervertreter sind sehr bemüht, auf die Interessen ihrer Kollegen Rücksicht zu nehmen; insbesondere beim Gespräch mit der Direktion oder im Schulgemeinschaftsausschuß. Andererseits trifft die Direktion nur selten Entscheidungen, ohne Rücksprache mit den Lehrern bzw. deren Vertretern zu halten. Das Mitspracherecht der Lehrer wird hier sehr ernst genommen.

3.1.3   Faktor 3: Das Gemeinschaftsgefühl in einer Klasse

Das positive Zusammenspiel zwischen Direktion und Lehrern hinterläßt auch Eindrücke bei den Schülern, die über acht Jahre hinweg in diese Schule gehen. Ein weiterer Faktor ist die Gemeinschaft innerhalb einer Klasse. Wohlbefinden und Leistungsbereitschaft ist im starken Maße auch davon abhängig, ob sich eine Klassengemeinschaft gebildet hat oder nicht. Im Zuge der LehrerInneninterviews bin ich auf einige Indikatoren gestoßen, die die Klassengemeinschaft positiv bzw. negativ beeinflussen können.

Negative Auswirkungen gibt es vor allem, wenn ein unterschiedliches Leistungsniveau vorherrscht. Das kann zu Gruppenbildungen führen. Den Äußerungen der Lehrer habe ich entnommen, daß diese Situation besonders häufig in der fünften Schulstufe eintritt, in der mehrere vierte Klassen zusammengelegt werden. So werden oft Gemeinschaften zerrissen, bzw. Gruppen mit unterschiedlichem Leistungsniveau zusammengelegt. Dabei entstehen Spannungen, die von den Lehrern oft nur mühsam, über Jahre hinweg, aufgelöst werden können. Weitere Schwierigkeiten können auftreten, wenn eine Klasse sich aus zwei Schultypen zusammensetzt und dadurch in vielen Fächern getrennt unterrichtet wird.

Einen günstigen Einfluß auf die Klassengemeinschaft üben dagegen außerschulische Angebote aus, die von Lehrern in Eigeninitiative durchgeführt werden. Eine Lehrerin wies auf die positiven Erfahrungen hin, die sie mit einer Klasse im Rahmen eines Sprachvorbereitungskurses vor einem Auslandsaufenthalt gemacht hat. Dadurch wäre eine an sich schwierige Klasse zusammengewachsen; es entwickelte sich eine funktionierende Klassengemeinschaft.

Ein Problem für jede Klasse sind verhaltensgestörte Kinder, wie sie in jeder Schule zu finden sind. Diese sind oft besonders schwierig in den Unterricht zu integrieren und benötigen besondere Aufmerksamkeit, die dann den anderen Schülern fehlt. In einer der besonders schlecht beurteilten Schulen wies ein Direktor darauf hin, daß er dieses Problem in jeder Klasse hätte und daß sich die gesetzlich möglichen Disziplinierungsmaßnahmen in Grenzen halten. Ich denke, daß es in jeder Schule „gute" und „schwierige" Klassen gibt. Anhand meiner empirischen Ergebnisse kann ich jedoch festhalten, daß in effizienten Schulen die Integration von „schwierigen" Schülern wesentlich besser funktioniert. Auch sie profitieren letztlich vom allgemein gültigen Normen- und Wertesystem, das ihnen von Lehrern und Schulleitung glaubwürdig vermittelt wird.

Durch Wahrnehmungslernen orientieren sich die Schüler von der ersten Klasse an an dem Normen- und Wertesystem, das ihnen in jener Schule vermittelt wird, die sie in der Folge bis zu acht Jahre lang besuchen. Die baulichen Rahmenbedingungen spielen in diesem Zusammenhang nur eine untergeordnete Rolle. Schon dem Erstklaßler ist klar, daß man nicht einfach eine nicht funktionale Schule abreißen und einen Idealtypus mit begrüntem Schulhof aufstellen kann.

3.1.4 Faktor 4: Gestaltung des Lebensraumes Schule

Wichtiger ist, was aus den vorhandenen baulichen Rahmenbedingungen gemacht wird; wie der Lebensraum Schule für alle möglichst angenehm gestaltet wird. In einer ziemlich kleinen und engen Schule fielen mir eine Reihe von ausgestellten Projekten auf, die u.a. die Begrünung des Platzes vor der Schule zum Inhalt hatten. Da konnten Schüler von der Planungs- bis zur Ausführungsphase einen Teil ihres Lebensraumes mitgestalten. Schule als Lebensraum wird auch dadurch erlebbar, was erlaubt ist: in einer Schule wird der Weg zu einer sechsten Klasse im obersten Stockwerk auf humoristische Weise beschrieben. In der zweiten Etage hängt ein Hinweisschild mit dem bedauernden Vermerk: *Oje, immer noch 1 Stock bis zur 6.Klasse.*

In vielen Schulen wird versucht, Projektergebnisse an den Schulgängen zu dokumentieren. Da wird die Oper *Die Entführung aus dem Serail* von Mozart bildhaft dargestellt. Ein Schulprojekt, gemeinsam mit der Caritas, dokumentiert die Unterstützung für den Aufbau einer Schule in Sarajewo. In anderen Schulen findet man im Stiegenhaus eine riesige Fahne aufgehängt, die von Schülern individuell gestaltet wurde. Manchmal wird auch auf Tradition besonderen Wert gelegt: Schüler dokumentieren an der Eingangshalle einer Schule die Entwicklung des Bezirks. Anderswo gibt es im Gang vor dem Lehrerzimmer eine Bildergalerie aller bisherigen Direktoren oder eine Dokumentation des alljährlichen Schulballes. Manchmal gibt es auch den Versuch, ein besonders gemütliches Lernumfeld zu schaffen. In einer Schule sah ich Sitzpolster in der Bibliothek - für Leseratten sicher besonders förderlich.

Da gibt es, aus meiner subjektiven Sicht, Schulen, in denen das Bemühen nach einer gemütlichen Atmosphäre an Kleinigkeiten sichtbar wird; wo das Zusammenspiel der Hauptakteure miteinander zur gegenseitigen Zufriedenheit funktioniert. In anderen Schulen konnte ich das Gegenteil erkennen. In 15 Schulen wird ein mehr oder weniger reichhaltiges Schulbuffet angeboten. In jener Schule mit besonders schlechter Schülerbeurteilung gibt es dagegen nur einen dürftig bestückten Automaten. In zwei Schulen sind in den ohnehin schmalen Gängen Gitterkästen aufgestellt, in die die Schüler ihre Straßenkleidung einsperren können. Das wirkt auf mich auch nicht besonders einladend.

Ein Schulhof ist in den meisten Schulen vorhanden; sieht aber in fast allen Fällen einem Betonbunker ziemlich ähnlich. Trotzdem ist es für viele Erst- und Zweitkläßler eine Möglichkeit, ihren Bewegungsdrang zumindest 1-2 Mal am Tag ausleben zu können. Da gibt es dann aber leider Schulen, die die Betretung eben dieses Hofes aus bürokratischen Gründen verweigern. *Da müßten ja die Schüler in die Garderobe gehen; der Zeitaufwand für die Lehrer ist enorm und überhaupt für die kurze Pause ist der Aufwand ja viel zu groß ...* (DirektorIn K) Daß es auch anders gehen kann, erlebte ich in einer großen Schule in einem Arbeiterbezirk. Nach der 3. Stunde wird die Pause auf 20 Minuten verlängert, um den Kindern und Jugendlichen auch einen Hofbesuch zu ermöglichen.

Wie die baulichen Gegebenheiten ausgenützt werden, in welchem Maße versucht wird, die Schulgänge freundlich und ansprechend zu gestalten und welchen Freiraum den Schülern bei der Klassengestaltung geboten wird, auch das beeinflußt die Atmosphäre wesentlich. In einer Schule war z.B. das gesamte Klassenzimmer von den Schülern selbst in den buntesten Farben ausgemalt worden. Das alles sind Signale für Lehrer und Schüler, die einfach mitteilen, daß das Miteinander Spaß macht und die gegenseitigen Bedürfnisse auch berücksichtigt werden.

3.2 WIE EFFIZIENTE SCHULEN ZUR ENTWICKLUNG VON SCHLÜSSELQUALIFIKATIONEN BEITRAGEN

Die günstige Atmosphäre des Lebensraums Schule steigert auch entscheidend die Leistungsfähigkeit der Schüler. Kognitive Fähigkeiten, Kommunikationskompetenz und die Selbstkompetenz werden gefördert. Das sind exakt jene Dimensionen, die auch von der Wirtschaft als Schlüsselqualifikationen von Schulabsolventen verlangt werden. Effiziente Schulen sind aber nicht nur besser bei der Förderung „neuer" Anforderungen (Schlüsselqualifikationen), sondern auch bei „klassischen" Aufgaben (Vermittlung von Faktenwissen) obenauf.

Auf kognitiver Ebene wird das echte Verständnis des Lehrstoffes gefördert, auf vorhandene Kenntnisse eingegangen und über interessante Themen diskutiert. Es herrscht mehr das Gefühl vor, daß die in der Schule vermittelten Kenntnisse für das spätere (Berufs-) Leben brauchbar sind. Damit ist auch das Lerninteresse an effizienten Schulen signifikant höher. An wirtschaftlichen Fragen sind mehr als die Hälfte der Schüler interessiert; in der Vergleichsgruppe nicht effizienter Schulen nur ein Drittel. Schließlich wird auch auf individuelle Bedürfnisse, speziell bei sozial Benachteiligten, mehr Rücksicht genommen. Schüler aus dem Unterschichtmilieu haben weniger Lernprobleme, und auf unterschiedliches Lernniveau wird mehr Rücksicht genommen.

Auf kommunikativer Ebene sind die Schüler mit ihrer Klassengemeinschaft zufrieden; es wird mehr Wert auf ein Miteinander statt ein Gegeneinander gelegt. Das Interesse und die Hilfsbereitschaft gegenüber den Mitmenschen ist höher. Das hat Auswirkungen auf die Integrationsbereitschaft von Außenseitern und sozial Schwächeren. Es besteht zudem eine größere Bereitschaft, Gemeinschaftsinteressen der Klasse gegenüber dem Direktor auch zu vertreten. In nicht effizienten Schulen sind Mißtrauen und Angst unter Schülern viel häufiger der Fall. Das betrifft besonders Schüler, die aus schwierigen Verhältnissen kommen und ein eher niedriges Selbstwertgefühl haben.

Schließlich wird auch die Selbstkompetenz der Schüler mehr gefördert. Auf sich selbst gerichtete Fähigkeiten wie die Übernahme von Verantwortung, Selbständigkeit und Mitgestaltungsmöglichkeiten stehen im Vordergrund. Damit steigt das Selbstwertgefühl und die Bereitschaft, schwierige Aufgaben zu übernehmen. Selbstbewußte Schüler können sich besser bei Schularbeiten konzentrieren, sind verläßlicher und reagieren flexibler auf geänderte Anforderungen. Sie beschreiben den Kontakt zu den Eltern deutlich positiver und äußern mehr Zufriedenheit über ihren Freundeskreis. Die Förderung bei der Entwicklung eines Selbstkonzepts äußert sich nicht zuletzt auch durch konkretere Karrierepläne.

Auf die Frage nach der Zusammenarbeit mit der Wirtschaft vertreten mehrere Direktoren die Auffassung, daß die AHS die Jugendlichen vor allem auf die Hochschulreife vorbereitet. Aber auch hier unterscheiden sich effiziente Schulen deutlich von der Vergleichsgruppe. 3 von 4 Schülern haben sich für ein Studium entschieden; aber nur jeder zweite Schüler in nicht effizienten Schulen. Hier hat jeder Fünfte nicht einmal noch konkrete Karrierepläne. Das drückt sich auch durch eine viel pessimistischere Vorstellung über die zukünftige wirtschaftliche Entwicklung aus. Schließlich sind nur 14% der Schüler aus nicht effizienten Schulen der Auffassung, daß die AHS-Ausbildung eine wesentliche Grundlage für eine erfolgreiche Berufskarriere darstellt; an effizienten Schulen beträgt dieser Anteil dagegen fast 40%.

Schüler aus der Unterschicht sind an den Karriereoptionen Studium, bzw. berufsspezifische Weiterbildung in etwa gleich interessiert. Hier kommt an effizienten Schulen zum Tragen, daß auch auf unterschiedliche Bedürfnisse entsprechend Rücksicht genommen wird. Generell dominiert hier das Interesse nach berufsspezifischer Weiterbildung. Nur 6 % der Unterschichtabsolventen an effizienten Schulen haben noch keine klaren Pläne nach der Schule; bei der Vergleichsgruppe sind dagegen noch 20% unschlüssig.

An effizienten Schulen wird aber auch auf die Vermittlung von Faktenwissen Wert gelegt. Die Ergebnisse der qualitativen Erhebung machen deutlich, daß Lehrer aus diesen Schulen Experimente mit anderen Unterrichtsformen eher ablehnen, wenn dabei die klassische Lehrstoffvermittlung zu kurz kommt. Als Unterrichtsziel wird ein disziplinierter, selbständiger Schüler angestrebt, der, mit dem nötigen Fachwissen ausgestattet, sich im Leben zurechtfindet. Die Lehrer sind sich mehr ihrer Möglichkeiten und Aufgaben bewußt.

An Schulen mit geringer Förderung der Schlüsselqualifikationen herrscht dagegen eher ein Wunschbild bezüglich dem Ausbildungsziel vor. An diesen Schulen sind allerdings auch die Arbeitsbedingungen für Lehrer wesentlich unbefriedigender. Alternative Lehrformen sollen zur Festigung der Schülerpersönlichkeit beitragen, Disziplin und Ordnung werden eher abgelehnt. Die Vermittlung von Fachwissen wird hier nicht so stark betont, wie an effizienten Schulen.

Die Entwicklung von „neuen" Schlüsselqualifikationen aber auch von „klassischem" Faktenwissen wird bei den Schülern effizienter Schulen besser gefördert. Das hat auch unmittelbare Auswirkungen auf deren Angst- und Streßempfinden.

Die Angstempfindung an nicht effizienten Schulen unterscheidet sich in der Gesamtanalyse kaum von jener der Vergleichsgruppe. Es läßt sich allerdings feststellen, daß mit abnehmendem Bildungsniveau der Eltern die Versagensängste der Schüler zunehmen. Aus meiner Sicht drückt sich dadurch aus, daß Anforderungen für Schüler aus Unterschichtmilieu oft eine stärkere Belastung darstellen als für die Vergleichsgruppen. Bei den psychosomatischen Beschwerden sind die Unterschiede signifikanter. Schüler aus nicht effizienten Schulen äußern mehr Beschwerden und psychosomatische Krankheitssymptome. Sie klagen doppelt so häufig über Kopf- und Rückenschmerzen.

3.3 DIE IDEALE SCHULE – EIN MODELL

Es gibt mehrere Ebenen, auf denen Änderungen möglich sind, die zu einer Verbesserung der schulischen Situation und damit zu einer gezielteren Förderung von Schlüsselqualifikationen beitragen. Mein Schulmodell konzentriert sich vor allem auf grundlegende Veränderungen im Rahmenlehrplan; darauf aufbauend spielen aber auch die Arbeitsbedingungen für Schüler und Lehrer eine wichtige Rolle. Schließlich werden auch Konsequenzen für die verantwortlichen Institutionen formuliert.

3.3.1 *Lehrplan: Anpassung an die Anforderungen der globalen Gesellschaft*

3.3.1.1 Internationale Zusammenarbeit und Meinungsaustausch via Internet

In den sechsten und siebenten Klassen der AHS sollte **ein Schwerpunkt „Globalisierung"** eingeführt werden. Im Rahmen eines fächerübergreifenden Projekts würden wirtschaftliche Zusammenhänge und Verflechtungen auf internationaler Ebene vermittelt. Neben wirtschaftlichen Aspekten könnten dabei auch kulturelle und religiöse Themen behandelt werden. Vernetztes Denken würde aber auch durch die gezielte Anwendung neuer Medien, im speziellen durch das Internet, gefördert. Die Vermittlung von Allgemeinwissen im Kontext von Zeit und Raum sollte dabei eine kritische Anwendung durch die Schüler ermöglichen.

Um den Austausch von Informationen und Meinungen, sowie die Kooperationsfähigkeit mit ausländischen Schulen zu fördern, wird ein Projekt auf internationaler Ebene geplant und durchgeführt. Schüler aus Österreich und den USA arbeiten z.B. in Fragen des regionalen Umweltschutzes zusammen. Über das Internet werden dabei Erfahrungen und Anregungen ausgetauscht, wie z.B. öffentliche Informationsveranstaltungen durchgeführt werden oder wie man durch gezieltes Lobbying mit bestimmten Interessensgruppen zusammenarbeitet. Damit werden Probleme auf internationaler Ebene sichtbar, Verständnis für andere Länder geweckt und auch der Informationsvorsprung der Amerikaner bei der Anwendung von Netzwerken sinnvoll genützt.

3.3.1.2 Teamarbeit und Lehrerbeurteilung: Förderung neuer Arbeitsformen

Teamarbeit sollte im Unterricht zur fixen Einrichtung werden. In mehreren Unterrichtsgegenständen könnten Zweier-, Dreier-, oder auch Viererteams über lange Strecken eines Jahres zusammenarbeiten. Der Direktor einer AHS beschreibt den Ablauf folgendermaßen: ... *es beginnt mit einem gemeinsamen Referat, wo bei der Teamarbeit ein Arbeitsprotokoll mitgeliefert wird, wo der Anteil der Arbeit von den Schülern selber aufgeschlüsselt wird. Die Schüler machen den Vorschlag, wie die im Team erbrachte Einzelleistung zu beurteilen wäre. Am Beispiel meiner Unterrichtsfächer Deutsch und Französisch, kann ich sagen, daß es funktioniert* ... (DirektorIn F). Damit könnte auch das Problem, daß bei einer Benotung das Team wieder auseinandergenommen wird, gelöst werden.

Teilweise wird an Schulen bereits **Lehrerbeurteilung** von Schülern durchgeführt. Dieses System auf freiwilliger Basis sollte zu einer fixen Einrichtung werden, um die Differenz zwischen Selbst- und Fremdeinschätzung bei den Lehrern abzubauen. Durch einen entsprechend gestalteten Fragebogen können sich Lehrer darüber ein Bild machen, ob ihre Unterrichtserfahrungen deckungsgleich mit jenen der Schüler sind. Gibt es gravierende Differenzen in der Wahrnehmung von Wirklichkeit, liegt es im Interesse von Schülern und Lehrern, wenn diese bekannt sind und somit auch abgebaut werden können. Diese Art der Befragung sollte allerdings strikt anonym durchgeführt werden. Außerdem haben nur die betroffenen Lehrer Zugang zu den erhobenen Daten: Das Ergebnis kann eine hilfreiche Information für die Pädagogen sein; als Druckmittel für die Schulleitung gegenüber den Lehrern ist der Einsatz allerdings wenig sinnvoll.

3.3.1.3 Synergieeffekte durch fächerübergreifendes Lernen schaffen

Schließlich sollte auch der **Rahmenlehrplan „abgespeckt"** werden. Zusätzliche Verordnungen, neue Unterrichtsinhalte und die verstärkte Anwendung von alternativen Lernformen überfordern die Lehrer. Gerade der Projektunterricht, aber auch das neue Schwerpunktthema „Globalisierung" erfordern zusätzlichen organisatorischen und inhaltlichen Zeitaufwand. Durch fächerübergreifendes Lernen könnten jedoch z.B. in Chemie und Physik Synergieeffekte erzielt werden. Der Lehrstoff sollte außerdem mehr auf fachliche Grundkenntnisse ausgerichtet sein, verknüpft mit der Kompetenz, sich bei Bedarf inhaltlich weiterzubilden. Die Zeit zur Vermittlung von Intensivkenntnissen, die nach Auswendiglernen des Unterrichtsstoffes für Prüfung bzw. Schularbeiten wieder verloren gehen, könnte damit eingespart werden.

Konsequenz: Vor allem der Stadtschulrat und das Unterrichtsministerium sind hier gefordert, sich unter der Mitwirkung von Schulvertretern Gedanken zu machen. Die Anpassung des Lehrplanes an die geänderten wirtschaftlichen Anforderungen hat schließlich einen entscheidenden Einfluß auf die Zukunftsaussichten der Jugendlichen.

3.3.2 Lehrer: mehr Zeit für Projekte und Kaffeepausen

3.3.2.1 Die Aufgaben des Lehrers werden gesellschaftlich zuwenig geschätzt

Im Abschnitt „Lehrer- und Schülerrolle" werden die vielfältigen Anforderungen aufgelistet, die an Lehrer gerichtet werden. Vernachlässigt wird dabei, daß Lehrer auch nur Menschen sind, mit unterschiedlichen Interessen und Bedürfnissen. Ergebnisse aus 17 qualitativen Interviews mit LehrerInnen weisen darauf hin, daß die Effizienz einer Schule mit zufriedenstellenden Arbeitsbedingungen für die Pädagogen korreliert. Oder kann sich jemand

vorstellen, daß frustrierte Lehrer das Selbstwertgefühl ihrer Schüler entscheidend fördern können?
 Seitens der medialen Öffentlichkeit wird immer wieder kritisiert, daß die Lehrkräfte nur einen Teil ihrer Arbeitszeit tatsächlich an der Schule verbringen. Ein voll berufstätiger Pädagoge unterrichtet im Schnitt 20 Stunden an der Schule; dazu kommen noch anfallende Supplierstunden und eine Reihe von organisatorischen Tätigkeiten. Schulveranstaltungen, Sprachaufenthalte im Ausland, Wandertage u.v.m. verlangen schon bisher viel unbezahltes Engagement. Dazu kommen für Lehrer, die in Sachen Ausbildung auf dem letzten Stand sein wollen, bzw. sich zusätzliche pädagogische Kenntnisse aneignen wollen, eine Reihe von Weiterbildungsveranstaltungen. Neue Unterrichtsformen, wie fächerübergreifender Projektunterricht, verlangen zusätzliches, großteils unbezahltes Engagement. Dafür alleine geht schon, neben dem tatsächlichen Unterricht im Klassenzimmer, viel Zeit verloren. Die Vorbereitung auf den Unterricht findet bei vielen Pädagogen schließlich zu Hause statt.

3.3.2.2 Mangelhafte Arbeitsbedingungen für Lehrer als „leitende Angestellte"

Die Fülle der angesprochenen Aufgaben läßt eigentlich annehmen, daß die Lehrer eine Tätigkeit ausüben, die zumindest der Funktion eines leitenden Angestellten entspricht. Dieser hat in der Regel eine Sekretärin für organisatorische Angelegenheiten, ein eigenes Arbeitszimmer mit Telefon, Computer, Fax und Modem, sowie Mitarbeiter, an die Aufgaben delegiert werden können. Dagegen nehmen sich die **Arbeitsbedingungen für Lehrer** beschämend bescheiden aus. Die vielen Klassen und Schüler, die von einem Lehrer betreut werden müssen, sind eine verantwortungsbewußte Aufgabe, die jener von leitenden Angestellten doch nahe kommt.
 Das Arbeitsumfeld wird der Wichtigkeit ihrer Aufgabe jedoch nicht gerecht. In allen 16 AHS-Schulen, die ich besuchte, fand ich ein, im Idealfall zwei Lehrerzimmer vor, mit bis zu 50 aneinandergereihten Tischen, vollgeräumt mit Unterrichtsmaterial. Vielfach gibt es für junge Lehrer oder Praktikanten nicht einmal einen eigenen Arbeitsplatz. 70-100 Lehrer teilen sich ein Telefon und haben keinerlei Möglichkeit, Aufgaben zu delegieren. Lediglich ein Administrator ist für organisatorische Belange zuständig, die aufgrund mangelnder infrastruktureller Mitspracherechte von oben festgelegt werden. Da ist es nicht verwunderlich, daß die Lehrer eine Unterrichtsvorbereitung in den eigenen vier Wänden vorziehen. Der Idealismus der meisten Pädagogen, die sich trotz widriger Arbeitsbedingungen sehr für ihre Schüler engagieren,

oft auch Veranstaltungen außerhalb des Unterrichts anbieten, kann hier nicht deutlich genug hervorgehoben werden.

Befriedigende Arbeitsbedingungen für Lehrer tragen wesentlich zu deren Selbstwertgefühl bei; deren Auftreten im Unterricht prägt das Wahrnehmungslernen der Schüler und fördert somit entscheidend die Entwicklung von Schlüsselqualifikationen. Zunächst sollte daher aus meiner Sicht die unmittelbaren Arbeitsplatzbedingungen der Pädagogen verbessert werden: kleinere Lehrerzimmer mit mindestens einem Arbeitstisch für jeden Lehrer mit 2-3 Telefonen, 1 Kopierer, und 2-3 Computern pro Zimmer.

Da sich die Arbeitsbedingungen für Lehrer nur bedingt verändern lassen und wahrscheinlich weiterhin Großraumzimmer mit vielen Tischen die Atmosphäre dominieren, sollte als Ausgleich ein möglichst gemütlicher Kaffeeraum für Lehrer angelegt werden. In einer besonders effizienten Schule wurde mein Anliegen bereits umgesetzt: da haben die Lehrer einen großen, gemütlichen Raum, der von einer breiten Ledergarnitur dominiert wird. Im Hintergrund ein Kaffee- bzw. Teeautomat, der von unterschiedlichen Kollegen bedient wird. Hier haben Kollegen jene Atmosphäre, die es ihnen erlaubt, sich über Probleme mit Schulklassen auszutauschen, Projekte zu planen, oder sich einfach nur einmal kurz zu entspannen. Diese **Kaffeepause**, in Großbetrieben gang und gäbe, könnte von Lehrern in ihren Freistunden, zwischen zwei Unterrichtseinheiten, sinnvoll genützt werden. In einer Schule habe ich erlebt, daß zumindest eine Pause zwischen zwei Stunden 20 Minuten dauert. Das hat Vorteile für Lehrer und Schüler. Für Lehrer ergibt sich dadurch die Möglichkeit, zumindest einmal am Tag einen bestimmten Zeitraum zur Verfügung zu haben, in dem ein Großteil der Kollegen erreichbar ist. Die Vorteile für Schüler werden an anderer Stelle erwähnt.

3.3.2.3 Projektkoordinatoren zur Entlastung der Lehrer bei organisatorischen Aufgaben

In vielen Interviews wurde angeregt, **Projekt- bzw. Fachkoordinatoren für Lehrer** einzurichten. Diese Aufgabe könnten Kollegen mit eingeschränkter Unterrichtsverpflichtung übernehmen. Fächerübergreifender Projektunterricht bedingt eine Reihe von organisatorischen Aufgaben; hier könnten die Lehrer entlastet werden. Ein Betreuer des Projekts „Globalisierung" kann z.B. die organisatorischen Arbeiten übernehmen. Das gleichzeitige Durchführen von Schwerpunktthemen z.B. in einer Fremdsprache könnte durch einen Fachkoordinator für Englisch betreut werden, der für alle Englischlehrer zuständig ist. Medien und Unterrichtsmaterialien könnten so untereinander organisiert bzw. ausgetauscht werden. Schließlich könnte auch ein **zwei-**

ter **Administrator** die Lehrer z.B. bei der Organisation von Veranstaltungen oder beim Kopieren von Unterrichtmaterialien entlasten. Während der eigentliche Administrator weiterhin als Bindeglied zwischen Direktion und Lehrkörper fungiert, soll der neu zu schaffende Posten nur für die Entlastung der Lehrer zuständig sein.

Die Vielzahl an neuen Unterrichtsmodellen verpflichtet die Lehrer zu verstärkter Zusammenarbeit und gegenseitiger Abstimmung. Dafür sind die kurzen Pausen zwischen den Unterrichtseinheiten denkbar ungeeignet. Meiner Ansicht nach sollten daher die **Aufgaben der Lehrtätigkeit** neu definiert werden. Für jeden Pädagogen sollten 2-3 Stunden wöchentlich nur für die Vorbereitung von Projekten vorgesehen werden. In dieser Zeit soll sich der Lehrer an der Schule aufhalten; die Anzahl seiner Unterrichtsstunden soll aber auch um diese Zeit verkürzt werden. Damit könnten auch neue Arbeitsplätze für Junglehrer geschaffen werden.

3.3.2.4 Informationstage zum Ausgleich fehlender Berufspraxis

Die **pädagogische Ausbildung** angehender Lehrer ist dürftig. Deshalb sollte eine gewisse Anzahl von Stunden an Zusatzausbildung ermöglicht werden, wiederum im Abtausch mit der Unterrichtsverpflichtung. Pro Jahr könnte ein Seminar, auf Schul- bzw. Landesebene angeboten, besucht werden und damit die Lehrverpflichtung zumindest zum Teil reduziert werden. Schließlich sollte auch der Tatsache Rechnung getragen werden, daß die Lehrer auf ein (Berufs-)Leben nach der Schule vorbereiten sollen, ohne selbst jemals außerhalb der Schule tätig gewesen zu sein. Dem könnte, zumindest teilweise, durch die Einführung regelmäßiger **Informationstage** abgeholfen werden, an denen Unternehmer bzw. Vertreter von Gewerkschaft und Wirtschaftskammer mit den Lehrern diskutieren und ihre Erfahrungen austauschen.

3.3.2.5 Psychagogen für Lehrer zur Förderung eines guten Arbeitsklimas

In nicht effizienten Schulen war die Spannung innerhalb des Lehrkörpers besonders groß. Lagerbildung verhindert hier ein gedeihliches Zusammenarbeiten. Direktor und Schuladministration sind aufgrund der Größe des Lehrkörpers vielfach überfordert. Zur Lösung dieses Problems könnte ich mir eine Art **Psychagogen für Lehrer** vorstellen. Lehrerkollegen mit einer entsprechenden Zusatzausbildung könnten dabei aus Nachbarschulen herangezogen werden, um sich als eine Art „Mediator" um eine Konfliktlösung zwischen den Parteien zu bemühen. Dabei befürworte ich eher ein dezentrales Modell: Aus dem Interviews mit den Direktoren habe ich erfahren, daß die Mittel des schulpsychologischen Dienstes, für Schüler gedacht, begrenzt sind. Psychagogen sind für mehrere Schulen zuständig und kommen daher nur sporadisch vorbei. Dezentral sollten daher Lehrer entsprechend ausgebildet werden: sie könnten in der eigenen Schule den Schülern unmittelbarer und schneller bei Konfliktfällen helfen und in Nachbarschulen den Kollegen zur Seite stehen. Mediatoren aus der eigenen Schule könnten dadurch „vorbelastet" sein, daß ihnen bei einer Lagerbildung im Lehrkörper von der einen oder anderen Seite Mißtrauen entgegengebracht wird.

Konsequenz: Die Einführung von Schulpsychagogen an jeder Schule, die Neudefinition der Lehrtätigkeit, der Einsatz von Fach- bzw. Projektkoordinatoren sowie eine verbesserte Infrastruktur für Pädagogen erfordern zusätzliche finanzielle Mittel, die vom Bundesministerium zur Verfügung gestellt werden müssen. Aber auch die Kreativität von Schulleitung und Lehrervertreter ist gefragt: oft kann mit nur geringfügigem Einsatz von finanziellen Mitteln die Arbeitssituation der Lehrer (z.B. bei Kaffeeraumgestaltung) entscheidend verbessert werden. Eine Verlängerung einer Schulpause auf 20 Minuten ist überhaupt lediglich eine organisatorische Maßnahme, mit der kein zusätzlicher Kostenaufwand verbunden ist.

3.3.3 Schüler: Unterstützung bei Persönlichkeitsentwicklung und Berufsvorbereitung

3.3.3.1 Bessere Arbeitsatmosphäre durch längere Pausen und individuelle Klassenraumgestaltung

Eine positiv empfundene Klassengemeinschaft hat einen signifikanten Einfluß auf die Entwicklung von Schlüsselqualifikationen. Was liegt also näher, als auch die **Arbeitsbedingungen für Schüler** zu verbessern. Die schon erwähnte 20 Minuten-Pause hat auch für Schüler Vorteile. Wenn ein Schulhof vorhanden ist, ergibt sich dadurch die Möglichkeit, die Klassenräume zumindest kurzfristig zu verlassen. Besonders für Erst- bzw. Zweitklaßler ist ein zusätzlicher Bewegungsspielraum besonders wichtig. Aber auch ältere Schüler können davon profitieren: eine längere Pausenzeit ermöglicht etwas mehr Regeneration zwischen den Unterrichtseinheiten.

Zum Wohlfühlen in der Klassengemeinschaft trägt auch eine entsprechende Arbeitsatmosphäre bei. Deshalb sollte eine **individuelle Gestaltung des Klassenraumes** ermöglicht werden. Ein Sofa, ein Kassettenrecorder oder eine Teemaschine fördern eine angenehme Atmosphäre; das Ausmalen des gesamten Raumes kann für das Gemeinschaftserleben der Klasse hilfreich sein. Die individuelle Gestaltung ist wahrscheinlich eher in der Oberstufe zu realisieren, in der die Schüler schon ein entsprechendes Verantwortungsbewußtsein an den Tag legen.

3.3.3.2 Klassengemeinschaft: Förderung durch Projekte und Mitbestimmung

Außerschulische Projekte, wie die Vorbereitung einer 3.Welt-Veranstaltung können aber auch schon bei der Unterstufe zur Förderung von Gemeinschaftsverhalten durchgeführt werden. Das Geld, das bei der Organisation des Schulbuffets am Tag der offenen Tür, oder bei der Garderobenbetreuung eingenommen wird, kann z.B. den gemeinsamen Skiurlaub finanziell unterstützen. Derartige Projekte machen vor allem in der Oberstufe wieder Sinn, wenn die 5. Klasse aus mehreren 4. Klassen zusammengewürfelt wurde. In einer Schule entwickelte sich erst durch einen gemeinsamen Sprachkurs als Vorbereitung für einen Auslandsaufenthalt aus einer zuvor schwierigen Klasse eine Klassengemeinschaft.

Um die Schüler zu verantwortungsbewußten Mitgliedern der Gesellschaft zu machen, sollte auch die Ebene der **Mitbestimmung** ausgebaut werden. In einer Schule dürfen z.B. die Schüler über die Neugestaltung des Schulbuffets mitbestimmen; in einer anderen Schule gibt es Mitgestaltungsmöglichkeiten über den Platz vor dem Schuleingang. In beiden Fällen können die Schüler auch aktiv an der Neugestaltung teilnehmen. Bei der methodischen Gestaltung des Unterrichts könnte vermehrt auf die Meinung der Schüler Rücksicht genommen werden: wenn es das Thema und der Gegenstand erlauben, könnte den Schülern z.B. fallweise freigestellt werden, ob sie ein Thema in Gruppen- bzw. Einzelarbeit bearbeiten wollen.

3.3.3.3 Schulpsychagogen: Lehrer mit Zusatzausbildung für jede Schule

In nicht effizienten Schulen fällt es Außenseitern besonders schwer, sich in eine Klassengemeinschaft zu integrieren. Problemfälle sind oftmals auch auf gestörte familiäre Verhältnisse zurückzuführen. Seitens der Lehrer muß den verhaltensgestörten Kindern gegenüber besonders viel Aufmerksamkeit entgegengebracht werden. Darunter leidet die Betreuung der übrigen Klasse. Wie schon erwähnt, ist der landesweite schulpsychologische Dienst nicht in der Lage, die einzelnen Schulen ausreichend zu betreuen.

In einer der befragten Schulen wurde ein Modellversuch durchgeführt, bei dem zwei Lehrern eine Zusatzausbildung ermöglicht wurde. Als **Schulpsychagogen** mit eingeschränkter Unterrichtsverpflichtung stehen sie verhaltensgestörten Schülern als ständige Anlaufstelle zur Verfügung. Dieses, an jener Schule mit Erfolg angewandte Modell, sollte auf alle Schulen ausgeweitet werden. Diese sehr sinnvolle Dezentralisierung wäre eine große Unterstützung für Schüler aber auch für Lehrer, die sich mit einzelnen Jugendlichen nicht mehr zu helfen wissen.

3.3.3.4 Sinnvolle Berufsvorbereitung durch externe Experten und Eltern

Trotz bestmöglicher Vorbereitung kann seitens der Lehrer die zukünftigen beruflichen Aussichten für die Schulabgänger nur begrenzt vermittelt werden – dazu fehlt dem Lehrkörper, der sich Zeit seines Lebens nur in der Schule aufgehalten hat, die entsprechenden Erfahrungen. Für Jugendliche, die zunehmend die Gestaltung der Lebensbiographie in die eigene Hand nehmen müssen, werden die entsprechenden Informationen daher immer wichtiger. Eine sinnvolle **Berufsvorbereitung** sollte daher mehrmals jährlich die Einladung externer Experten implizieren, die über den Arbeitsmarkt der Zukunft referieren und für Diskussionen zur Verfügung stehen. Als Vorbereitung bietet sich auch ein Besuch der Berufsinformationsmesse an, die ausführlich über mögliche Weiterbildungs- bzw. Karriereoptionen informiert.

Eine wesentliche Ressource sind allerdings die eigenen Schülereltern: im Zusammenarbeit mit dem Schulgemeinschaftsausschuß könnte erhoben werden, in wie vielen Fällen die Eltern dazu bereit wären, ihre Kinder an einem bestimmten Tag, der von der Schule dafür festgelegt wird, in die Arbeit mitzunehmen. Die Kinder und Jugendlichen können auf diese Weise auch viel mehr nachfragen und werden viel persönlicher betreut. Die dabei gewonnenen Erfahrungen könnten im Unterricht und in gemeinsamen Veranstaltungen mit dem Elternverein diskutiert werden. Schließlich könnten die Schulen dabei mit gutem Beispiel vorangehen: in einer Schule wird alljährlich ein **Lehrerkindertag** durchgeführt. Dabei lernen die Lehrerkinder den Arbeitsplatz ihrer Eltern kennen.

Konsequenz: *Mit Ausnahme der schon erwähnten zusätzlichen Ausbildung von Lehrern zu Schulpsychagogen ist die Durchführung aller anderen Vorschläge lediglich von der Bereitschaft von Schulleitung bzw. Lehrern abhängig. Mit etwas Engagement ist eine Reihe von Veränderungen möglich, die wesentlich zur Förderung von Schlüsselqualifikationen beitragen können.*

4 LITERATURVERZEICHNIS

Autor	Titel	Verlag,/ Erscheinungsjahr
Altrichter, Herbert	Der Lehrberuf: Qualifikationen, strukturelle Bedingungen und Professionalität, aus: Specht, W. ; Thonhauser, J.: Schulqualität	Studien Verlag GesmbH Innsbruck 1996
Amann, Anton	Soziologie: Ein Leitfaden zu Theorien, Geschichte und Denkweisen	Böhlau Verlag Wien-Köln-Weimar, 1991
Beck, Ulrich	Risikogesellschaft - Auf dem Weg in eine andere Moderne	Surkamp Verlag Frankfurt/Main 1986
Beck, Ulrich Beck-Gernsheim E.	Riskante Freiheiten	Surkamp Verlag Frankfurt/Main 1994
Bildungskommission NRW	Zukunft der Bildung Schule der Zukunft	Hermann Luchterhand Verlag GmbH, Berlin 1995
Bönsch, Manfred	Grundlegung sozialer Lernprozesse heute	Beltz-Verlag, Weinheim-Basel 1994
Boye, Helga	Die Kinder des Elfenbeinturmes	Beltz-Verlag, Weinheim-Basel 1982
Brezinka, W.	Erziehung in einer wertunsicheren Gesellschaft	Ernst Reinhardt-Verlag, München 1986
Buchacher, Robert	Der Club der Noten-Dichter *(Leistungsdaten an Wiener Gymnasien)*	Profil, 4/1995
Buchacher, Robert Enigl, Marianne	Reif - für welche Jobs? *(Berufsaussichten für Maturanten)*	Profil 25/1997
Buchacher, Robert	Kinder suchen Grenzen *(Trendwende der Pädagogik zu mehr Autorität)*	Profil 36/1997
Centre for Educational Research and Innovation	Making Education Count	OECD 1994
Diem-Wille, G. Wimmer, R.	Soziales, erfahrungsorientiertes Lernen, aus:Materialien und Texte zur politischen Bildung, Band 3	ÖBV Wien 1987
DUDEN	Das Fremdwörterbuch	Dudenverlag Mannheim-Wien-Zürich 1990
Eberle, F. Maindok, H.	Einführung in die soziologische Theorie	R.Oldenbourg Verlag GmbH München, 1984
Ecarius, Jutta	Individualisierung und soziale Reproduktion im Lebenslauf	Leske&Budrich Opladen 1996

Endruweit, G. Trommsdorff, G.	Wörterbuch der Soziologie	DTV/Enke Stuttgart 1989
Enigl, Marianne	International ein „Gut" (*Weltweiter Bildungstest für Schüler; Faktoren für gute Schulleistungen*)	Profil, 15/1997
Ernst, E. Püls, W. Walz, A.	Soziale Ängste; aus: Innerhofer-Weber-Klicpera-Rotering-Steinberg (Hrsg): Psychische Auffälligkeiten und Probleme im Schulalter	WUV Wien 1988
Flick, Uwe	Qualitative Forschung	Rowohlt Verlag Hamburg 10/1995
Freundlinger, A.	Wirtschaftskenntnisse von Maturanten	Institut für Bildungsforschung der Wirtschaft, Wien 1992
Freundlinger, Alfred	Schlüsselqualifikationen – der interaktionsorientierte Ansatz	Institut für Bildungsforschung der Wirtschaft, Wien, 1992
Girtler, R.	Methoden der qualitativen Sozialforschung. Anleitung zur Feldarbeit	Böhlau-Verlag Wien-Köln-Graz, 1984
Halek, Tatjana A.	Serie: Studieren mit Zukunft, Teil 1 (*Anforderungsprofil an Akademiker*)	KURIER, 12.5.1996
Handler, Peter	Im Hagelschlag der Buchstaben *(Die Tücken der Übertragung von Wissenschaftstexten ins Internet)*	DIE PRESSE, 15.3.1997
Heitmeyer, W. (u.a.)	Gewalt - Schattenseiten der Individualisierung von Jugendlichen aus unterschiedlichen Milieus	Juventa Verlag, München 1995
Heitmeyer, Wilhelm Jacob, Juliane	Politische Sozialisation und Individualisierung	Juventa Verlag Weinheim-München, 1991
Helle, H.J.	Verstehende Soziologie und Theorie der symbolischen Interaktion	Teubner-Studienskripten Stuttgart 1992
Hensel, Horst	Die neuen Kinder und die Erosion der alten Schule	AOL-Verlag München 1995
Hentig, Hartmut v.	Die Schule neu denken	Carl Hanser Verlag München-Wien 1993
Hieß, B. Putzi, S. Ventouratou, D.	Isolation; aus: Innerhofer-Weber-Klicpera-Rotering-Steinberg (Hrsg): Psychische Auffälligkeiten und Probleme im Schulalter	WUV Wien 1988
Hofstätter, Maria	AMS-Studie: Job-Perspektiven nach dem Jahr 2000	Uni Libre 5/1997
Huber, B.	Soziales Lernen in der Schule	Diplomarbeit Universität Wien 1993

Hübner, Renate	Das Wirtschaftswissen der AHS-Absolventen im Jahr 1986	Diplomarbeit der WU Wien, Wien 1987
Husén, Torsten	Schule in der Leistungsgesellschaft	Westermann-Verlag, Braunschweig 1982
Hütter, G.	Studienprobleme und Lernbedingungen in der Abendschule	Diplomarbeit Universität Linz, 1995
Jonak, F. Kövesi, L.	Das österreichische Schulrecht - 5.Auflage	ÖBV Wien 1993
Jonas, Friedrich	Geschichte der Soziologie/Band IV: Deutsche und amerikanische Soziologie	Rowohlt Taschenbuch Verlag GmbH, Hamburg 1969
Klien, Rainer	Zuchtrute oder Wohlfahrt *(Bildungsoffensive schafft keine neuen Arbeitsplätze)*	Augustin 4/1997
Knott, Heinrich	Selbstvertrauen durch Ermutigung	Dissertation Ludwig-Maxim. Universität, München 1994
Koller, Alexander	Akademische Bildung ade?	Uni Libre 12/1996
Krüger, Heinz H.	Handbuch der Jugendforschung	Leske & Budrich GmbH Leverkusen 1988
Kühn, Roswitha	Zur Herausbildung individuellen Wertbewußtseins bei Schuljugendlichen	Peter-Lang Verlag, Frankfurt/Main 1992
Küng, Hans	Projekt Weltethos	Piper-Verlag München-Zürich 1990
Küng, Hans	New rules to live by *(Globale Ethik als gesellschaftliche Überlebensgrundlage)*	Newsweek, 12.8.1996
Lamnek, Friedrich	Qualitative Sozialforschung/Band 1: Methodologie, Psychologie	Verlags Union München-Weinheim 1988
Loddenkemper, H. Schier, J.	Leistung und Angst in der Schule	Verlag Ferdinand Schöningh Paderborn 1979
Lotter, Wolf	Einsame Klasse *(Telearbeits-Projekte)*	Profil, 44/1996
Löwe, Hans	Psychologische Probleme des Erwachsenenalters	Verlag Hans Huber, Bern-Stuttgart-Wien 1983
Martin, Hans-Peter Schumann, Harald	Die Globalisierungsfalle	Rowohlt Verlag Gmbh Reinbeck bei Hamburg 1996

Meily-Lüthy, Eva	Persönlichkeitsentwicklung als lebenslanger Prozeß	Verlag Peter Lang Bern 1982
Meueler, Erhard	Die Türen des Käfigs - Wege zum Subjekt in der Erwachsenenbildung	Klett-Cotta, Stuttgart 1993
Meuser, Michael Nagel, Ulrike	ExpertInneninterviews, aus: Garz, D.; Kraimer, K. (Hrsg.): Qualitativ-empirische Sozialforschung	Westdeutscher Verlag Opladen, 1991
Millauer, Karl M.	Anforderungsprofil aus der Sicht eines Managers	SPÖ-Bildungsenquete 19.4.97/ Renner-Institut
Mitterauer, M. Sieder, R.	Vom Patriarchat zur Partnerschaft	Beck-Verlag München, 1991
MKV	Umfrage unter Schulsprechern von AHS und BHS	Eigenverlag MKV, Wien 1990
Mönks, F.J.	Erziehung als sozialer Prozeß	Verlag Walter Kohlhauser Gmbh, Stuttgart 1973
Muhr, Thomas	So nah und doch so fern (*Die Familie als bildungshemmender Filter*)	Uni Libre 12/1996
Nachtnebel, K.H.	Globalisierung - Auswirkungen auf Arbeitsplätze und soziale Sicherheit	ÖGB-Rednerdienst 12/96
Nestler, Peter	Langsamer Angestellten-Tod (*Geregelte Arbeitsverhältnisse nehmen ab*)	KURIER, 2.11.1996
Nittel, Dieter	Report: Biographieforschung	Deutscher Volksschulverband, Bonn 1991
Novotny, Eva	Lernen und Realitätsverlust in der Schule	Peter Lang Verlag Frankfurt/Main 1994
Oelkers, J. Prior, H.	Soziales Lernen in der Schule	Scriptor-Verlag, Königstein 1982
Olechowsky, R. Sretenovic, K.	Schule ohne Angst?	Jugend & Volk Wien 1993
Österr. Statistisches Zentralamt	Österreichische Hochschulstatistik	Österr.Staatsdruckerei, Wien 1995
Österr.Statistisches Zentralamt	Das Schulwesen in Österreich	Österr.Staatsdruckerei, Wien 1996
Otte, Rolf	Kognitive Determinanten sozialen Verhaltens	Dissertation Hildesheim, 1981
Palme, Liselotte	Angst vorm Kapital (*Neoliberalismus à la USA*)	Profil, 33/1996
Pestalozzi, Hans A.	Auf die Bäume ihr Affen	Zytglogge Verlag Bern 1989

Posch, Peter	Entwicklungstendenzen der Kultur des Lehrens und Lernens, aus: Specht, W. ; Thonhauser, J.: Schulqualität	Studien Verlag GesmbH Innsbruck 1996
Postman, Neil	Keine Götter mehr - Das Ende der Erziehung	DTV Berlin 1995
Postman, Neil	Das Verschwinden der Kindheit	Fischer Verlag GmbH, Frankfurt /Main 1983
PROFIL Extra	Der große Schultest	Profil Extra Nr. 3, 10/1994
Ramsauer, Petra	Das Geheimnis des Erfolges (*Bildungstest: Lernfreude fördert Leistung*)	KURIER, 7.4.1997
Ramsauer, Petra	Schulen nutzen ihre neue Freiheit für „Soziales Lernen"	KURIER, 6.5.1996
Ramsauer, Petra	Die Postoptimisten kommen (*Jugendliche: politische Melancholie statt Konsumrausch*)	KURIER, 15.10.1996
Ramsauer, Petra	Die gelähmten Nesthocker (*Jugendlichen fehlt Selbstbewußtsein für Sprung ins Leben*)	KURIER, 6.5.1997
Ribolits, Erich	Kann Bildung leisten was Politik versagt?,	Weg und Ziel 4/1996
Riehl-Heyse, Herbert	Viel Spaß vor versperrten Türen (*Analyse der Shell-Jugendstudie*)	Süddeutsche Zeitung 17.5.1997
Ritzer, George	Die McDonaldisierung der Gesellschaft	S.Fischer Verlag GmbH,Frankfurt /Main 1995
Romer, Paul	„Das ist die kreative Zerstörung" (*Weltweiter Wettbewerb zwingt die Industriestaaten zu Flexibilität und Sozialabbau*)	DER SPIEGEL, 33/1997
Ruttner, M. u.a.	Fünfzehntausend Stunden	Beltz-Verlag Weinheim und Basel 1980
Schneeberger, Thum (Hrsg.)	Bedarf der Wirtschaft an Qualifikationen	Institut für Bildungsforschung der Wirtschaft, Wien 1990
Schönweiss, F.	Bildung als Bedrohung?	Leske & Budrich, Opladen 1994
Schröder, Helmut	Jugend und Modernisierung	Juventa Verlag Weinheim-München 1995
Schulz, Wolfgang	Einführung in die Soziologie	Schriftenreihe am SOWIE-Institut der Universität Wien Wien 1988
Schütz, Bertram	Mit den „besten" Ausichten (*Arbeitsmarktaussichten für Akademiker*)	Uni Libre 12/1996
Spandl, O.P.	Die Angst des Schulkindes und ihre Überwindung	Verlag Herder Freiburg i.Breisgau 1979

Staub, Erwin	Entwicklung prosozialen Verhaltens	Verlag Urban & Schwarzenberg, München 1981
Steinert, Heinz	Die Strategien sozialen Handelns	Juventa-Verlag, München 1972
Symposion „Zukunft der Arbeit"	Stellungnahmen von Politik, Wirtschaft, Wissenschaft zu österreichischen Perspektiven	KURIER, 4/1997
Tamme, Oliver	Der Arbeitsplatz-Schmäh (*Neoliberalismus schafft keine neuen Jobs*)	Kompetenz, 2/1997
Tausch, R. Tausch, A.	Erziehungspsychologie	Verlag für Psychologie, Göttingen-Toronto-Zürich, 10.Auflage 1991
Thonhauser, Josef	Neuere Zugänge der Forschung zur Erfassung von Schulqualität, aus: Specht, W. ; Thonhauser, J.: Schulqualität	Studien Verlag GesmbH Innsbruck 1996
Ulich, Klaus	Schüler und Lehrer im Schulalltag	Beltz-Verlag Weinheim-Basel 1983
Vilar, L.M. Marcelo, C.	Kombination qualitaiver und quantitativer Methoden; aus: Huber G.L.; Qualitative Analyse - Computereinsatz in der Sozialforschung	R. Oldenbourg Verlag Gmbh München 1992
Weber, E.	Pädagogik - eine Einführung	Verlag Ludwig Auer, Donauwörth 1978
Weiss, Manfred	Effizienz im Bildungswesen	Beltz-Verlag Weinheim und Basel 1975
Weißbuch zur allgemeinen und beruflichen Bildung	Lehren und Lernen - Auf dem Weg zur kognitiven Gesellschaft	EGKS-EG-EAG Brüssel-Luxemburg 1995
WISDOM	Berufswünsche und Arbeitsmarktrealität bei AHS-Abgängern	WISDOM Wien 1995
Zeese, Volker	Wie findet man bloß die Heilsbotschaft im Techno-Beat?	DIE WELT, 17.5.1997
Zeitpunkte	Welche Schule brauchen wir? Unterwegs in deutschen Klassenzimmern	DIE ZEIT 2/1996
Zuba, Reinhard	Belastungsfaktoren für Erwachsene im zweiten Bildungsweg	Diplomarbeit Universität Wien, Wien 1996

INHALTSVERZEICHNIS

VORWORT...5

1 THEORETISCHE GRUNDLAGEN.................................7

1.1 NEUERE ERGEBNISSE DER ZEITDIAGNOSE...............7
 1.1.1 Die Globalisierung von Wirtschaft und Politik.............................7
  1.1.1.1 Die drei Dimensionen der Dynamisierung..................8
  1.1.1.2 Merkmale der Globalisierung....................................10
  1.1.1.3 Auswirkungen der Globalisierung am Arbeitsmarkt...12
 1.1.2 Individualisierung durch gesellschaftlichen Wandel.....................15
  1.1.2.1 Die soziale und geographische Mobilität der Bevölkerung..15
  1.1.2.2 Die individualisierenden Effekte der Bildungsexpansion...16
  1.1.2.3 Freisetzung der Menschen aus Klassenbedingungen...17
  1.1.2.4 Zunehmende Abhängigkeit von Institutionen...........18
 1.1.3 Auflösung traditioneller Familienstrukturen............................19
  1.1.3.1 Bedeutungswandel der Familie..................................21
  1.1.3.2 Die Funktion der Familie in der globalen Welt der Gegenwart...22
 1.1.4 Die Rolle des Jugendlichen in der globalisierten Welt................28
  1.1.4.1 Die Fragmentierung der Primärsozialisation..............28
  1.1.4.2 Der Beginn der Sekundärsozialisation: Schule und Freundeskreis..29
 1.1.5 Wesentliche Schlüsselelemente der Zeitdiagnose und wie die Schule darauf reagieren soll...32
  1.1.5.1 Dynamisierung: Kompetente Nutzung von Informationen...32
  1.1.5.2 Globalisierung: Komplexe Zusammenhänge sichtbar machen..33
  1.1.5.3 Flexibilisierung: Stärkung der Selbstkompetenz durch Information...33
  1.1.5.4 Teamarbeit und Gemeinschaftsförderung gegen Individualisierung..34
  1.1.5.5 Zunehmende Inszenierung des Familienalltags als Unterrichtsthema..35
  1.1.5.6 Wandel der Primärsozialisation: Schulische Einbindung der Eltern...35
  1.1.5.7 Zunehmende Bedeutung der Peergroups: Förderung von Klassengemeinschaft.....................................36

1.2 WAS SOLL SCHULE KÖNNEN? ... 37
1.2.1 Anforderungen der Wirtschaft ... 37
- 1.2.1.1 Berufliche Handlungsfähigkeit durch Schlüsselqualifikationen (Freundlinger) ... 39
- 1.2.1.2 Typologie des neuen Beschäftigten-Ideals (Schönweiss) ... 40
- 1.2.1.3 Der vielseitig ausgebildete Arbeitnehmer als Idealtyp ... 41
- 1.2.1.4 Meinung der AHS-DirektorInnen zu den Anforderungen der Wirtschaft ... 43

1.2.2 Anforderungen von Sozialwissenschaftern und Pädagogen ... 45
- 1.2.2.1 Schule als Sozialisationsraum ... 45
- 1.2.2.2 Soziales Lernen versus Individualisierungsstrategien ... 51

1.2.3 Anforderungen der Familie: Hilfe bei der Erziehung ... 65
- 1.2.3.1 Das gewandelte Sozialisationsideal ... 65
- 1.2.3.2 Die „Verwissenschaftlichung" der Gesellschaft ... 66
- 1.2.3.3 Das Fehlen eines Vatervorbildes ... 66
- 1.2.3.4 Die unterschiedliche Umwelt- und Medienwahrnehmung von Eltern und Kind ... 67
- 1.2.3.5 Elterliche Verunsicherung aus der Sicht von AHS - DirektorInnen ... 69

1.2.4 Anforderungen der Jugendlichen: Hilfe bei der Entwicklung einer eigenen Biographie ... 71
- 1.2.4.1 Notwendige Eigenaktivitäten: Entwicklung einer eigenen Biographie ... 72
- 1.2.4.2 Komplexere Lebensbiographie erhöht Entscheidungsunsicherheit ... 73

1.3 DIE ROLLE DER SCHULE – GESTERN UND HEUTE ... 77
1.3.1 Die Entwicklung des Schulwesens ... 78
- 1.3.1.1 Bildungs- und Kenntnisexplosion ... 78
- 1.3.1.2 Ende des schulischen Monopols auf Wissensvermittlung ... 81
- 1.3.1.3 „Verschulung" von Jugendlichen durch längere Ausbildungszeit ... 82

1.3.2 Anpassungsprobleme der Schule an die gesellschaftliche Realität ... 83
- 1.3.2.1 Bildungsfrust I: Kollektivierung individueller Bedürfnisse ... 85
- 1.3.2.2 Bildungsfrust II: Vernachlässigung individueller Erfahrungen und Kenntnisse ... 86
- 1.3.2.3 Bildungsfrust III: Mechanistischer Lernstil statt Auseinandersetzung mit Inhalten ... 87
- 1.3.2.4 Bildungsfrust IV: Verwissenschaftlichung der Schule ... 89
- 1.3.2.5 Die Änderungswünsche der AHS-DirektorInnen ... 94

1.3.3 Lehrer- und Schülerrolle *98*
    1.3.3.1   Der Lehrer als überfordertes Vorbild 98
    1.3.3.2   Das Lehrerbild der befragten AHS-DirektorInnen 102
    1.3.3.3   Der Schüler als passives Objekt? 104
1.3.4 Gesundheitliche Belastung durch Schulangst *106*
    1.3.4.1   Angst durch innerfamiliale Sozialisationsprobleme 107
    1.3.4.2   Streßfaktor Schule: Angst wird öffentlich 109
    1.3.4.3   Die Schule als geschlossene Anstalt ohne
                  Bewegungsspielraum 111
    1.3.4.4   Auswirkungen der Belastungen 112
1.3.5 Allgemeinbildende höhere Schule versus Arbeitswelt *114*
    1.3.5.1   Vier Illusionen zur Bildungsförderung (Brezinka) 115
    1.3.5.2   Die informationsreiche, handlungsarme Schule 118
    1.3.5.3   Zusammenarbeit zwischen Schule und Wirtschaft aus der
                  Sicht von AHS-DirektorInnen 120
1.3.6 Zusammenfassung: Ist die Schule überfordert? *123*

1.4 DIE ROLLE DER SCHULE BEI DER VERMITTLUNG VON SCHLÜSSELQUALIFIKATIONEN 125
1.4.1 Die drei Kompetenzebenen von Freundlinger *125*
1.4.2 Was kann die Schule tun? *127*
    1.4.2.1   Kognitive Kompetenz: Förderung durch
                  Informationstechnologien 127
    1.4.2.2   Soziale Kompetenz: Klassengemeinschaft und
                  Mitbestimmung 128
    1.4.2.3   Selbstkompetenz: Wahrnehmungslernen und
                  Karriereinformation 129

2 DER FORSCHUNGSPROZESS 131

2.1 DATENERHEBUNG UND EVALUATION 131
2.1.1 Operationalisierung des Begriffs „Effizienz" *131*
    2.1.1.1   Effiziente Schulen: eine Begriffsdefinition 131
    2.1.1.2   Der Operationalisierungsvorgang 133
    2.1.1.3   Vergleich: Indexvariablen und Clusteranalyse 133

2.2 PRÄSENTATION VON EMPIRISCHEN ERGEBNISSEN 136
2.2.1 Gesamtergebnisse (alle 16 AHS-Schulen) *136*
    2.2.1.1   Schulischer Gesamteindruck als Kumulation
                  verschiedener Einzelerfahrungen 136
    2.2.1.2   Schüler effizienter Schulen fühlen sich besser auf das
                  Berufsleben vorbereitet 138

2.2.1.3	Schule als Gemeinschaftsmodell fördert prosoziales Verhalten	140
2.2.1.4	Stärkung der Selbstachtung hilft bei der Förderung eines biographischen Selbstkonzepts	143
2.2.1.5	Förderung von Schlüsselqualifikationen reduziert psychosomatische Krankheitserscheinungen	148
2.2.1.6	Herkunft und Effizienz: Einfluß der elterlichen Bildungsschicht auf die Effizienzbeurteilung der Schüler	150
2.2.2	*Zusammenfassung der empirischen Ergebnisse*	*153*

2.3 QUALITATIVE ZWEITERHEBUNG BEI DEN EXTREMGRUPPEN ... 155
  2.3.1 *Forschungsdesign* ... *155*
    2.3.1.1 Motive für die Zweiterhebung ... 155
    2.3.1.2 Methode ... 155
    2.3.1.3 Erste Eindrücke aus den Interviews ... 155
  2.3.2 *Ergebnisse* ... *156*
    2.3.2.1 Kriterienkatalog: Realistischere Einschätzung an effizienten Schulen ... 156
    2.3.2.2 Ziel schulischer Ausbildung ... 158
    2.3.2.3 Änderungswünsche von LehrerInnen ... 159
    2.3.2.4 Zusammenarbeit der Lehrer untereinander ... 160
    2.3.2.5 Zusammenarbeit Lehrer - Direktor ... 162
    2.3.2.6 Die Klassengemeinschaft aus der Sicht der Lehrer ... 163
    2.3.2.7 Außerschulische Angebote ... 164
  2.3.3 *Zusammenfassende Analyse der Zweiterhebung* ... *165*
    2.3.3.1 Unterschiedliche Unterrichtsmotive an effizienten und nicht effizienten Schulen ... 165
    2.3.3.2 Belastete Arbeitsatmosphäre an nicht effizienten Schulen ... 165
    2.3.3.3 Klasseninternes Leistungsniveau beeinflußt Arbeitsklima ... 167
    2.3.3.4 Helle, individuell gestaltbare Arbeitsräume erleichtern Identifikation mit der Schule ... 167
    2.3.3.5 Außerschulisches Engagement der Lehrer prägt Klassengemeinschaft ... 167

3 ANALYSE UND KONSEQUENZEN ... 168

3.1 DAS ERFOLGSGEHEIMNIS EFFIZIENTER SCHULEN ... 168
  3.1.1 Faktor 1: Arbeitsbedingungen für Lehrer ... *169*
  3.1.2 Faktor 2: Vorbildwirkung der Schulleitung ... *170*
  3.1.3 Faktor 3: Das Gemeinschaftsgefühl in einer Klasse ... *171*
  3.1.4 Faktor 4: Gestaltung des Lebensraumes Schule ... *172*

3.2 WIE EFFIZIENTE SCHULEN ZUR ENTWICKLUNG VON
SCHLÜSSELQUALIFIKATIONEN BEITRAGEN..................174

3.3 DIE IDEALE SCHULE – EIN MODELL..................176
   *3.3.1 Lehrplan: Anpassung an die Anforderungen der globalen
       Gesellschaft*..................*176*
       3.3.1.1   Internationale Zusammenarbeit und Meinungsaustausch
                via Internet..................176
       3.3.1.2   Teamarbeit und Lehrerbeurteilung: Förderung neuer
                Arbeitsformen..................177
       3.3.1.3   Synergieeffekte durch fächerübergreifendes Lernen
                schaffen..................178
   3.3.2 Lehrer: mehr Zeit für Projekte und Kaffeepausen..................178
       3.3.2.1   Die Aufgaben des Lehrers werden gesellschaftlich
                zuwenig geschätzt..................178
       3.3.2.2   Mangelhafte Arbeitsbedingungen für Lehrer als „leitende
                Angestellte"..................179
       3.3.2.3   Projektkoordinatoren zur Entlastung der Lehrer bei
                organisatorischen Aufgaben..................180
       3.3.2.4   Informationstage zum Ausgleich fehlender Berufspraxis.......181
       3.3.2.5   Psychagogen für Lehrer zur Förderung eines guten
                Arbeitsklimas..................181
   *3.3.3 Schüler: Unterstützung bei Persönlichkeitsentwicklung und
       Berufsvorbereitung..................182*
       3.3.3.1   Bessere Arbeitsatmosphäre durch längere Pausen und
                individuelle Klassenraumgestaltung..................182
       3.3.3.2   Klassengemeinschaft: Förderung durch Projekte und
                Mitbestimmung..................183
       3.3.3.3   Schulpsychagogen: Lehrer mit Zusatzausbildung für
                jede Schule..................183
       3.3.3.4   Sinnvolle Berufsvorbereitung durch externe Experten und
                Eltern..................184

4   LITERATURVERZEICHNIS..................186